天

Borderless

下

天下，在乎正义和你

天
Borderless
下

法学新经典

中国传统法理法哲学论

张中秋 著

法律出版社 LAW PRESS · CHINA
北京

图书在版编目(CIP)数据

中国传统法理法哲学论 / 张中秋著. -- 北京：法律出版社, 2023
（法学新经典）
ISBN 978-7-5197-7374-8

Ⅰ. ①中… Ⅱ. ①张… Ⅲ. ①法理学－研究－中国－古代②法哲学－研究－中国－古代 Ⅳ. ①D909.2

中国版本图书馆CIP数据核字(2022)第231086号

中国传统法理法哲学论
ZHONGGUO CHUANTONG FALI FAZHEXUELUN

作　　者：张中秋
责任编辑：孙东育　刘梦瑀
装帧设计：李　瞻
出版发行：法律出版社
编辑统筹：学术·对外出版分社
责任校对：王晓萍　王语童
责任印制：陶　松
经　　销：新华书店
开　　本：710毫米×1000毫米　1/16
印　　张：18.5
字　　数：206千
版　　本：2023年4月第1版
印　　次：2023年4月第1次印刷
印　　刷：天津嘉恒印务有限公司
书　　号：ISBN 978-7-5197-7374-8
定　　价：75.00元

销售电话：010-83938349　客服电话：010-83938350　咨询电话：010-63939796
地　　址：北京市丰台区莲花池西里7号(100073)
网　　址：www.lawpress.com.cn
投稿邮箱：info@lawpress.com.cn
举报盗版邮箱：jbwq@lawpress.com.cn
凡购买本社图书，如有印装错误，我社负责退换。电话：010-83938349

作者简介

张中秋 男，法学博士，中国政法大学教授；主要著作有《中西法律文化比较研究》《中日法律文化交流比较研究》《原理及其意义——探索中国法律文化之道》；曾获得全国青年优秀社会科学成果最高奖优秀专著奖1项，合作获得教育部高等学校人文社会科学研究优秀成果一等奖1项，独立获得教育部高等学校人文社会科学研究优秀成果二等奖3项。

出版说明

2019年,我在法律出版社出版了《传统中国法理观》,值得高兴的是拙作受到了关注,但我自己一直觉得意犹未尽。简单地说,传统中国法理观是从法理来看中国传统法,而中国传统法理法哲学是要从法学学科来看中国传统的法理法哲学。无疑,这两者之间有联系,而且还有不少通同的地方,但它们的视角和重心是不同的,前者是一个问题认识,后者是一个学科认识。从学科上说,中国传统的法理法哲学蕴含着丰富深邃的思想文化资源。所以,从学科建设出发,我把自己的认识重新整理修改成本书,以了自己的心愿,亦作交流和请教之用,如果还能以己涓滴之见融入中国法学发展的潮流中,那更是我的荣幸了。

张中秋

公元2022年5月于中国政法大学

中国法律史研究的创新与范式转换（代序）

一、创新与范式

在科学研究中，创新是对既有认识的一种突破。创新往往与理论、方法和材料相关，有的是把已有的理论、方法和材料用到极致，有的是发明和运用新的理论、方法和材料；前者是在既有认识范式内的发展，后者是对新的范式的创立。虽然这两者都会促进科学的进步，但后者在科学发展上具有革命性的意义。

根据库恩的科学革命的结构理论，范式是一种公认的模式或模型。它有四个要素：一是基础性的或者说基本概念；二是建立在此概念上的理论；三是与此概念和理论相匹配的方法；四是可以实证其理论的典型例子。从范式的构成要素来看，它是一个系统或者说体系，准确说是一套理论框架与规则，其中基本概念是它的基石，在基本概念中又含有其核心和追求，如自然法学中的自然法概念、功利法学中的功利概念等。所有不同的法学流派其实都是一种范式，而且亦都是以其基本概念为基石而建构起来的。

纵观中国法律史学的发展，可以发现，中国法律史研究的创新与范式转换密切相关。毫无疑问，这里所说的创新是指认识而不是指史实，史实只能是发现和发掘而不能是创新。此外，这里所说的中国法律史研究的范式，是指人们对中国法律史或者说对中国传统法进行研究与认识所含有的某种理论与方法，表现为某种法律叙事模式。以下以中国学者为主，就中国法律史研究的创新与范式转换略作概述，借此与大家交流并请教。

二、中国法律史研究的创新与范式转换

从范式上讲，从过去到现在，中国法律史研究的创新，或者说其叙事模式，经历了从刑法志到法制史及法社会学，到国家与法权通史，再到法制史、法文化史、法文明史以及新研究范式的变迁与转换。

中国传统的法律叙事模式或者说研究范式，以历代正史中的“刑法志”为代表，包括《汉书·刑法志》《晋书·刑法》《魏书·刑罚志》《隋书·刑法》《南北朝·刑法志》《旧唐书·刑法》《唐书·刑法》《旧五代史·刑法志》《宋史·刑法》《辽史·刑法志》《金史·刑》《元史·刑法》《明史·刑法》《清史稿·刑法》。此外，传统的律学，其研究范式亦在传统范式内。这个范式的基础性概念或者说基本概念是礼法，礼法的核心和追求是德主刑辅和明刑弼教。这个范式的方法是在编年体的框架下寻求以“真”（事实/真实史观）为基础和以“正”（道德/正确史观）为指导（评判标准）的法史实录，理论是德礼与刑罚相结合的儒法道

统一体,亦即《唐律疏议·名例》所说的“德礼为政教之本,刑罚为政教之用,犹昏晓阳秋相须而成者也”。从文化构成理论上说,可以称之为道德文化原理。这个范式给人以一副礼法为体、道德为魂的中国传统法形象。

从近代开始,我国接受来自日本的法制史研究范式。这个范式源自欧陆,它的基本概念是法律制度,法律制度的核心和追求是规范与控制。这个范式的方法有叙述、阐释、实证、分析等,内含演绎逻辑思维,其理论不一,有自然法学、历史法学、功利法学、实证法学等。这个范式使中国法律史的研究成为近代法律科学的一部分,在这个范式中产生了不少重要的成果,其中沈家本先生的《历代刑法考》和梁启超先生的《论中国成文法编制之沿革得失》,可以说是中国法律史研究从传统范式向近代范式转换的启始和标志,而杨鸿烈先生的《中国法律发达史》和陈顾远先生的《中国法制史概要》可以作为这个范式的代表。这个范式是从近代开始的中国法律史研究的主流范式,它呈现给人的是一副制度框架的中国传统法形象。此外,这个时期还有一种法社会学的研究范式,其方法有描述、解释与分析等,理论上有不同的流派,它们共同的基本概念是法与社会,不过在法与社会的核心和追求上,不同流派有所不同,其中功能学派的核心和追求是结构—功能,社会工程学派的核心和追求是社会控制。这两个学派对中国法律史的研究范式亦有影响,我们在瞿同祖先生的《中国法律与中国社会》和《清代地方政府》中可以看到这一点,这个范式要塑造的是一副中国传统法的社会形象。

1949 年后,我国开始接受来自苏联的国家与法权通史范式。这个范式的基本概念是国家与法,国家与法的核心和追求是政治与控制。这个范式的方法是分析与批判，理论是马克思主义国家与法的学说。张晋藩先生等在20世纪50年代参与和探索了这一范式，组织编撰出了《中国国家与法权历史讲义》，此书作为内部使用教材，没有正式出版。这个范式刻画出的是一副国家为主、法律为从的中国传统法形象。

改革开放后，在1979年的长春会议上，以李光灿、张晋藩先生等为代表的中国法律史学界前辈，重新确定了中国法制史的研究对象，先是形成了以刑法和司法为中心的法制通史研究范式，后又发展到了以刑事法、民事法、行政法、经济法和诉讼法等为内容的部门法制史范式。这个范式的基本概念同样是法律制度，法律制度的核心和追求依然是规范与控制，方法还是分析与批判，理论是马克思主义关于法的一般学说，即法学基础理论。在这个范式的恢复和发展中，张晋藩先生最早主编了全国性的统编教材《中国法制史》，后又出版了其作为总主编的《中国法制通史》(10卷本)。这个范式先是给人一副狭义法制史的中国传统法形象，后又给人一副广义法制史的中国传统法形象，但实际上它们都是制度性的中国传统法形象。

自20世纪八九十年代以来，学界兴起了法文化史的研究范式。这个范式的基本概念是法文化，法文化的核心和追求是法的观念、价值和意义。法文化史范式与法制史范式有所不同，它主要不是研究法律制度，而是研究隐藏在法律制度背后的法的观念、价值和意义或者说法律样式。这个范式的方法不一，主要有描述、调查、实证、分析等，理论是还不够成熟的法文化学。这个范式要塑造的是一副具有文化意涵的中国传统法形象，可以梁治平的《寻求自然秩序中的和谐》为代表。

近些年来受到重视的是法文明史研究范式。这个范式的基本概念是法文明,法文明的核心和追求是法的道德、理性与进步。法文明史范式与法文化史范式又有所不同,它主要不是研究法的观念、价值和意义,而是通过法律制度和法律文化来研究法的道德、理性与进步及其在人类历史上的表现和贡献。这个范式的方法应是综合、分析与概括,理论应是法律文明论。这个范式要呈现的是一副文明、进步的中国传统法形象。现在虽有这方面的研究,但严格反映这个范式内涵的成果还不明显,但历史上威格摩尔的《世界法系概览》中的中国法部分,李约瑟的《中国科学技术史:第二卷　科学思想史》中的“中国和西方的人间法律和自然法则”,以及滋贺秀三的《中国法文化的考察》,这些成果在比较文明论的视野下稍具这种性质。

从中国法律史研究的创新与范式转换的变迁来看,探索还会继续下去。事实上,学界现在亦正在进行其它范式,如法理法哲学范式的探索。法理法哲学范式的基本概念是法理和法哲学,法理和法哲学的核心与追求是法的正当性与意义,亦即正义与价值问题。这个范式的方法是分析、思辨与建构,其理论是法理与法哲学。其实,从法文化史和法文明史范式发展到法理法哲学范式,这在中国法律史研究范式的逻辑展开中是一件很自然的事。因为文化只是自觉的开始,而法理法哲学才可谓自觉到了根子上;而且文化亦只是解释不同,只有法理法哲学才能回答不同的正当性和意义。所以,这个范式要探究的是法的核心与根本,要展示的是一副追求合理正义与人生价值的中国传统法形象。近些年来,我一直以此为努力方向,这次出版的拙作虽说还不成样子,但这就是我目前的认识。有不当之处,还请大家指教。

三、画像的思考

如果把上述中国传统法的不同形象用画像来比喻的话，那么，第一个即刑法志所塑造的形象实际上是一幅形神兼备的画像，亦即礼法是其形，道德是其神。而从近代开始一直到法文化史范式出现前，所有中国传统法的形象实际上都是制度性的画像，即便是法社会学的画像亦是正式与非正式制度的构造。毫无疑问，这些画像对中国传统法的制度形象的认识是一个贡献，但同时它们亦少了对法意、精神和灵魂的探求，因为规范和制度只不过是法的骨骼和躯体而已。所以，法文化史和法文明史的范式，实际上是要在制度形象的基础上寻求法意和精神，但还没有达到触及法的核心和灵魂的程度，而法理法哲学范式正是要在此基础上触及于此。至此，从中国传统法的形象和画像来看，中国法律史研究的创新，或者说人们对中国传统法的认识，在理论和方法的范式转换中，经历了先由本土/固有而域外/移植，再由外在/制度而内在/法理，最后又似乎回到了对它原初形象的追索，即对中国传统法形神兼备的固有形象的回归，这其间的逻辑和因缘确实值得我们深思。

目　录

第一章
中国传统法的特征

第一章　中国传统法的特征

第一节　概述与辨析

第二节　特征之一：有机一体

第三节　特征之二：两元主从

第四节　特征之三：辩证发展

第五节　特征之四：道德人文

第六节　总括与简评

第一节　概述与辨析

事物都有其特征,中国传统法亦不例外。由于事物的特征是人们认识事物的重要组成部分,所以,长期以来学界对探讨中国传统法的特征一直表现出很大的兴趣。就我的接触而言,在这方面有影响的中国学者有沈家本、梁启超、杨鸿烈、蔡枢衡、陈顾远、李钟声、戴炎辉、瞿同祖、张晋藩、梁治平、张伟仁等;国外学者有日本的浅井虎夫、仁井田陞、滋贺秀三、千叶正士、寺田浩明等,欧美的埃斯卡拉、威格摩尔、布迪、金勇义、高道蕴、麦克密克、李约瑟等。①

① 请分别参见沈家本的《历代刑法考》(中华书局 1985 年版),梁启超的《梁启超法学文集》(中国政法大学出版社 2000 年版),杨鸿烈的《中国法律发达史》(中国政法大学出版社 2009 年版)和《中国法律思想史》(中国政法大学出版社 2004 年版),蔡枢衡的《中国法理的自觉发展》(清华大学出版社 2005 年版),陈顾远的《中国文化与中国法系——陈顾远法律史论集》(中国政法大学出版社 2006 年版),李钟声的《中华法系》(台北,华欣文化事业中心 1985 年版),戴炎辉的《唐律通论》(台北,元照出版有限公司 2010 年版),瞿同祖的《瞿同祖法学论著集》(中国政法大学出版社 1998 年版),张晋藩的《中国法律的传统与近代转型》(第 3 版)(法律出版社 2009 年版),梁治平的《寻求自然秩序中的和谐》(中国政法大学出版社 2002 年版),以及张伟仁的《中国法文化的起源、发展和特点》(上、下两文,分别载于《中外法学》2010 年第 6 期和 2011 年第 1 期);另请参见[日]浅井虎夫的《中国法典编纂沿革史》(陈重民译,中国政法大学出版社 2007 年版),[日]仁井田陞的《中国社会的法与伦理——中国法的原理》(日本清水弘文堂书房 1967 年日文版)和《中国法制史》(牟发松译,上海古籍出版社 2011 年版),[日]滋贺秀三的《中国家族法原理》(张建国、李力译,法律出版社 2003 年版)和

尽管他们的成果有的是描述性而不是研究性的,但无疑开启和推进了我们对这个问题的认识。不过,这些成果亦存在明显的不足,其中有两个最大的不足:一是这些成果大都集中在对礼与法及法律道德化特征的不同表述和阐释上。虽然一般地说,礼与法及法律道德化确是中国传统法的特征,但中国传统法的特征不止有礼与法及法律道德化,而且严格地说,礼与法与其说是中国传统法的特征,还不如说是中国传统法的构成要素更为贴切。二是多数研究仅停留在对表面形象特征的认识上。所以,不管论者提出多少特征,这些特征之间依然缺乏强有力的内在联系,因为这种表面的形象特征认识,实际分隔了事物固有的本质/机理→机制→结构→形象的一体化关系。① 因此,为了更好地认识中国传统法的特征,我们有必要重新审视这一问题。本章正是基于这样一种考虑,以法文化的视野

《清代中国的法与裁判》(日本创文社 1984 年日文版)以及《清代中国的法与裁判》(续)(日本创文社 2009 年日文版),[日]千叶正士的《亚细亚法的多元构造》(日本成文堂书房 1998 年日文版),[日]滋贺秀三等人的《明清时期的民事审判与民间契约》(王亚新、范愉、陈少峰译,法律出版社 1998 年版),[法]埃斯卡拉的《中国法》(北平 1936 年法文版),[美]约翰·H. 威格摩尔的《世界法系概览》(何勤华等译,上海人民出版社 2004 年版),[美]D. 布迪、C. 莫里斯的《中华帝国的法律》(朱勇译,江苏人民出版社 1993 年版),[美]金勇义的《中国与西方的法律观念》(陈国平等译,辽宁人民出版社 1989 年版),[美]高道蕴等人的《美国学者论中国法律传统》(清华大学出版社 2004 年版),[美]柯恩等人的《中国法律传统论集》(美国普林斯顿大学出版社 1980 年英文版),[英]麦克密克的《传统中国法律的精神》(美国佐治亚大学出版社 1995 年英文版),[英]李约瑟的《中国科学技术史:第二卷　科学思想史》(何兆武等译,科学出版社、上海古籍出版社 1990 年版)等著作中的相关部分。这里要说明的是,上述引注中所列中外学者的论著,尤其是有关中国传统法特征的论述,笔者都曾仔细阅读和浏览过。如果把这些内容汇合起来,不仅数量庞大,而且多有重复,所以,在此不一一胪列,有意者可依注中信息检阅。此外,以下所引上列诸书,均为同一版本,不另作注。

① 有关形象→结构→机制→本质/机理的一体化关系特征,可以建筑物为例来说明。凡建筑物必有它的形象(如宫殿的形象/天安门城楼),(天安门城楼的)形象建立在(对称的)结构上,(对称的)结构以平衡为机制,平衡的机制依据于建筑力学原理,建筑力学原理即是该建筑物(系统)的机理,对于社会事物而言这亦可以说是本质所在。

和法哲学的方法,沿着形象→结构→机制→本质/机理的思路,从中国传统法的形象往里透视,层层递进地寻找和揭示它内生、固有和特有的征状,以期在系统和贯通的层面上认识并把握中国传统法的特征。

第二节　特征之一:有机一体

在文化哲学上,传统中国人把世界看作一个大化流行的有机体,认为包括天、地、人为一体的世界是一个有生命的系统。[①] 同样,他们把广义上的法(大致相当于我们今天所说的法律文化,本章亦是在这个意义上理解和使用中国传统法的)亦视为一个有机体。例如,我们所熟悉的"天叙有典"、"天秩有礼"、"天讨有罪"[②]以及"道法自然"[③]

---

① 据《现代汉语词典》,有机体是对具有生命的个体的统称,包括植物和动物。由此可见,有机体是具有生命的系统。中国经典特别是《周易·系辞》和《礼记·月令》,几乎整篇都谈到了这个问题,《礼记·乐记》中亦有此论,所谓"……在天成象,在地成形。如此,则礼者天地之别也。地气上升,天气下降,阴阳相摩,天地相荡,鼓之以雷霆,奋之以风雨,动之以四时,暖之以日月,而百化兴焉。如此,则乐者天地之和也。化不时则不生,男女无辨则乱升,天地之情也。及夫礼乐之极乎天而蟠乎地,行乎阴阳而通乎鬼神,穷高极远而测深厚。乐著大始,而礼居成物。著不息者天也,著不动者地也。一动一静,天地之间也"。除古典记录外,现代研究中特别值的推荐的是[英]李约瑟的《中国科学技术史:第二卷　科学思想史》(何兆武等译,科学出版社、上海古籍出版社 1990 年版)。他在为该书所写的"作者的话"中写道:"中国的自然主义具有根深蒂固的有机的和非机械的性质。……"该书围绕这一问题作了我所见到的最为系统、客观和不乏深刻的讨论。此外,还可参见[美]杜维明:《试谈中国哲学中的三个基调》,载王元化名誉主编:《释中国》(第 2 卷),上海文艺出版社 1998 年版,第 878 页及以下;蒙培元:《理学范畴系统》,人民出版社 1989 年版,第 425-451 页。

② 《尚书·皋陶谟》。

③ 《老子》第二十五章。

等，都表达了这种天地生法的有机论法思想。[①] 实际上，这亦就是李约瑟所说的“中国人把法律和‘自然法则’作类比的态度”。[②]

虽然中国传统法并不是生物学意义上的有机体，但当人们把它作为有机体来对待和追求时，就等于赋予了它某种生机，使之成为一个有生命感的系统。作为一个有生命感的系统，自然呈现出一种有机一体的形象特征。因为有机一体或者说系统性，是有机系统最基本的特征。[③] 对于这个形象化的外部整体特征，凡是熟悉中国传统法的人实不难想象，但如何具体来理解中国传统法的这个特征，是以往相关研究中所缺乏的，所以，我们有必要先明确一下有机一体的含义。依据我的理解，有机一体是有机系统内生的整体性、连续性与联系性相统一的一体化形象特征。因此，对于中国传统法的有机一体，我们不妨从以下几个方面来认识。

中国传统法的有机一体，首先表现在它的整体性上。整体性是一个具有立体意味的概念，它表示系统在空间上的一体化。从这个意义上说，中国传统法的整体性，即意味着它在整体上是一个统一的系统。这个统一的系统首先是整体有序，然后是整体为一。这两者在逻辑上虽有先后，但总体上是辩证关系，可以说有序是为一的

---

① 天地生法的有机论法思想，在中国古籍中不胜枚举，其中《汉书·刑法志》《魏书·刑法志》《唐律疏议·名例》的开头部分都有阐述。另参见杨鸿烈：《中国法律思想史》，中国政法大学出版社 2004 年版，第 97-110 页。

② ［英］李约瑟：《中国科学技术史：第二卷　科学思想史》，何兆武等译，科学出版社、上海古籍出版社 1990 年版，“作者的话”；详细的讨论参见该书第 551-620 页。结合法律规定和案例的讨论，参见［美］D. 布迪、C. 莫里斯：《中华帝国的法律》，朱勇译，江苏人民出版社 1993 年版，第 31-35 页。

③ 系统论认为，整体性、关联性、时序性、等级结构性和动态平衡性等，是包括有机系统在内的所有系统的特征。当这些特征在时空上合而为一，或者说有机系统一体化时，就是有机一体。有机一体是有机系统最显著的基本特征。参见魏宏森、曾国平的《系统论——系统科学哲学》（世界图书出版公司 2009 年版）和苗连升的《系统科学精要》（第 3 版）（中国人民大学出版社 2010 年版）的相关部分。

条件和内容,而为一是有序的结果和表现,两者互为表里、同在共存。这种相互依存、辩证为一的整体特征,在中国传统法中显而易见。例如,从国家制定法的法制系统来说,中国传统法包括了法源、法律(典)、法司,这几个部分以及每一部分的内部,又都独立有序而又相互依存,最后形成一个完整的系统。我们可以唐代为例。唐代的法源有律、令、格、式,法律(典)有《永徽律》《永徽令》《永徽格》《永徽式》等,法司有从中央到地方的完备体制。[①] 这样,在唐代法制体系的内部,法源、法律(典)、法司,既独自存在又相互依存,其中法源反映在法律(典)中;法律(典)成为法司存在和运作的依据;法司的存在和运作,使法司、法律(典)与法源,无论是处于静态还是动态中,都构成一个完整的法制系统。[②] 这不仅是就法源、法律(典)、法司的整体而言,就其中的每一部分而言亦是如此。如在法源系统中,律、令、格、式同样是既各自独立又相互依存的,这即是《新唐书·刑法志》所说:"唐之刑书有四,曰:律、令、格、式。令者,尊卑贵贱之等数,国家之制度也;格者,百官有司之所常行之事也;式者,其所常守之法也。凡邦国之政,必从事于此三者。其有所违及人之为恶而入于罪戾者,一断以律。"这段记述言简意赅地点明了律、令、格、式的职能分工及其相互依存的协同关系。其实,这种辩证的整体性,并不仅限于唐代法制,其它朝代法制亦然,只是程度不同而已。

中国传统法的有机一体,其次表现在它的连续性上。作为中国传统法有机一体的表现,整体性突出的是它形象上的空间感,而连

---

① 参见新旧《唐书·刑法志》。另参见杨鸿烈:《中国法律发达史》,中国政法大学出版社 2009 年版,第 225-240 页、第 241-246 页;陈鹏生主编:《中国法制通史·隋唐》,法律出版社 1999 年版,第 153-167 页、第 615-632 页。

② 参见杨鸿烈:《中国法律发达史》,中国政法大学出版社 2004 年版,第 246-252 页。

续性突出的是它形象上的时间感。因为连续是一个纵向性的序列概念,表示系统在时间上的前后相续。对照中国传统法的历史,把它视为一个前后相续的系统并不为过。翻开中国古代法典和刑法志,我们可以反复读到有关此类内容的表述。例如,《唐律疏议·名例》开篇就叙述了从远古到唐代的法律形式、法典结构和法律制度方面的沿革史。①《清史稿·刑法》更是在精神实质上对此作了一个较好的总结,它说:"中国自书契以来,以礼教治天下。劳之来之而政出焉,匡之直之而刑生焉。政也,刑也,凡皆以维持礼教于勿替。故《尚书》曰:'明于五刑,以弼五教。'又曰:'士制百姓于刑之中,以教祗德。'古先哲王,其制刑之精义如此。……至唐《永徽律》出,始集其成。虽沿宋迄元、明而面目一变,然科条所布,于扶翼世教之意,未尝不兢兢焉。君子上下数千年之间,观其教化之昏明,与夫刑罚之中不中,而盛衰治乱之故,綦可睹矣。"②由上述《唐律疏议·名例》和《清史稿·刑法》的叙述中,我们可以清楚地看到,中国传统法无论是在形式、内容还是精神上,都保持着强有力的连续性。虽然这种连续性并不意味着一成不变,事实上恰恰相反,变是一直存在的,但变中又有不变,结果是变与不变的统一。这种变与不变的统一,可以说是一种辩证的连续,亦即建立在孔子所说的"损益"之上的一脉相承。③

中国传统法的有机一体,最后表现在它的联系性上。一脉相承

① 《唐律疏议·名例》曰:"汉相萧何,更加悝所造户、兴、厩三篇,谓九章之律。魏因汉律为一十八篇,改汉具律为刑名第一。晋命贾充等,增损汉、魏律为二十篇,于魏刑名律中分为法例律。宋、齐、梁及后魏,因而不改,爰至北齐,併刑名、法例为名例。后周复为刑名。隋因北齐,更为名例。唐因于隋,相承不改。"

② 《历代刑法志》,群众出版社1988年版,第563页。

③ 孔子回答子张说:"殷因于夏礼,所损益,可知也;周因于殷礼,所损益,可知也。"(《论语·为政》)这表明在孔子看来,夏商周三代礼制的关系是在继承基础上的删除与增加,亦即因袭之上的损与益。

主要是纵向性的展示，只有在空间与时间，即整体性与连续性的有机结合中，亦即将整体性（空间上）与连续性（时间上）合二为一，一个历时共存的完整系统才最终形成。在中国传统法中，这种合二为一的联系性突出表现在一体化与多样性的辩证统一上。其中，一体化就是整体性与连续性的有机统一。这个问题前面已有讨论，这里拟从整体连续与局部变化方面略作补充。如前所述，中国传统法历数千年自成系统，保持着整体上的连续性，所以一些基本的法律概念和形式，如中国传统法的主干"律"，被誉为"万世不变"，而"律"这个系统本身却是在数千年中逐步发展和完善起来的，其过程即是局部变化与整体连续相统一的过程。就此而言，作为每一次局部变化的过程与结果，从时间点上前后分别来观察可以说是变；但把所有这些局部变化的过程与结果累积起来观察，它又是某种性质的不变，因为所有的变都是在同一系统内和同一属性中展开的。正如陈顾远先生所说："然过去法制既在中国法系之下，任何变动均莫离乎其宗，最大变动之中仍有不变者在焉。是故从变法中之变而言'变'，所以观其异也；从变法中之不变而言'变'，所以比其同也。"① 这是把中国传统法作为一个整体来观察认识的结果，如果从具体或者说断代方面来看，情形亦大体如此。即如刘俊文教授在他点校的《唐律疏议》中所说："中外学术界中有人把今传《唐律疏议》只看作《永徽律疏》，有人则只看作《开元律疏》，各执一偏，都不符合历史实际。《唐律疏议》撰于永徽，其所疏释的律条基本上定于贞观，而

---

① 陈顾远：《中国法制史概要》，商务印书馆 2011 年版，第 25 页。另，《明史·刑法志》对传统中国法制的变与不变亦有所说明，所谓："自汉以来，刑法沿革不一。隋更五刑之条，设三奏之令。唐撰律令，一准乎礼以为出入。宋采用之，而所重者敕，律所不载者，则听之于敕。故时轻时重，无一是之归。元制，取所行一时之例为条格而已。明初，丞相李善长等言：'历代之律，皆以汉九章为宗，至唐始集其成。今制宜遵唐旧。'太祖从其言。"

律疏的部分内容和文字又是永徽以后直至开元间多次修改的产物。这种整体的连续与局部的变化告诉我们,《唐律疏议》并非永徽或开元一朝之典,而是有唐一代之典。”[①]其实,这种情况亦并不仅限于《唐律疏议》,在中国历代著名法典中是有普遍性的。

如上所述,一体化是由整体性与连续性所构成的,而整体性与连续性是由多样性来充实的。在中国传统法的有机一体中,没有绝对和单一的整体性与连续性,整体性与连续性都是多样性的统一。对于多样性,我们可以说,中国传统法是由国家法与民间法所构成,其中国家法有律、令、格、式、科、比、敕、例、礼等,民间法有家法族规、乡规民约、帮规行规等,这表明中国传统法在形式上是多样性的统一。[②] 不唯如此,即使在法的内容上亦是如此。譬如,作为唐代多样性的法律形式之一的“律”,亦即《唐律疏议》,在现代法学眼里,它涉及了政事、刑事、民事以及诉讼等多方面的规定,可谓是一部诸法合体、内容多样的法典。[③] 但如果我们再深入它具体的法条上,还发现《唐律疏议》中有相当数量的法律条文,含有“之属”、“之类”、“仿此”、“百端”、“比附”、“皆是”以及“不应得为”的法言法语。[④] 这表明在法条这一法典中最小单位的载体上,依然包含了对法律事

---

① 〔唐〕长孙无忌等撰:《唐律疏议》,刘俊文点校,中华书局 1983 年版,第 3-4 页。

② 参见陈顾远:《中国文化与中国法系——陈顾远法律史论集》,中国政法大学出版社 2006 年版,第 74-89 页。

③ 《唐律疏议》不仅涵盖而且还超出了这些内容,这里不便就其十二篇三十卷内容分类详列,有意者可以参见该法典或有关论著的解说。

④ 笔者在研读《唐律疏议》时稍有整理,虽不完备,但可资参考,有意者参见刘俊文点校的《唐律疏议》(中华书局 1983 年版)。其中,“之属”见该书第 224 页、第 427 页、第 488 页、第 546 页,“之类”见该书第 44 页、第 201 页、第 202 页、第 295 页、第 392 页、第 441 页、第 443 页、第 444 页、第 445 页、第 466 页、第 516 页、第 541 页、第 546 页、第 565 页、第 575 页,“仿此”见该书第 274 页、第 440 页,“百端”见该书第 310 页,“比附”见该书第 355 页,“皆是”见该书第 427 页、第 465 页、第 487 页,“不应得为”见该书第 103 页、第 104 页、第 170 页、第 205 页、第 206 页、第 217 页、第 224 页。

实多样性的预见和设计。而且,在其它方面,我们亦不难发现同样情形。如从语义上说,汉字中的“法”字,本身就含有天理、法则、法度、法式、法律、命令、习惯、规矩、绳墨、度量等多样的内涵。又如,中国人传统的法观念,亦是天理、国法和人情三位一体的多样性统一。[①] 而多样性之所以能够统一,即如整体性与连续性之所以能够一体化,完全在于它们之间的有机联系性。正是由于这种有机联系性,多样性之间以及整体性与连续性之间形成了统一的逻辑关系,从而能在多样性之上构成整体性与连续性,并在整体性与连续性之上形成有机一体。如果用中国传统的法律术语,这个有机一体可谓是“同符画一”。[②]

讨论到此,我们将上述内容连结起来,可以得到这样一个认识,即中国传统法正是通过其有机的内在联系性,在空间和时间上,把整体性与连续性结合在了一起。所以,从它的外部形象看,整体上呈现出一体化的面相;但从它的内部要素看,其构成又是多样性的。正是这种一体化与多样性的辩证统一,塑造了中国传统法有机一体的形象特征。但从思想观念和社会根源上来说,中国传统法的这种有机一体形象特征,其实是中国传统的有机宇宙观和家国一体社会的反映。

---

① 参见陈顾远:《天理·国法·人情》,载陈顾远:《中国文化与中国法系——陈顾远法律史论集》,中国政法大学出版社 2006 年版,第 275-282 页。

② 参见〔唐〕长孙无忌等撰:《唐律疏议》,刘俊文点校,中华书局 1983 年版,第 2 页。其实,在中国传统法典的御制序文和奏疏以及刑法志中,经常见有“一统”“划一”“画一”之类的措辞,借以表示国家法律或整部法典整体为一的意思。参见《大清律例》,田涛、郑秦点校,法律出版社 1999 年版,第 5 页、第 7 页、第 9 页、第 11 页、第 12 页、第 15 页。

第三节　特征之二：两元主从

如果说有机一体是中国传统法的形象特征的话，那么，两元主从可以说是它结构上的特征。这是我们透过中国传统法的外部形象，观察它的内部构造所获得的一个认识。如果我们继续深入观察，就不难发现这两元主从的结构事实上亦是一个有机统一体。它包含了统一体中相互对应的两元、两元之间的主从及其辩证关系这样三个相互关联的部分。因此，对于中国传统法这个结构上的特征，我们可以从三个方面来展开讨论。

如前所述，中国传统法是一个统一体，但这里要再说明的是，在这个统一体的结构中，存在相互对应的两元构造。无论是从法的广义还是狭义出发，中国传统法都是这样的构造。譬如，从广义上说，中国传统法复杂多样，但即如前述，这种复杂多样并非杂乱无章，而是一体化与多样性的有机统一。因此，无论国家法与民间法的构成多么复杂，如国家法之律、令、格、式、科、比、敕、例以至于礼等，民间法之家法族规、乡规民约、帮规行规等，但在法文化的视野中，依据法的分类和属性，它们都可以归入国家法或民间法的范畴。这表明广义上的中国传统法体系，其实是由国家法与民间法这相互对应的两元系统所构成的。同样，从相对狭义的角度来看，中国传统法亦是一个相互对应的两元构造，即人们通常所说的礼与法或德与刑的两元结构。如果从严格的实定法角度来说，法与刑及其本身即是一个相互对应的两元构造，其中法的两元构造的典型结构是律令制，亦即由律与令这两元所构成的国家法制。律令制形成并盛行于我国的秦汉至隋唐时期，隋唐以后尤其是明清时期，令的形式发生变化,其部分内容归于行政性质的会典,部分内容归于刑事性质的律或例。这样,在更严格的实定法亦即刑的领域内,律与例成了刑的两元构造,这即是明清时期的律例制。而且,在进一步的法律实践中,礼与法或德与刑的两元构造又演变成了情与理的两元构造。[①] 由此可见,无论是广义上的法,还是狭义上的法,抑或是更严格意义上的实定法,这种相互对应的两元构造是普遍存在的,并且由于这种相互对应的两元构造始终存在于一体之中,所以,中国传统法可谓是一体两元的构成。

在中国传统法的一体两元构成中,虽然相互对应的两元历时共存,但两者之间并非同等平行,而是存在一种主从关系,我们称之为主从结构。[②] 这意味着在我们所讨论过的国家法与民间法、礼与法或德与刑的两元构造中,它们之间的关系是前者为主、后者为从,同时两者相互对应、互为一体。如《唐律疏议·名例》开篇所说:"德礼为政教之本,刑罚为政教之用,犹昏晓阳秋相须而成者也。"[③] 其所表达的意思是,德礼是政教的根本,刑罚是政教的辅从,两者的关系犹如黄昏与早晨(相续为一天)、春天与秋天(相续为一年),两者相互对应又互相结合构成完美的整体。这种主从式的关系,在国家法与民间法以及情与理的两元构造中广泛存在。在国家

---

① 此类资料繁多,经典者可参见中国社会科学院历史研究所宋辽金元史研究室点校的宋人作品《名公书判清明集》(上、下)(中华书局 1987 年版)和明、清官员以及幕吏的判牍文集。现代研究的成果,可以参见[日]滋贺秀三:《清代诉讼制度之民事法源的概括性考察——情、理、法》,载[日]滋贺秀三等:《明清时期的民事审判与民间契约》,法律出版社 1998 年版。

② 这有点类似于费孝通先生所说的差序格局,但不同的是,费先生强调的是整体上的差序格局,我强调的是相互对应的两元中的主从式关系及其辩证性,这在费先生的文章中没有论述。参见费孝通:《乡土中国　生育制度》,北京大学出版社 1998 年版,第 24 页及前后。

③ 参见〔唐〕长孙无忌等撰:《唐律疏议》,刘俊文点校,中华书局 1983 年版,第 1 页。

法与民间法中，国家法通常是由朝廷通过法典或敕令来宣告它至高无上的权威；①而民间法又总是以协从的措辞来明示它对国家法的依附。② 毫无疑问，在国家权威与民间协从之间存在铁定不移的主从式关系。这种情况当然亦适用于礼与法或德与刑的两元关系，但在情与理的两元构造中却有所不同。由于实践中的情与理有不同

---

① 如秦始皇刻石申明，他的秦律是“普施明法，经纬天下”，要求“永为仪则”。（《史记·秦始皇本纪》）唐代在《唐律疏议·名例》“疏议”中则明确提出：“大唐皇帝以上圣凝图，英声嗣武，润春云于品物，缓秋官于黎庶。今之典宪，前圣规模，章程靡失，鸿纤备举。”《唐六典》更是简洁明了地说：“律、令、格、式，天下通规。”（《唐六典·刑部郎中员外郎》）明代朱元璋在《御制大明律序》中说：“朕有天下，仿古为治，明礼以导民，定律以绳顽，刊著为令，行之已久。……今后法司只依《律》与《大诰》议罪。……编写成书，刊布中外，使臣民知所遵守。”（《大明律》，怀效峰点校，辽沈书社1990年版，第1页）又，朱元璋在《颁行大明令诏》中亦说：“……朕惟律、令者，治天下之法也。……兹命颁行四方，惟尔臣庶，体予至意。钦此。”（《大明律》，怀效峰点校，辽沈书社1990年版，第229页）清朝乾隆皇帝在《御制大清律律序》中说：“简命大臣取律文及递年奏定成例，详悉参定，重加编辑。……颁于宇内，用昭画一之守。于戏，五刑五用以彰天讨，而严天威。予一人恭天成命，监成宪以布于下民，敢有弗钦？……”（《大清律例》，田涛、郑秦点校，法律出版社1999年版，第4-5页）

② 笔者对乡约之类的民间法与国家法的关系有过探讨，基本认识是乡约之类的民间法的强制力不能超越国家法的许可，总体上是作为协助国家法的一种补充。如有的乡约开头有“钦遵圣制”，即遵照国家法的意思，像明代叶春及所撰的《惠安政书》卷九“乡约篇”中即有此语，丘弘为《杭川乡约》所写的序文中“大抵以不违国制为先”亦是这个意思；有的干脆将圣谕置于约首，如明太祖的《圣谕六言》就载在《文堂乡约家法》的“圣谕屏”中；更多的是约会时要宣读圣谕，如《南赣乡约》约定：“当会日，同约毕至，约赞鸣鼓三，众皆诣香案前序立，北面跪听约正读告谕毕。”（参见张中秋：《原理及其意义：探索中国法律文化之道》，中国政法大学出版社2010年版，第40-75页）又如，清代雍正皇帝担心康熙讲乡约的上谕十六条日久民怠，于是又寻绎其义，推衍其文，写下万言的圣谕广训，并制序文，刊刻成编，颁行天下，地方官则纷纷出马，在推广乡约时宣讲圣谕。（参见周振鹤撰集：《圣谕广训：集解与研究》，顾美华点校，上海书店出版社2006年版，第162-498页、第633-649页）此外，乡约中“呈官究治”“协官惩治”之类的话语，再明确不过地表明乡约在国家法之下。除乡约外，家法族规等民间法与国家法的关系亦复如此。如清代江南宁国府太平县馆田《李氏家法·家法引》申明道：“（若）纵子弟以乱法，则国法必至。国法至则非与家（法）等矣。拘提褫魄，敲楚断肌，株连则罪及无辜，贿赂则破尽家产。于此始悔教诫之无人，致祸之迭生不已，晚乎。先人忧之，故拟定《家法》一篇，以示后人。犯者惩之，且能改者，恕焉，亦明刑弼教之意也。”由此可见，家法非与国法等，家法只是辅助国法推行明刑弼教之意的民间规范而已。

的语境和场域，人们对它们的理解会发生分歧，因此，它们之间的主从式关系会随之变化。如果人们把“情”理解为人之常情，亦即具有普遍性的人性和民情民意，而把“理”理解为法理，那么，情与理的关系就是情主理从的关系，因为普遍性的人性和民情民意是法理的依据。这即是前人所说的“缘情立制”。相反，如果人们把“情”理解为特殊的人情或特殊的情况，亦即不具有普遍性的人性和民情民意，而把“理”理解为法律之理，那么，情与理的关系就转变为理主情从，因为法律之理已经体现了普遍性的人性和民情民意，而普遍性的人性和民情民意理应在特殊的人情和特殊的情况之上。这即是前人所说的“据律酌情”。但无论是哪一种情况，主从式的关系则始终存在于情与理的两元构造中。因此，综合起来看，中国传统法不仅是一体两元的构成，还是一体两元主从式的构成。

中国传统法的这种主从式构成，既是绝对的又是相对的，准确地说，是绝对与相对的统一。这点并不难理解。在中国传统的国家法与民间法、礼与法或德与刑的结构关系中，始终是前者为主、后者为从，这就是它们主从式关系的绝对性。但这种绝对性只是形式上的，因为在一个互动、联动和贯通的体系中，前后和主从是会变动的，因此，所谓的前后和主从其实又是相对的。如果前者转化为后者，或后者转化为前者，那么，主从式在形式上虽然没有变化，即前者依然为主、后者依然为从，但其内涵与角色却正好与原来相反。① 这种情况不仅存在于相互对应的两元之中，而且亦存在于每一元的内部构造中。如以国家法这一元范畴内的律令与律例来说，在律与令或律与例这相互对应的两元中，两者之间前后和主从的关系并不

① 从法源和法的内涵与精神上说，中国传统的国家法与民间法、礼与法或德与刑，实际上是一个相互联系、相互吸收、相互转化的过程与系统，亦即下文及注释中所说的循环表里、迭相为用。

是绝对的，而是绝对与相对的统一。[①] 因为中国传统法是一个相互关联和互动的体系，在构成这个体系的网络链条上，主从式在保持形式不变的同时，其两元的主从角色会发生变化，即前者相对于它的后者为主，但相对于它的前者又为从；而后者相对于它的前者为从，但相对于它的后者又为主。这又是因为静态地看，前后两者的位序是绝对的；而动态地或者说延伸着来看，前后两者的位序却又是相对的。其原因即在于我们所看到的前后，实际上是基于某一确定点来说的，但在一个相互关联和互动的体系中，任何一点都是互有联系而又可移动的。所以，前者与后者、主与从，完全可以随观察者所确定和对应的点的变化而变化。针对这种现象，先贤们早就注意到了，有谓之刑德相养、逆顺若成的；[②]亦有谓之循环表里、迭相为用的。[③]

---

① 如西汉廷尉杜周说："三尺安出哉？前主所是著为律，后主所是疏为令，当时为是，何古之法乎！"（《史记·酷吏列传》）《唐律疏议·名例》"疏议"亦重述了此说。我们知道，由于前主与后主都是相对的，所以，律与令亦是相对的。又如，例虽然在形式不能上升为律，但律例合编为统一法典，这等于使例在作为律的补充时开始了向律的转化，而且实际上例亦往往代替律发挥作用，所谓"有例不用律"的现象在清代很严重。如《清史稿·刑法》载："盖清代定例，一如宋时之编敕，有例不用律，律既多成虚文，而例遂愈滋繁碎。"（《历代刑法志》，群众出版社 1988 年版，第 567 页）

② 如《黄帝四经·十大经·姓争》曰："刑德皇皇，日月相望，以明其当。望失其当，环视其央（殃）。天德皇皇，非刑不行。缪缪（穆穆）天刑，非德必顷（倾）。刑德相养，逆顺若成……"

③ 如白居易说："人之性情者，君之土田也，其荒也则薙之以刑，其辟也则莳之以礼，其植也则获之以道；故刑行而后礼立，礼立而后道生；始则先道而后礼，中则先礼而后刑，终则修刑以复礼，修礼以复道；故曰刑者礼之门，礼者道之根。知其门，守其根，则王化成矣。……夫刑者可以禁人之恶，不能防人之情；礼者可以防人之情，不能率人之性；道者可以率人之性，又不能禁人之恶。循环表里，迭相为用，故王者观理乱之深浅，顺刑礼之后先；当其惩恶抑淫，致人于劝惧，莫先于刑；刬邪窒欲，致人于耻格，莫尚于礼；反和复朴，致人于敦厚，莫大于道；是以衰乱之代，则驰礼而张刑；平定之时，则省刑而弘礼；清净之日，则杀礼而任道……顺岁候者适水火之用，达时变者得刑礼之宜，适其用，达其宜，则天下之理毕也，王者之化成矣。"（《白氏长庆集·策林》）又如，在古代中国，早期是原始习俗演变为礼，礼转变为法，法又辅助和补充礼；后来是民间法部分上升为国家法，国家法转而指导和规范民间法，民间法又成为国家法的延伸和补充。这种习俗变为礼、准礼制法、出礼入刑、刑德相养的过程，正是白居易所说的循环表里、迭相为用的流转。

这些都是很准确的概括和表述。由此可见，中国传统法两元主从式的结构并不是固定不变的，而是在保持结构形式不变的同时，其内涵和角色都有可能会发生变化，结果是绝对与相对的统一，亦即辩证的差序关系。

由于差序关系是辩证的，所以，中国传统法的主从式就有了多样化的表现。因为在绝对与相对的统一中，亦即在辩证的作用下，差序关系的表现并不受某一形式的束缚，相反在有机一体的范围内，拥有极大的表现空间和可能，其结果必然是多样化的出现。其实，这就是我们通常所说的辩证多样。对于中国传统法的多样，本文前面已有说明。总而言之，构成中国传统法一体两元中的任何一元，以及任何一元中的任何一项，都有多样的表现形式。如同国家法与民间法的多样，礼有国礼、乡礼、家礼，法有国法、乡约、家法；德有大、中、小之分，刑亦有大、中、小之别。[①] 这是最基本的分类，细分就更加复杂。如国礼就有很多种，先秦时期有吉、凶、军、宾、嘉之五礼，秦汉以后礼仪趋于繁复，历代正史的礼乐记中均有记载，此不赘述。[②] 但需补充说明的是，中国传统法内涵的丰富多样，只是为主从式多样化的出现提供了条件，而主从式多样化的根源在于其自身的有机性，即生生不息的生命机能。中国传统法之所以有这样的机能，是因为它是一个有机体，至少在中国传统的观念中是这样认为的。到此，我们可以总结说，中国传统法不仅是一体两元主从式的构成，还是一体两元主从式多样化的构成。虽然这个构成是复杂的，但在观察者的眼里，两元主从结构无疑是它最显著的特征。

---

① 德的分类，如《中庸》所说的“小德川流，大德敦化”；还有，把人品分为上、中、下，实质亦是按人德性的大、中、小来分的。刑的分类，如《唐律疏议·名例》“疏议”引《国语·鲁语上》曰：“古者大刑用甲兵，其次用斧钺；中刑用刀锯，其次用钻笮；薄刑用鞭扑。其所由来，亦已尚矣！”

② 参见陈成国：《中国礼制史》（全六卷），湖南教育出版社2002年版。

第四节 特征之三：辩证发展

中国传统法有机一体与两元主从的特征，是我们从它的形象与结构上所获得的静态观察的结果。如果把它的形象与结构联系起来，从动态上来观察和把握它的运行机制及其轨迹，我们又能从中发现什么呢？

在回答这个问题之前，我们有必要先了解一下有关对中国传统社会运行发展规律的认识，这与我们要讨论的问题密切相关。就我所知，在中国传统社会运行发展规律的认识上，有三种不同但同样具有影响的观点，即进化观、退化观和循环观。顾名思义，进化观是指中国传统社会的发展是进化的，退化观和循环观则认为是退化的或循环的。[①] 虽然这些观点是针对中国传统社会运行发展规律的，但依论者的思维应同样适用于中国传统法，因为中国传统法是中国传统社会的有机组成部分。但令人遗憾的是，这些说法都不能准确揭示中国传统法的运行机制及其轨迹，我自己观察和研究的结果表明，中国传统法的运行机制及其轨迹，完全呈现出一种具有辩证发展规律的特征。

辩证发展首先是发展的，其次这种发展是辩证的。辩证法是中国哲学的精华，它揭示了事物存在发展的基本法则。辩证法的内容丰富复杂，但就其要义而言，它认为事物的存在是相反相成、对立统一的；事物的发展是此消彼长、相互转化的；事物发展的结果是形式上的循环与实质上的变化的统一。这表明事物是运动、变化、发展

① 参见［美］韦政通：《中国哲学辞典》，吉林出版集团有限责任公司2009年版，第73-76页。

的,世界上没有绝对的和一成不变的事物,一切都是相对的,不变的只是变化本身。辩证法的这些要义是我们的先哲对事物的抽象和反映,而事物在中国传统的观念中都是有机的,所以,在中国传统哲学中,包括自然、社会和人类的世界是有机一体的,而且这个有机一体的世界在思维上被理解和抽象为阴与阳的结合。阴阳结合所形成的关系,首先是阴阳一体、阳主阴从、生生不息;然后是在阴阳一体、阳主阴从、生生不息中,包含着相反相成与对立统一、此消彼长与相互转化、终而复始[①]与无有穷尽这样三对辩证关系。这即是中国传统的一阴一阳之道。[②] 由此可见,辩证法的要义其实是根源并对应于有机体的机制,亦即事物的构造、功能及其相互关系。具体而言,从构造上说,相反相成与对立统一根源并对应于有机体中阴与阳的相异、相对与相成,亦即矛盾的统一存在;从功能上说,此消彼长与相互转化根源并对应于有机体中阴与阳的相摩、相涵与相生,亦即矛盾的运动发展;从构造与功能的相互关系上说,形式上的循环与实质上的无穷根源并对应于有机体中阴与阳的终而复始与无有穷尽,亦即生生不息的矛盾运动及其所形成的事物发展规律。这个规律用哲学语言来表述,就是变与不变的统一,即变是绝对的,不变是相对的;变中有不变,不变中有变;事物最终是变与不变的

---

① 人们通常用"周而复始",其实不然。正如伊川先生说:"天下之理,终而复始,所以恒而不穷。恒非一定之谓也,一定则不能恒也。惟随时变易,乃常道也。天地常久之道,天下常久之理,非知道者,孰能识之?"(〔宋〕朱熹、吕祖谦撰:《朱子近思录》,上海古籍出版社 2000 年版,第 30 页。以下所引此书为同一版本)

② 正如北宋理学家程颐说:"'一阴一阳之谓道',道非阴阳也,所以一阴一阳道也。"(〔宋〕程颢、程颐:《二程集》,中华书局 1981 年版,第 67 页)

统一。①

这是中国人在传统上对万事万物,亦即对有机世界存在与发展的整体理解和把握。作为有机世界组成部分的中国传统法,当然亦不例外。所以,从哲学层面上讲,中国传统法的辩证发展包含了上述要义,即辩证法是其运行机制及其轨迹的基本法则。依据辩证法的要义,首先,中国传统法是相反相成、对立统一的,亦即矛盾的统一存在;其次,中国传统法是此消彼长、相互转化的,亦即矛盾的运动发展;再次,中国传统法是形式上的循环与实质上的无穷,亦即不息的矛盾运动及其发展规律;最后,从哲学上说,中国传统法的辩证发展是变与不变的统一,亦即它的变是绝对的,不变是相对的,在变中有不变,在不变中有变。由此可见,辩证发展是一种进化,但不是简单直线型的进化;它在进化中有循环,但不是简单的重复,更不是退化,而是在进化中有回复,在回复中有进步,即在变中有不变、不变中有变,结果是变与不变的统一,这亦即先贤所说的"日新"②。从中国传统法的运行机制及其轨迹来看,事实正是如此。如在中国传统法体系中,国家法与民间法、礼与法或德与刑,首先是相反相成、对立统一的存在。因为依据中国传统观念,前者属阳为主,后者属阴为辅,阴阳主辅性质相异,但它们相反相成、对立统一为一体。落实到法上,即是前面所说的国家法与民间法的一体化,亦即礼法结合、德主刑辅。其次是此消彼长、相互转化的矛盾运动。因为国家法与民间法、礼与法或德与刑相互之间存在摩擦、吸收和转化,亦

---

① 以上这段内容是笔者研读中国经学典籍的心得体会,这些典籍包括《周易》、《老子》、《中庸》、《大学》和《礼记》,以及《春秋繁露》、《周子通书》和朱熹等人的理学作品。此外,美籍华人学者成中英先生的《论中西哲学精神》(东方出版中心 1991 年版)和[英]李约瑟的《中国科学技术史:第二卷　科学思想史》(何兆武等译,科学出版社、上海古籍出版社 1990 年版)对笔者亦有启发。

② 参见杨成寅:《太极哲学》,学林出版社 2003 年版,第 202 页。

即前面所说的刑德相养、逆顺若成和循环表里、迭相为用。最后是形式上的循环与实质上变化的结合。因为在国家法与民间法、礼与法或德与刑的发展上，我们看到的确是变与不变的统一。

在中国传统文化中，不变与变通常是以经与权来表述的。[①] 在某种程度上，经是纲领，代表了不变；权是权宜，表示变。所以，经与权的关系就是不变与变在中国传统法中的延伸。[②] 如果从现代法理学出发，经与权亦可以表述为原则性与灵活性，或稳定性与变动性。但无论是哪一种表述，我们在中国传统法的运行机制及其轨迹中，确实看到了与这些表述相吻合的特征。如在中国传统法体系的结构中，国家法与民间法、礼与法或德与刑是一种主从式的关系，实际上我们亦可以把这种关系看作一种经与权、不变与变的关系。一般来说，国家法与民间法、礼与法或德与刑，前者相对于后者是经，代表了原则性和稳定性，在某种程度上意味着不变；而后者相对于前者是权，代表了变动性和不稳定性，在某种程度上意味着变。事实还不止于此，在国家法与民间法、礼与法或德与刑的对应关系中，它们中任何一项的自身内部亦存在经与权、不变与变的关系。如国家制定法中的律与例，律典之中的常法与临时制敕，刑之中的法定刑与法外刑，礼之中的礼经与礼俗，德之中的大德与小德，以及民间法中的族规与家法等，皆是此类。当然，在所有这些关系中，经与权、不变与变都是相对的。这一点不能遗忘，否则就不是辩证法了。

就中国传统法的辩证发展而言，以上只是从横向上对其整体观察所见。如果从分项上来考察，中国传统法的思想、制度和实践，亦

① 参见〔宋〕陈淳：《北溪字义》，中华书局1983年版，第50-52页。

② 如《尚书·吕刑》曰："……'惟齐非齐'者，法之权也。'有伦有要'者，法之经也。言刑罚虽惟权变是适，而齐之以不齐焉。至其伦要所在，盖有截然而不可紊者矣。"参见〔宋〕蔡沈注：《书集传》，钱宗武、钱忠弼整理，凤凰出版社2010年版，第253页。

同样呈现出经与权、变与不变的辩证关系特征。例如，在法的思想上，早在中国传统的政教原典《尚书》中，就有了“道有升降、政由俗革”①与“惟齐非齐、有伦有要”②的说法，此后历代思想家和政治家多有不乏此类的议论，而其中最为经典的莫过于慈禧太后在变法谕旨中所说的：“世有万古不易之常经，无一成不变之治法。”③这个表述不只是揭示而且道尽了，经与权指导下的变与不变在中国传统法思想中（尤其对变法立制）所具有的指导性。又如，在法的制度上，经与权所体现的变与不变更加明显，其例子亦不胜枚举，这里仅以五刑、十恶、八议为例。作为传统中国最重要的法律制度，五刑、十恶、八议所不变者是作为制度本身的长期存在，其中五刑自夏商至清末一直都载于法典，十恶与八议最迟从隋唐开始就历代相沿不改；而五刑、十恶、八议所变者是不同时代有不同的具体规定，其中夏商周五刑与隋唐五刑的内容就大为不同，十恶与八议的内涵变化虽小，但亦不是没有变化，十恶是从重罪十条演变来的，而且即使罪名相同，其每一朝代的处罚亦不等同，八议的具体规定亦复如此，甚至在清代是有其名而无其实，即法律中有规定，但实际上不执行。④概括来看，似乎可以这样说，中国传统法（尤其是国家法）的绝大部分制度，都是经与权的产物，拥有变与不变的特征。再如，在法的实践中，礼与法或德与刑常转变为情与理来理解，但正如我们在前面所说，在情与理的关系中，无论是“缘情立制”还是“据律酌情”，它

---

① 《尚书·毕命》，参见蔡沈注：《书集传》，凤凰出版社2010年版，第240页。

② 《尚书·吕刑》，参见蔡沈注：《书集传》，凤凰出版社2010年版，第253页。

③ 慈禧太后以光绪帝名义拟定的《变法诏书》曰：“世有万古不易之常经，无一成不变之治法。……”

④ 有清一代，《大清律例》中明确载有“八议”律文，但找不到“八议”的案例。据《大清会典》，雍正六年（1728年）三月清世宗曾谓：“我朝律例于此条，虽仍载其文，而实未尝照此例行者”，认为八议之条“非理而害法”，“不可为训”。

们之间主从式的关系是始终存在的。在这个关系式中，主相对于从来说是经，代表着不变；从相对于主来说是权，表示着变。尽管实践中不同的语境和场域，可能导致人们对情与理内涵的理解有异，从而使情与理的主从角色发生变化，但它们之间主从式的关系，亦即这个关系式本身是不变的。这样，主与从所代表的经与权，经与权所表示的不变与变，不变与变中所蕴含的情理机制，亦即情与理的辩证统一，是始终贯彻并广泛存在于中国传统法的实践中的。虽然有例外和偏差，但犹如价格围绕价值波动一样，其主流和本质则是相对稳定的。这在中国传统的司法资料，如经典的《名公书判清明集》中，例证不在少数。①

以上是对中国传统法辩证发展的分项考察，如果我们把各分项合起来延伸着看，亦即从整体上观察其运行轨迹，可以发现，中国传统法作为一个整体，其体系从初起到完善以至解体，在数千年的过程中，一个显而易见的特征正是变与不变的辩证统一。从变的角度来说，数千年中每朝每代的法律体系都有不同。若就狭义的法而言，先秦是以刑为主，汉代是律、令、科、比，唐代是律、令、格、式，明清是律与例；若就广义的法而言，先秦是礼与刑，秦汉以后是礼与法，而其中又有国礼与乡礼、国家法与民间法之间的不同。然而，每朝每代法律体系因其不同而不断变化的同时，又强烈地表现出因其共同而相对不变的稳定性与连续性。如成文化、法典化和体系化作

---

① 笔者曾仔细研读《名公书判清明集》，发现其中绝大部分判决，都是先围绕情、理进行辨析和推导，然后再原情定罚或据律酌情予以裁判，判决力求人情与法意两协，体现了情与理的辩证统一。较典型的这类判词，参见《名公书判清明集》（上、下），中国社会科学院历史研究所宋辽金元史研究室点校，中华书局 1987 年版，第 100-102 页、第 124-126 页、第 175-176 页、第 215-216 页、第 348-349 页、第 501 页、第 602-603 页。当然，亦有人情与法意两难而不能相协的纠纷，如第 164-165 页的判词（对其分析见该书第 664-668 页），但总体上这种情况较为少见。

为中国传统法长时段中的共同趋势和特征，它们所表现出来的稳定性与连续性，可以说是不争的事实。还有一个突出的例子是，自商鞅改法为律，律在此后的两千多年中一直是中国传统法的基本形式和骨干。虽然每朝每代的律，如秦律与汉律、汉律与唐律、唐律与明律、明律与清律，它们之间都有变化和不同，但它们又都共享律这一最基本的法律形式和骨干的身份。此外，我们在前面所讨论的有机一体和二元主从，同样是中国传统法长时段中的共同趋势和相对不变的特征。

其实，在长时段中，中国传统法作为一个整体，其体系上的这种变与不变相统一的辩证发展特征，不仅表现在体系的形式上，还体现在体系的内容和精神上。中国传统法内容上的变与不变，集中体现在法制度的变与不变上。上面所讨论的五刑、十恶、八议，就是这方面的例证。在程树德的《九朝律考》和沈家本的《历代刑法考》中，这还可以得到进一步的证实。[①] 因此，这里我仅就其精神上的变与不变略作说明。在笔者看来，作为完整系统的中国传统法的精神，在长时段中，其所不变者是明刑弼教，亦即《尚书》所说的"以教祗德"。对此，《清史稿·刑法》的进一步解释是："中国自书契以来，以礼教治天下。……政也，刑也，凡皆以维持礼教于勿替。"然而，这个中国传统法数千年不变的精神，其本身却是长期演变的结果，它在不同的时代有着不同的表现。如先秦是礼乐刑政、综合为治，秦汉以后是礼法结合、德主刑辅。如果再细分的话，其间又有不同，如西周是"刑不上大夫，礼不下庶人"，汉代是"出礼入刑"，唐代是"德礼为本，刑罚为用"，明代是"明礼以导民，定律以绳顽"，清代

---

① 这两部作品主要是考证中国法制的源流，在这方面可谓是经典之作。参见程树德：《九朝律考》，中华书局 1984 年版；沈家本撰：《历代刑法考》，中华书局 1985 年版。

从康熙开始是“以德化民,以刑弼教”。[①] 然而,在明刑弼教这个不变的精神指导下,所有这些又都是变而不离其宗,其情形恰如理学家所说的“是万为一,一实万分”。[②] 所以,我们在中国传统法的精神表现上所看到的,与我们从它的体系和内容上观察所见一样,都是在经与权的指导下,通过继承与发展的历史性累积,呈现为变与不变的统一,并在变与不变的统一中,历经形成、完善和退出的漫长过程,其运行机制和轨迹呈现出一种具有辩证发展规律的特征。但要注意的是,这个辩证发展不同于西方的辩证法。西方的辩证法是肯定→否定→否定之否定,它的运行机制和轨迹呈现出对抗→冲突→征服的特征;而中国的辩证法是对立→统一→发展,它的运行机制和轨迹呈现出对应→吸收→转化的特征;西方的辩证法以否弃对方而实现超越,中国的辩证法以吸纳对方而达到新生。[③] 所以,中国传统法能够在吸收中保持变中有不变,在转化中保持不变中有变,从而形成一种独特的变与不变相统一的辩证发展。

第五节 特征之四:道德人文

从中国传统法的形象到它的结构,从它的结构到其运行机制和轨迹,这是我们对中国传统法的特征观察和认识的递进。现在要在这个基础上再进一步,深入它的内在本质,从而完成本文设定的沿

---

① 分别参见《尚书·吕刑》、《汉书·刑法志》、《唐律疏议·名例》、《大明律·御制大明律序》以及《清圣祖实录·卷九十四》。另参见杨鸿烈:《中国法律思想史》,中国政法大学出版社 2004 年版,第 31-145 页。

② 〔宋〕周敦颐:《周子通书》,徐洪兴导读,上海古籍出版社 2000 年版,第 38 页。

③ 参见[美]成中英:《论中西哲学精神》,东方出版中心 1991 年版,第 173-188 页。

着形象→结构→机制→本质/机理的思路，层层递进地寻找和揭示它内生、固有和特有的征状，以便在系统和贯通的层面上认识并把握中国传统法特征的任务。

我们知道，在有机系统中，事物的形象建立在结构上，结构建立在机制上，机制决定于机理，机理是事物变化的理由，但机理决定于事物的本质。所以，在有机系统中，本质具有决定性，从本质上认识事物，就是从根本上把握了事物的特征。相对于中国传统法而言，如果要从根本上把握它的特征，道德人文可以帮助我们达到这个目标。道德人文是以道德为核心的一种文化类型。① 以传统中国为代表的古代东亚文化都属于这种类型。道德人文在本质上有别于以宗教或以科学为核心的其它文化类型，如古代印度的宗教文化和近代西方的科学文化。② 那么，什么是中国传统的道德人文呢？虽然这个问题在文史哲学界早有探讨，③但在法学界却未曾得到认真对待，即使有像陈顾远等前辈的相关成果，但在系统性和学理上依然

---

① 文化类型是由于自然环境和生存方式差异，以及观念、信仰、兴趣、行为、习惯、智力发展方向和心理性格不同而形成的具有相似文化特征或文化素质的地理单元。文化类型是各种文化形态体系中最有特色、最能体现一种文化本质属性的特征，而不是指它的全部特征的总和。参见有道网，http://dict. youdao. com/wiki/%E6%96%87%E5%8C%96%E7%B1%BB%E5%9E%8B/。

② 参见梁漱溟讲演：《东西文化及其哲学》，陈政、罗常培编录，商务印书馆 1987 年影印版，第 67-160 页。

③ 参见梁漱溟：《以道德代宗教》，载王元化名誉主编：《释中国》（第 1 卷），上海文艺出版社 1998 年版，第 241-272 页；金岳霖：《中国哲学》，载王元化名誉主编：《释中国》（第 2 卷），上海文艺出版社 1998 年版，第 645-659 页；冯友兰：《儒家哲学之精神》，载王元化名誉主编：《释中国》（第 2 卷），第 668-675 页；张岱年：《天人简论——天人五伦之五》，载王元化名誉主编：《释中国》（第 2 卷），第 1219-1235 页；朱光潜：《乐的精神与礼的精神——儒家思想系统的基础》，载王元化名誉主编：《释中国》（第 2 卷），第 1236-1256 页；王国维：《殷周制度论》，载王元化名誉主编：《释中国》（第 3 卷），上海文艺出版社 1998 年版，第 1711-1728 页；宗白华：《中国艺术意境之诞生》，载王元化名誉主编：《释中国》（第 4 卷），上海文艺出版社 1998 年版，第 2783-2804 页。

存在不足。[①] 近些年,我通过对中国传统法文化理论的探索,认识到中国传统法内含了人文性和道德性,所以,从文化类型学上说,它是一种以道德为核心的文化类型,这亦意味着中国传统法的本质特征是道德人文。[②]

中国传统法的道德人文,首先表现在它"人为称首"的人文性上。中国文化一向认为,人在万物之中,所以人与万物共生;但人又是万物之灵,所以万物人为贵。这种万物人为贵的思想,在唐律中被表述为"人为称首"。这个思想不仅由来已久,而且根深蒂固。如早期经典《尚书·泰誓上》曰:"惟天地万物父母,惟人万物之灵。"又如《荀子·王制》曰:"水火有气而无生,草木有生而无知,禽兽有知而无义,人有气有生有知,亦且有义,故最为天下贵。"这个思想不仅是中国文化的精髓,亦是中国传统法的精神特质所在。所以,《汉书·刑法志》开头说:"夫人宵天地之貌,怀五常之性,聪明精粹,有

---

① 其实,陈顾远先生对这个问题并没有专门系统的研究,但他无疑是对与此相关问题研究最深、最有贡献的学者。他的这些成果主要收录在他的论文集中,阅者可参见陈顾远先生的《中国文化与中国法系——陈顾远法律史论集》(中国政法大学出版社2006年版)。但在笔者看来,他的研究依然有意犹未尽、学理未通之处。如陈先生对天理、国法、人情三位一体,以及国法、人情都归于理的解读,可以说是正确的;(参见陈顾远:《中国文化与中国法系——陈顾远法律史论集》,中国政法大学出版社2006年版,第275-282页)但他通篇没有在哲学上说透,天理为何能支配国法、人情,亦没有在逻辑上说清天理、国法、人情是如何贯通的。

② 此处以及本书中有关道德人文和道德原理的部分,主要内容都源自本书第5章《中国传统法的精神及其哲学》和第6章《中国传统法的道德原理及其价值》。之所以这样,一是因为这两章在本书中对中国传统法的道德人文和道德原理作了专门完整的阐述;二是作为中国传统法的精神和原理,它们在中国传统法的各方面(如本书探讨的特征、本体、正义观及哲学等)都必然会有反映,所以,当探讨这些方面需要深入精神和原理时,就有必要作相应的阐述,这样一来,引用就势所必然;同时考虑本书中各章作为独立的论述,若引用过于删节,那又会有损论证的完整和文意的贯通,所以,这部分内容不免有所重复。对此,首先必须诚实地向读者致以歉意,同时亦在此作统一解释,以后同类情况(如本书后面将要探讨的中国传统法的本体、正义观和哲学等方面)不再说明。

生之最灵者也。”汉光武帝亦有诏曰：“天地之性人为贵，其杀奴婢，不得减罪。”[①]但最有代表性的莫过于《唐律疏议》，《唐律疏议》在开篇《名例》篇首的“疏议”中说：“夫三才肇位，万象斯分。禀气含灵，人为称首。莫不凭黎元而树司宰，因政教而施刑法。”[②]“人为称首”就是以人为首的意思，相当于我们今天所说的以人为本。以人为本是人文性的根本，由此可见中国传统法的人文性。与此同时，中国传统法的道德人文精神，还表现在它重生与讲礼的道德性上。在中国传统社会，重生体现了德，亦即仁，因为仁即生，生为德；而讲礼就是讲理，即《礼记·乐记》所说的“礼也者，理之不可易者也”。讲理体现了道，亦即义，因为义即宜，宜为理，理为道。这样，重生就是由德而仁，讲礼就是由道而义，重生与讲礼合为道德仁义。道德仁义是道德性的根本体现，以人为首是人文性的根本体现，两者有机结合为一体，构成了中国传统法的道德人文精神。这种在人为称首的思想指导下，以仁义为内核的重生与讲礼的对立统一，就是中国传统法的根本所在或者说本质特征。

对于中国传统法的这个本质特征，最好还是从它对三纲五常的贯彻和实施上来理解，因为三纲五常是中国传统法的纲要和精神所系。三纲，即君为臣纲、父为子纲、夫为妻纲，是传统中国特有的宗法伦理。它强调忠孝（但这不是绝对而是相对的，因为君臣、父子、夫妇一体，所以，它要求君先要像君、父先要像父、夫先要像夫，然后才是君为臣纲、父为子纲、夫为妻纲），表现为上下、贵贱、尊卑、男女之间的等差，整体上是一种主从性的差序结构（但同等级中又有等差，如同贵贱中分尊卑，同尊卑中分长幼，同长幼中分男女）。这种

---

① 《后汉书·光武帝纪第一下》。

② 参见〔唐〕长孙无忌等撰：《唐律疏议》，刘俊文点校，中华书局1983年版，第1页。

结构在今天看来极不合理,但在传统中国却是合理的,因为它符合天地或者说自然世界的有序性法则。所以,三纲是天经地义之理,当然亦是讲究恰当有序,或者说追求秩序文明的讲礼的重心所在。五常,即仁、义、礼、智、信,同样是传统中国的伦理,但按中国传统的理解,五常是人之为人的基本德性。所以,它不同于三纲,虽然不免有某些宗法的属性,但更有超越宗法的普遍性,主要表现为人之为人的责任与担当。因此,比较三纲而言,五常建构的不是人之间主从性的差序关系结构,而是一种推己及人的对等关系结构。这种人际关系结构同样符合天地的自然法则,因为五常以仁义为首,仁又为五常之首,所以仁代表了五常①,而仁者爱人,爱人者重生。这表明以仁为首的五常,符合自然世界的创生性法则。所以,五常亦是天经地义之理,当然亦是重视生命,或者说追求生命价值的重生的重心所在。三纲五常既是天经地义之理,自然亦就拥有无上的正当性和普遍性,正如朱熹所说:"宇宙之间,一理而已。天得之而为天,地得之而为地,而凡生于天地之间者,又各得之而为性。其张之为三纲,其纪之为五常,盖皆此理之流行,无所适而不在。"②由此可见,三纲五常既是天地间"无所适而不在"之理,自然就是人间的情理和法理。这样,天理、国法、人情才可以相通。事实上正是如此,如刘惟谦等人在所上的《进明律表》中说:"陛下圣虑渊深,上稽天理,下揆人情,成此百代之准绳。"③作为中国传统的法理,三纲五常

---

① 如北宋理学家程颢说:"学者须先识仁,仁者,浑然与物同体,义、礼、知、信皆仁也。"(〔宋〕程颢、程颐:《二程集》,中华书局 1981 年版,第 16 页)又如南宋理学家陈淳说:"仁者,心之全德,兼统四者。"(〔宋〕陈淳:《北溪字义》,中华书局 1983 年版,第 22 页)

② 《朱文公文集·卷七十》。此外,现代学者贺麟先生亦对"五伦"特别是对"三纲",作了与众不同而富有哲理的解读。他认为,在传统中国,三纲之为纲有着自然、政治和道德上的合理性,对于大一统国家的存在和维护作用亦是明显的。参见贺麟:《五伦观念的新检讨》,载王元化名誉主编:《释中国》(第 2 卷),第 1204-1218 页。

③ 《大明律》,怀效峰点校,辽沈书社 1990 年版,第 228 页。

不仅是中国传统法的正当性所在，亦早已成为中国传统法的基本原则，所以指导和渗透到了法的各个方面，包括法的思想、制度和实践。但对于法律学人来说，这些都已经是熟知的事实。所以，有关三纲五常的贯彻和实施，我将着重从法哲学方面进行解读。

从法哲学上看，三纲五常在中国传统法中的贯彻和实施，主要体现为重生与讲礼的对立统一这样一种辩证关系。这是因为从三纲五常到重生与讲礼，蕴含着中国传统哲学中道与德的辩证关系结构。依据中国传统哲学，道与德相对而言，道属阴，表示成、静、序、用、外、式、辅等；德属阳，表示生、动、长、体、内、质、主等，道与德犹如阴与阳，两者是对立统一的辩证关系。① 所以，道的有序建立在德的合理上，德的合理借由道的有序来展现。德的合理有两层含义，即绝对的合理与相对的合理。绝对的合理为万物有理，亦即理一；相对的合理为物各其理，亦即分殊；两者对立统一为理一分殊。理一分殊是万物原理。② 理一意味着事物在本质抽象上的同一，亦即形而上的"齐"；分殊意味着事物在本质现象上的不一，亦即形而下的"差"。"齐"要求同等对待（一体、同一、共生共荣），"差"要求区别对待（不等、有序、不同而和），但这两者都是合理的。③ 德所固有的这种合理性结构，内在地规定了道并通过道向外呈现，最后形成

① 这思想源出《易》，后经诸家百子推衍阐释，到理学始集大成。可资参考的有关资料，笔者在此特别推荐周敦颐所撰的《周子通书》和王柏所撰《研几图》中的《稽类图》。

② 参见蒙培元：《理学范畴系统》，人民出版社 1989 年版，第 77－100 页。

③ 这有法律上的例证。例如，中国传统法在理论和原则上都坚持：杀人者死，伤人者刑。这是基于人命同等、身体同样的理一原则；但同时在具体制度的规定上：杀人者有处死亦有不处死的，伤人者有同等刑亦有不同等刑的。这有两种情况：一是基于现实中人的身份有高低（不同德/质），因而身体有贵贱有不同（不同道/式）；二是基于杀和伤有故意与过失等多种情形的区别，所以运用区别对待的分殊原则。但同一等级内（同德/质）的同样行为，则需负同样（同道/式）的责任，这又是贯彻理一原则。以上即是植根于道德原理的中国传统法，在对待和处理杀、伤行为时，基于有序与合理有机结合的原则与规则。

了有序与合理，亦即道（有序）与德（合理）的有机结合，实际上是道与德的一体化，结果是合理有序的构成。其结构形式是道，表现为一体（道与德合为一体）两元（道与德各为一元）主从式（德生道成）多样化（德生道成的变化无穷）的构成；其本体性质是德，表现为生生不息的创生、仁爱、诚实、本然等德性。在中国传统法中，三纲五常的道或者说重在秩序的讲礼，主要表现在纵向上的差序（三纲）与横向上的等序（五常）的结合上，形成一体（德礼与刑罚合为一体）两元（德礼与刑罚各为一元）主从式（德主刑辅）多样化（德主刑辅的多种多样）的法秩序，其中最突出的是一系列差序格局制度的设置与实施。[①] 而三纲五常的德或者说关爱生命的重生，主要表现在贯穿三纲五常的仁爱、忠孝、仁义上，亦即君仁臣忠、父慈子孝、夫正妇贤以及五常中的仁义等，而且在这些人之为人的德性面前，人是平等至少是相对平等的，其中最突出的是一系列慎刑恤刑制度的设置与实施。[②] 所以，贯彻三纲五常、体现重生与讲礼的中国传统法，一方面表明它是传统中国合理有序的秩序构成；另一方面表明道德人文是它的本质特征。

---

① 差序格局是费孝通先生的发明（参见费孝通：《乡土中国　生育制度》，北京大学出版社 1998 年版，第 24 页及前后）。差序格局在法律中的表现是，纵向上看是差序的，横向上看是等序的。这里所谓的差序，是指按中国传统法的规定，人的身份是一个上下不等的阶梯结构，从上到下的排序是皇帝、贵族、官僚、平民、贱民、奴婢，除去奴婢在权利主体之外，这些不同等级主体之间的权利和义务是不相等的，形成纵向上的差序。但法律同时又规定，同一等级内主体的权利与义务是相等的，从而形成横向上的等序。有关中国传统法中差序格局制度的设置与实施，主要参见古代法典“名例”篇中有关身份的规定，以及中国法制史著作中的身份法部分。

② 有关内容包括死刑复奏、诸司会审、秋审、朝审、秋冬行刑等慎刑制度，以及对老、弱、病、残、鳏、寡、孤、独和对妇女、儿童的恤刑制度，这里无法一一列举，可参见中国传统法典的“名例”和“历代刑法志”中的相关部分；或参见［美］D. 布迪、C. 莫里斯：《中华帝国的法律》，朱勇译，江苏人民出版社 1993 年版，第 112－140 页；或浏览较好的中国法制史著作中的司法制度部分。

中国传统法的这个本质特征，含有现实主义与理想主义的色彩，其文化因子亦是源于道与德的辩证关系结构。如上所述，道归属于阴性，阴性表示安静、稳定、不动、成型等性状，其对应的是井然有序的表象世界，所以，道是现实主义的根源。它表示对现实的认可和接受，而世界最大的现实是有序与稳定，所以，中国传统法中的三纲五常之道，或者说重在秩序的讲礼，就是对传统中国现实的认可和接受，其中最突出的是中国传统法中的差序性与宗法性。其实，这正是道德人文中的道，或者说道的现实主义一面的体现。同理，德归属于阳性，阳性表示活动、变化、不息、成长等性状，其对应的是生生不息的内在世界，所以，德是理想主义的根源。它表示对变动而成长的世界的期待，意味着对未来可抱有希望，所以，中国传统法中的三纲五常之德，或者说关爱生命的重生，就是对生生不息世界的向往和追求，其中最突出的是中国传统法中具有普遍性的仁慈博爱。其实，这正是道德人文中的德，或者说德的理想主义一面的体现。最后，依据道与德的辩证关系结构，亦即道与德的对立统一，道德人文合现实主义与理想主义为一体，成为有理想的现实主义，其中理想主义具有引导和支配性。

为什么理想主义具有引导和支配性呢？因为道与德的内在结构是德生道成，或者说德发动、道收成。德生道成是万物生成原理。[①] 它的核心是万物有道、道中有德、德贵在生，生是万物存在的

---

① 《周易·系辞上》："一阴一阳之谓道，继之者善也，成之者性也。"说的就是这个意思。但要明白这句话的意思，先要明白"一阴一阳之谓道"的"道"是原理之道，而非与德对应以表示事物形式或者说原理结构的道。所谓"一阴一阳之谓道"，是说万物生成的道理是一阴一阳，或者说是万物生成的原理。所谓"继之者善也"，是说顺阴阳变化之道而生生不息者谓之善，亦即德，因为德曰生，生者善也。所谓"成之者性也"，是说受阴阳变化之道而成形定型者谓之性，亦即道，因为道曰成，成者型也。所以，一阴一阳亦即德生道成是万物生成的原理。

第一条件，成是万物存在的第二条件。所以，根源于德的理想主义，具有了引导和支配性。当然，这都是相对的。因为没有了道，德将生而不成；而没有德，道亦无可生成。因此，道与德即如阴与阳，始终是对立统一的辩证关系。联系到中国传统法的道德人文，可以说重生意味着德，德是生生不息的创生性象征，内含了变以及对变的期待，表现为理想主义，具有超现实的普遍性，三纲五常之德即是它的体现。讲礼意味着道，道是井然有致的有序性象征，内含不变以及对不变的信念，表现为现实主义，具有实用的现世性，三纲五常之道即是它的体现。总之，从三纲五常到重生与讲礼，它们统一于中国传统法。这意味着道与德、现实主义与理想主义，在中国传统法中达到了辩证的统一。其中，理想主义具有引导和支配性，从而形成有理想的现实主义。这不仅反映在法律的表达上，亦体现在法律的实践上。这正是中国传统法道德人文的本质所在，亦即在“人为称首”的思想指导下，以仁义为内核的重生和讲礼的对立统一。当然，对此我们亦要辩证地理解。重生并不意味着不杀生，杀生亦不意味着不重生，而是杀生要有礼合理，亦即处罚要有程序和正当性。凡是有程序和正当性的，杀之则不谓之滥杀，处罚亦不谓之施暴，因为该杀而杀、该罚而罚，仁爱已行乎其中，中国传统法中正式的刑罚制度即是为此设置的；但在程序和正当性不充分，或有疑罪或可同情的情况下，则尽量从轻宽宥，中国传统的慎刑恤刑制度即是为此设置的。虽然在司法实践中，肯定有与设置相背离的现象，以致中国传统法给人留有残酷的印象，但这并不是中国传统法重生与讲礼本身的问题，而是社会中人的问题，甚至是古今中外都无法避免的理想、制度与实践背离的问题。但我们不能因为有此背离，就否定理想与制度，因为世上没有与实践完全吻合的理想与制度。事实上，理想、制度与实践始终是紧张的对立统一关系，而且这亦恰是它们之间的正常关系。所以，在理想、制度与实践之间，人们所能做的只是缩小而不是背离与消灭，因为背离是无法消灭的。这个认识不仅有助于我们正确理解中国传统法的本质特征，亦同样适用于我们对中国传统文化本质特征的理解。

第六节　总括与简评

我们用法文化的视野和法哲学的方法，沿着形象→结构→机制→本质/机理的思路，层层递进地寻找和揭示了中国传统法的特征。从本章前面的论述来看，这些特征乃是中国传统法内生、固有和特有的，所以，作为特征来说，可谓是名正言顺。从前面的论述中，我们还发现，这些特征虽然独立但不是孤立的，它们之间存在的辩证的逻辑关系。简单地说，这种辩证的逻辑关系是，形象决定于结构，结构决定于机制，机制决定于本质；同时，前者对后者又有响应与反作用，形成前后互动、整体联动、相生相成、对立统一的辩证逻辑关系。具体来说，道德人文是根本，它依次决定和塑造了中国传统法的辩证发展、两元主从和有机一体的特征；同时，从有机一体到道德人文，它们相互对立又相生相成，并在此基础上达到互动、联动和贯通，其结果是中国传统法的统一体系的形成。从比较的角度说，这个体系的最大特质是有机性。尽管这个有机性只是类比意义上的（因为它只是一种社会有机体，并不是生物意义上的有机体，所以，相对于活体的有机性，社会有机性是譬喻的），但在中国传统的有机宇宙观下，它确实具有了某种类于有机物的有机性能。正是因为这种有机性能，本章所揭示的中国传统法的这些特征，不仅是内生、固有和特有的，而且存在辩证的逻辑关系。那么，有机性能为何具有这种功能呢？这是因为有机性能就是使事物构成的各部分互相关联而具有不可分割的统一性的性质和功能。所以，拥有了有机性能的事物，总是处于一体、联系和辩证的发展中，这就是你中有我、我中有你、相生相成的对立统一，亦即辩证的逻辑关系。

其实，我们不需要作这样的引证，只要稍加观察，就可以发现，作为生命系统的有机体，无论是大到自然界还是小到生命个体，自动生长和自成一体是它最基本的特征。自动生长是一种生命机能，自成一体是一种有序机能，这两者都植根于有机体的有机性能。所以，作为有机体的有机性能，它首先是生，然后是生而有序。这表明生是有机事物存在的根据，序是有机事物存在的形式，生与序的对立统一，或者说有机结合，构成了有机事物的存在本身。鉴于此，我们的先贤将其提升为有机事物的存在之理。有机事物的存在之理，就是物之为物、人之为人的理据。对照中国传统法，它的重生是它作为有机体生的表现，它的讲礼是它作为有机体生而有序的表现。由此可知，在“人为称首”的思想指导下的重生与讲礼的对立统一，乃是中国传统法的存在之理。这亦使我们明白：为什么道德人文是中国传统法的本质特征，为什么合理是中国传统法的公平正义，为什么和谐是中国传统法的理想和终极目标。

先就本质特征言，道德人文的精髓是重生与讲礼的对立统一，而重生与讲礼的对立统一是中国传统法的存在之理，法的存在之理即是法的正当性所在，法的正当性所在当然是作为规范的法的本质特征所在。再就公平正义而言，作为有机体的中国传统法，它的正当性源于自然的生与序，或者说哲学上的德与道；德曰生为同，道曰序为异，所以，生与序或德与道表现为重生与讲礼的结合，亦即重生尚德求同与讲礼重道别异的有机统一。这意味着中国传统法的公平正义不是简单绝对的平等，而是重生与讲礼的有机统一，亦即包含同与不同、等与不等的合理。所谓同/等就是同生同德同理者同等,这谓之等序;所谓不同/不等就是不同生不同德不同理者不同等,而是依据生之先后、德之高低、理之大小排序,生先、德高、理大者居上,生后、德低、理小者居下,这谓之差序。但无论是等序还是差序,都是事物固有的,所谓本来如此,符合事物的存在法则,所以都是合理的。合理作为中国传统的正义观,体现在法律上就是平或曰义,亦即公平正义。由此可见,这个公平正义不是简单绝对的平等,而是同与不同、等与不等的有机结合,其结果即是法律上合理有序结构的形成。由于这个结构是基于理而成的,所以它的有序或者说等差,因获得了理的支撑而拥有了正当性。又因为这个理是基于自然的生与序而成,所以它的正当性就有了扎根于自然的道德性。因此,从自然中的生序到哲学上的道德,从哲学上的道德到法律中的合理,这就是植根于道德原理的中国传统法的公平正义。这种形式上有序、实质上合理而本质上为道德的公平正义观,与西方形式上平等、实质上对抗而本质上为自由的公平正义观恰成对极,但与前人在评价《唐律疏议》时所说,"论者谓唐律一准乎礼,以为出入得古今之平",[①]诚可谓若合符节。否则,我们无法理解:唐律一准乎礼,而礼是有差序的,为何又谓之平?原来中国传统的平是合理,而合理是有差序的,准确说合理是同与不同、等与不等,亦即等序与差序的有机结合。可见,前人的评价是何等的精准!最后就和谐即理想而言,有机体的自然状态是和谐,但这种状态很容易受到破坏,所以,和谐成为有机体存在的理想和终极目标。这就等于说,作为被视为有机体的中国传统法,它的理想和终极目标必然是和谐。毫

---

① 这个评语出自《四库全书总目·唐律疏议提要》,可以说是前人对《唐律疏议》最精当的评价。参见〔唐〕长孙无忌等撰:《唐律疏议》,刘俊文点校,中华书局1983年版,第677页。

无疑问,这个和谐是有差别的,因为它原本就是重生与讲礼在中国传统法中对立统一的体现,亦即人们通常所说的和而不同,但在传统中国人看来,这种有差别的和谐是公平正义的,因为它合理,所以亦是理想的。中国传统法的公平正义,虽然是有差别的和谐,但它并不违背人类法律的内在使命和基本价值。人类法律的内在使命和基本价值是秩序与正义。[①] 中国传统法的讲礼→差序→合理有序,即是对秩序追求的表现;中国传统法的重生→等序→共生共荣,即是对正义追求的表现,只不过这个正义不同于西方的正义而已。西方以平等为原则,中国以合理为原则。平等是机械宇宙论的正义观,合理是有机宇宙论的正义观。合理的正义观以理为据,亦即以事物固有的存在之理为依据,所以它不是单一的平等,而是平等与不平等的有机结合。这使得中国传统法既不完全同于西方,又不违背人类法律的内在使命和基本价值。

然而,尽管中国传统法诸特征的意蕴,并不违背人类法律的内在使命和基本价值,但这些特征毕竟是中国传统法内生、固有和特有的。就法的近代化而言,中国传统法的这些特征存在缺失。对于这些缺失,我想至少可以提出三点:首先是对法律体系发展的限制。中国传统法的有机一体,在获得整体系统性的同时,不可避免地遮蔽了个体部门,导致个体部门发展不突出,所以,中国传统法有诸法合体的整体性,却没有分门别类的部门法律体系的发展。虽然,法律体系的发展主要受制于经济社会结构的变化,但法律体系自身的结构特征无疑亦是其要素之一。[②] 其次是对法律思维和学术的影

---

① 参见[美]E. 博登海默:《法理学——法哲学及其方法》,邓正来、姬敬武译,华夏出版社 1987 年版,第 302-339 页。

② 参见张中秋:《中西法律文化比较研究》(第 5 版),法律出版社 2019 年版,第 197-221 页。

响。中国传统法有机一体中的有机联系，特别是你中有我、我中有你的相互兼容和转化的辩证发展，亦即永不停歇的变动和不确定性，不仅同样限制了分门别类的部门法律的发展，还在一定程度上模糊了个体与个体、部门与部门之间的区别，以致独立的个体亦因变动性的辩证思维而不能确定，导致基于个体区别和内涵确定的类的概念不清晰，从而使建立在类之上的概念与范畴亦都不发达。这样，人们就无法再借助概念与范畴进行逻辑性的分析和推导，最终导致系统性的科学理论或者说学科体系难以形成。① 最后是对法律体系开放和转型的羁绊。有机系统具有封闭性，这是有机系统的天然属性之一，中国传统法亦不例外。但问题是中国传统法的封闭性，在获得了道德人文固有的宗法血缘的支持后又被大大强化了。因为宗法最根本的特点是将现世社会的秩序限制在家国一体的血缘网络之中，而血缘关系的最大特点是封闭，突出表现为“排异内

① 近代科学是借助概念，扩展到范畴，再进行合逻辑的分析和推导而建立起来的。其中，概念是起点和支点。概念之所以作为起点和支点，是因为概念是对事物的明确定义。定义之所以明确，首先在于对象的确定，对象不确定则无法定义。无法定义就没有概念，没有概念就无法分析和推导。所以，近代科学的前提是，世界必须是确定而可分析的，这是无机的或者说机械的世界观。中国是有机世界观，认为世界有机一体而且处在永不停歇的变动中。这种联系和变动的世界观，意味着世界在本质上是不确定和不可分析的，而是互相联系辩证发展的，这其中隐含着变动—不确定—无不变规则—无形式逻辑—无近代科学的理路。所以，近代科学在传统中国难以产生，法律科学亦不例外。这就是中国的传统辩证思维，虽不符合近代科学的形式逻辑思维，但似乎符合世界自身的实际状态，只是它注重宏观与辩证而忽略微观与分析，这一点已为越来越多的人所认识。参见［美］理查德·尼斯贝特：《思维的版图》，李秀霞译，中信出版社 2006 年版；［英］李约瑟：《中国科学技术史：第二卷　科学思想史》，何兆武等译，科学出版社、上海古籍出版社 1990 年版，第 239-372 页；［美］成中英：《论中西哲学精神》，东方出版中心 1991 年版，第 117-201 页。

守”。[1] 这个特点在促进中国传统法自洽的同时，亦使其体系失去应有的开放性，延续到中国传统社会后期，受宗法血缘伦理亦即礼教强化的影响，曾经充满活力以变为核心的辩证思维趋于教条化，以致出现了“天不变，道亦不变”[2]的绝对化。其实，这是反辩证法的，并不符合一阴一阳之道。[3] 这样一来，变法不仅越来越困难，而且似乎亦成了不合理的事。因为，道是经，法是权，权为经所制。所以，天不变，道亦不变；道不变，变法就失去了正当性。其结果是法的辩证发展趋于停滞，法律体系更趋于封闭。[4] 这个变化和前两个因素叠加在一起，无疑又加重了中国传统法向近代转型的艰难。

可是，尽管中国传统法诸特征蕴含这样一些缺失，但它们毕竟不违背人类法律的内在使命和基本价值，而且这些特征是中国传统

---

① 参见张中秋：《家礼与国法的关系与原理及其意义》，载《法学》2005 年第 5 期；[日]富永健一：《马克斯·韦伯论中国和日本的现代化》，李国庆译，载《社会学研究》1988 年第 2 期。

② 语出董仲舒的“道之大原出于天，天不变，道亦不变。”(《汉书·董仲舒传》)但在宋明理学形成前，天的内涵并不确定，所以，“天不变，道亦不变”没有绝对化。理学使内涵不定的天变成了不变的天理，从而使“天不变，道亦不变”趋于绝对化。

③ 正如正文和前注中所指出的，中国传统的有机世界观的辩证思维，其要义和精髓都在于：世界是变与不变的统一，而变是绝对的，不变是相对的。这个思想的核心意义是，包括天与道在内的一切都是会变的，更不必说人间的法律了，当然亦要随着天与道的变化而变化。这个变法思想在理学形成前，对中国法律的发展起了极大的推动作用。但理学形成和影响扩大以后，思想逐渐趋于保守，加上政治和礼教的桎梏，辩证法的精髓渐渐被遮蔽而遗忘，出现了“天不变，道亦不变”的反辩证法思想，这使变法失去了原本来自天道的合理性支持。所以，我们今天要做的不是放弃辩证法，而是要回到辩证法，恢复辩证法的真精神。

④ 如作为中国传统法主干的律，唐宋以后没有发生实质性的变化，便与上述思想有直接的联系，以致清末变法修律所受到的指责，不是基于法律而是基于礼教。以张之洞、劳乃宣、刘廷琛为首的“礼教”派，激烈指责以沈家本为首的“法理”派的变法修律是“蔑弃礼教”，认为三纲五常“实为数千年相传之国粹，立国之大本”，不可改矣！相关争论，参见故宫博物院明清档案部编：《清末筹备立宪档案史料》(下册)，中华书局 1979 年版，第 821-915 页。

法内生、固有和特有的，所以，它们有着坚韧的生命力，依然存活于当代中国法中，虽然是以某种变化了的形式表现出来，但仍然可见其强有力的内在联系。

首先，从法律体系的形象和结构特征来看，中国传统法是有机一体与两元差序的结合，结果是一体两元主从式多样化的构成。当代中国的法律体系主要是由国家法构成的，包括中央层面的全国人大、中央军委、国务院及其各部委，地方层面的省、自治区、直辖市和拥有立法权的省辖市以及特区的立法。[①] 中国大部分高校的《法理学》教科书，对它的特征是这样表述的："中国现行立法体制是特色甚浓的立法体制。从立法权限划分的角度看，它是中央统一领导和一定程度分权的，多级并存、多类结合的立法权限划分体制。最高国家权力机关及其常设机关统一领导，国务院行使相当大的权力，地方行使一定权力，是其突出的特征。"[②]依据这一体制，当代中国的法律体系实际上已是某种一体（国家法律有为有机统一整体）、两元（中央立法与地方立法各为一元）、主从式（中央立法为主与地方立法为从）、多样化（多级多类的立法）的构成。事实上亦是如此，如 2011 年 10 月 27 日，国务院新闻办公室发布的《中国特色社会主义法律体系》明确指出："中国特色社会主义法律体系，是以宪法为统帅，以法律为主干，以行政法规、地方性法规为重要组成部分，由宪法相关法、民法商法、行政法、经济法、社会法、刑法、诉讼与非诉

---

① 参见我国《立法法》；当代中国的立法体制，或者说法律秩序构成的实际情形极为复杂，可参见［英］帕瑞·凯勒：《中国法的渊源》，桂万先译，载张中秋编：《中国法律形象的一面——外国人眼中的中国法》，中国政法大学出版社 2012 年版。

② 参见张文显主编：《法理学》（第 3 版），高等教育出版社、北京大学出版社 2007 年版，第 227 页。

讼程序法等多个法律部门组成的有机统一整体。”[①]如果将我们实际生活中各种各样的行为习惯和秩序规范纳入民间法范畴，把它们视为与国家法对应并作为国家法补充的一元，那么，当代中国的法律体系实际上亦是某种一体（国家法与民间法统为一体）、两元（国家法与民间法各为一元）、主从式（国家法为主而民间法为从）、多样化（国家法与民间法多种多样）的构成。从以上简单的对比中可以看到，即使古今法律体系的内涵已经发生了重大变化，但其形象和结构的特征又是何等相似！

对此，或许有人会说，大陆法系国家都是追求法律体系化的，当代中国属于成文法系，所以，有此现象并不为奇，相似或许是偶然。但我以为，这是只知其一，不知其二。所谓知其一者，作为成文法系国家的当代中国，追求法律体系化，这个认识是对的。所谓不知其二者，即世界上大陆法系的国家，特别是大陆法系的发源地欧陆国家，它们法律体系化的程度都很高，其内部结构亦很精致，但法无明文规定不为罪亦不处罚的法定主义原则，使得它们的法律体系在构成上，尤其是在吸收普通法判例制度之前，亦即法典化运动及其完成时期，呈现出法典形式逻辑严谨与成文规范单一，亦即一体（国家法构成一体）、一元（法典法成为一元）的特征；而不是当代中国这种国家法与民间法、法典化与非法典化、成文法与非成文法、中央立法与地方立法并存，结果呈现出一体、两元、主从式、多样化构成的

---

① 《中国特色社会主义法律体系》在阐述“中国特色社会主义法律体系的特征”时进一步指出：“中国宪法和法律确立了具有中国特色的统一而又多层次的立法体制，这就决定了中国特色社会主义法律体系内在统一而又多层次的结构特征，这既反映了法律体系自身的内在逻辑，亦符合中国国情和实际。与其相适应，中国特色社会主义法律体系以宪法为统帅，由法律、行政法规、地方性法规等多个层次的法律规范构成。这些法律规范由不同立法主体按照宪法和法律规定的立法权限制定，具有不同法律效力，都是中国特色社会主义法律体系的有机组成部分，共同构成一个科学和谐的统一整体。”

特征。这是为什么？答案恐怕要到中国传统法与当代中国的内在联系中去寻找。因为这种联系和表现是具有中国特色的部分，而这个特色部分正是中国传统法所固有的特征。

其次，从法律体系的运行机制和本质特征来看，中国传统法是辩证发展与道德人文互为表里，其中道德人文这个本质特征，从根本上塑造和决定了中国传统法的形象和走向。这在当代中国法中亦明显可见。如前所述，辩证发展是变与不变的统一，表现为经与权的政治法律原则，指导中国传统法的运行发展。从现代法理出发，经与权就是我们所说的原则性与灵活性，或者说稳定性与变动性；经与权的关系就是原则性与灵活性、稳定性与变动性的对立统一。对照当代中国法的运行发展，即可发现这个特征是如此鲜明地存在。因为当代中国的法律原则正是原则性与灵活性、稳定性与变动性的统一。如《中国特色社会主义法律体系》中说："中国特色社会主义法律体系妥善处理了法律稳定性和改革变动性的关系，既反映和肯定了改革开放和现代化建设的成功做法，又为改革开放和现代化建设进一步发展预留了空间。"如果说这两者之间还有什么不同的话，我以为最大的不同，是经与权或者说原则性与灵活性的内涵发生了变化。中国传统法的经是建基于道德人文之上的三纲五常的礼教，当代中国法的经是马克思主义与中国实际相结合的毛泽东思想和中国特色社会主义理论体系。中国传统法的权主要体现在礼教的时代性上，亦即时代赋予礼教的新内容，如宋明礼教在继承汉唐礼教中所发生的变化；当代中国法的权主要体现在马克思主义的时代性上，亦即时代赋予马克思主义中国化的成果，包括以解决中国革命和建设问题为根本任务的毛泽东思想，以及改革开放历史新时期的邓小平理论、"三个代表"重要思想、科学发展观和习近平新时代中国特色社会主义思想。[①] 然而，尽管经与权或者说原则性与灵活性的内涵，在传统与当代中国法中有了如此大的变化，但经与权或者说原则性与灵活性相统一的关系，及其所呈现出来的辩证发展路径与本质决定性的特征并未改变。不过，我们亦要看到，相对于上述法律体系在形象与结构特征上的影响，作为运行机制的辩证发展这个特征还没有充分展开。这部分是因为中国传统法有数千年的历史，部分还因为形象与结构特征是相对外在的，而当代中国法只限于当代且尚在转型与发展中，所以，其辩证发展的特征还需要时间来表现。

此外，道德人文这个本质特征，除了本质决定性这一原理模式没有改变外，其内涵实际上亦早已面貌全非。这主要是近代以来中国法制现代化的趋势使然，其中最显著的变化是放弃了礼教，转而采用新的法律指导思想和原则，这无疑是历史性的进步。但我认为在这个问题上亦存在失误，其中最大的失误是在接受实证主义法律观的同时，彻底割断了法律与本民族固有道德的联系，特别是在抛

① 例如《中国特色社会主义法律体系》第10-11页提出："中国现行宪法是一部具有中国特色、符合社会主义现代化建设需要的宪法，是治国安邦的总章程。它是经过全民讨论，于1982年由全国人民代表大会通过的。根据国家经济社会的发展，全国人民代表大会先后通过了4个宪法修正案，对宪法的部分内容作了修改。中国宪法确立了国家的根本制度和根本任务，确立了中国共产党的领导地位，确立了马克思列宁主义、毛泽东思想、邓小平理论和'三个代表'重要思想的指导地位……"还有，2014年10月23日中国共产党第十八届中央委员会第四次全体会议通过的《中国共产党第十八届中央委员会第四次全体会议公报》中提出："全会强调，全面推进依法治国，必须贯彻落实党的十八大和十八届三中全会精神，高举中国特色社会主义伟大旗帜，以马克思列宁主义、毛泽东思想、邓小平理论、'三个代表'重要思想、科学发展观为指导，深入贯彻习近平总书记系列重要讲话精神，坚持党的领导、人民当家作主、依法治国有机统一，坚定不移走中国特色社会主义法治道路，坚决维护宪法法律权威，依法维护人民权益、维护社会公平正义、维护国家安全稳定，为实现'两个一百年'奋斗目标、实现中华民族伟大复兴的中国梦提供有力法治保障。"有关习近平新时代中国特色社会主义思想，参见2017年中国共产党第十九次全国代表大会报告。

弃宗法血缘的伦理道德时，亦抛弃了超宗法血缘的道德原理与道德人文。这使我们的法律失去了万物有序与生生不息的自然之理，而这个自然之理恰是中国人的世界观及其正当性所在，亦是中华文明历五千年风雨而绵延不绝的思想根源，甚至还有可能是我们复兴中华文化，包括创新中国法文化的思想资源和精神动力。因此，如果有一天，建立在有机宇宙论之上的道德人文精神，亦即在“人为称首”的思想指导下，以仁义为内核的重生与讲礼的对立统一，在未来中国法中以某种变化而适时的形式再现，我们不应该感到意外。[①]因为历史最终会纠正人的错误。而且，只有到了那一天，我们才可以说，中国传统法与当代中国法的联系是本质上的，而不是像目前仅停留在原理模式的形式关联上。

---

① 《中国特色社会主义法律体系》提出：“中国特色社会主义法律体系的形成，始终立足于中国国情，坚持将传承历史传统、借鉴人类文明成果和进行制度创新有机结合起来。一方面，注重继承中国传统法制文化优秀成分，适应改革开放和社会主义现代化建设需要进行制度创新，实现了传统文化与现代文明的融合；另一方面，注意研究借鉴国外立法有益经验，吸收国外法制文明先进成果，但又不简单照搬照抄，使法律制度既符合中国国情和实际，又顺应当代世界法制文明时代潮流。这个法律体系具有很强的包容性和开放性，充分体现了它的独特文化特征。”

第二章

中国传统法的本体

第二章　中国传统法的本体

第一节　中国传统法本体的内涵及其结构

第二节　中国传统法本体内涵的核心及其原理

第三节　中国传统法本体对法的回答及其启示

在人类认识世界中,哲学是最根本的思想。在哲学中,本体与本体论是最根本的问题。在哲学范畴内,本体是指事物存在的根本、根据或者说理据,而本体论则是研究本体的学问,亦即研究事物存在的根本、根据或者说理据的学问。[①] 同样,在我们认识法的世界中,法哲学是最根本的学问。在法哲学范畴内,法本体是指法存在的根本、根据或者说理据,而法本体论则是人们研究法本体的学问,亦即人们对法存在的根本、根据或者说理据所进行的哲学研究。本章就是在这个意义上对中国传统法本体所作的一项研究。这项研究离不开中国传统法本身,这是研究的对象和前提;亦离不开中国传统

---

① 本体与本体论原是西方哲学范畴,19 世纪经由日本传入我国,随后在我国学界持续发生影响。然而,在中国学界,一直存在关于什么是本体、本体论,本体、本体论的译名是否恰当,以及传统中国有没有本体、本体论等诸如此类问题的争论,这在哲学界亦早已成为学术公案。具体可参见俞宣孟:《本体论研究》(第 3 版),上海人民出版社 2012 年版,第 3-95 页。笔者为撰写本文,对此不得不格外小心,综合各方所得,认为在哲学和法哲学的视角中,传统中国和中国传统法自有本体和本体论,这已为相关研究所证明,完全不必再费笔墨;至于本体和本体论的含义,虽然还没有确切统一的定义,但亦有在本文"引言"中所揭示的大致共识,即本体是指事物存在的根本、根据或者说理据,而本体论则是研究本体的学问。笔者基本认同这个共识并稍加综合,进而推至对法的本体和本体论的理解。笔者上述思考所涉及的资料,请参见俞宣孟:《本体论研究》(第 3 版),上海人民出版社 2012 年版;张岱年:《中国哲学中的本体观念》,载《张岱年全集》(第 5 卷),河北人民出版社 1996 年版;张岱年:《中国古代本体论的发展规律》,载《社会科学战线》1985 年第 3 期;张岱年:《论老子的本体论》,载《社会科学战线》1994 年第 1 期;谢荣华:《中国古代哲学中的"本体"概念考辨》,载《中国哲学史》2005 年第 1 期;向世陵:《中国哲学的"本体"概念与"本体论"》,

哲学和法哲学,特别是其中有关本体和法本体的认识,这是研究的思想和学术资源;当然,还离不开现代法哲学,尤其是它的本体论,这是展开分析和认识的工具与方法。所以,本章实际上是笔者在立足于中国传统法的基础上,从法哲学的视角,运用法哲学的方法,对中国传统法本体所作的一次探讨。毫无疑问,这样的探讨有多重意义,其中最重要的一点,是要在本体上或者说从根本上,发现和揭示中国传统法是什么样的法。这无疑是我们对中国传统法进行研究与认识的前提,但其难度亦可想而知,所以,有不当之处,还请大家指正。

第一节　中国传统法本体的内涵及其结构

依笔者所见,如果要研究中国传统法本体,最好是从它的内涵探讨开始,因为这是我们认识问题的逻辑起点。一般而言,中国传统法本体的内涵包括了对它含义的界定和具体所指的揭示,亦即对中国传统法本体是什么及其具体所指的回答。① 依据上文对本体和法本体的理解,中国传统法本体是指中国传统法存在的根本、根

载《哲学研究》2010 年第 9 期;宋志明:《中国哲学的本体论思路》,载《船山学刊》2004 年第 1 期;[德]古斯塔夫·拉德布鲁赫:《法哲学》,王朴译,法律出版社 2013 年版;公丕祥:《关于法哲学本体论的思考》,载《中外法学》1992 年第 1 期;武夫波:《传统中国法本体研究》,法律出版社 2020 年版,“绪论”和第 1 章“法本体释义”;武夫波:《董仲舒法本体论初探》,载张中秋主编:《道与法:中国传统法哲学新探》,中国政法大学出版社 2016 年版,第 20-38 页。

① 这里要提出的是,从已经发表的成果来看,对中国传统法本体的直接研究和专门探讨的成果还非常有限,前人研究中有的学者(如吴经熊)涉及中国传统法本体的问题,但并未以“法本体”的概念形式出现(参见吴经熊:《法律哲学研究》,清华大学出版社 2005 年版,第 70 页);近年来武夫波博士专攻这一问题,撰成《传统中国法本体研究》博士学位论文(法律出版社 2020 年版),另还发表了几篇相关成果。

据或者说理据。这是对中国传统法本体含义的界定,它回答了中国传统法本体是什么的问题,然而,中国传统法本体含义的具体所指又是什么呢?亦即中国传统法本体的具体内涵,或者说它存在的根本、根据或者说理据是什么?这是我们接着要回答的问题。

对于这个问题,首先要说明两点:一是法本体既然是法存在的根本、根据或者说理据,那么,它就必须通过法来实证;二是中国传统法包罗广大,所以,研究只能选取有代表性的法律和资料来进行。对照这两点,我们可以通过对中国传统法的代表性资料,如《唐律疏议》、《名公书判清明集》以及明清司法资料的运用,来分析探寻中国传统法存在的根本、根据或者说理据。这里就以《唐律疏议》为例,其在开篇《名例》中规定:“德礼为政教之本,刑罚为政教之用,犹昏晓阳秋相须而成者也。”[①]这句话的意思是说,德礼是政教的根本,刑罚是政教的辅用,两者犹如黄昏与早晨(相续为一天)、春天与秋天(相续为一年),只有相互结合方能构成完美的整体。我们知道,《名例》是《唐律疏议》的指导思想和宗旨所在,政教是中国传统政治文化的统称,亦称为“大法”[②],具体的法律如《唐律疏议》等都包含在其中。因此,作为政教两翼的德礼与刑罚,亦就是礼与刑,或者说礼法,实际上就是中国传统法的基本内容与结构。正如上述《唐律疏议·名例》所规定,在这个结构中,德礼为本、刑罚为用,德礼为本意味着德礼是刑罚亦即《唐律疏议》的根本。既是根本,自然亦可以说是根据或理据。因为无论是在汉语语义,还是在哲学本体

---

① 〔唐〕长孙无忌等撰:《唐律疏议》,刘俊文点校,中华书局1983年版,第1页。

② 中国古代的法广狭多义,狭义上的法主要指律,亦即刑;而广义上的法则包括礼、乐、政、刑等,这与《唐律疏议》中所说的政教相当,所以称之为大法,即如《管子·任法》中所说:“法者,天下之至道也。……所谓仁义礼乐者,皆出于法。此先圣之所以一民者也。”

论上，根本、根据、理据这三者是相通的。① 因此，如果换用法哲学的语言，那么，德礼为本就是说德礼是《唐律疏议》的根本、根据或者说理据，亦即德礼是《唐律疏议》的本体所在。由此，我们可以进一步说，鉴于《唐律疏议》是中国传统法的代表性法律，德礼不仅是《唐律疏议》的本体所在，亦是中国传统法的本体所在。

德礼作为中国传统法的本体，我们已通过上述分析，在法律规范的制度层面上得到了实证。如果不再追问，问题可以就此了结，但法哲学研究的特点就是要不断地追问，直至对终极答案的获得。大家知道，在法哲学的视野中，法包括理念、制度和实践，所以，中国传统法的本体在法律规范的制度层面是德礼，那么，它在理念和实践层面又是什么呢？对此，需要继续探讨。这里，我们不妨先摘录一段沈家本先生的序语，以便进入问题的实质。他说："吾国旧学，自成法系，精微之处，**仁**至**义**尽……新学往往从旧学推演而出，事变愈多，**法理**愈密，然大要总不外'**情理**'二字。无论旧学、新学，不能舍**情理**而别为**法**也，所贵融会而贯通之。"②众所周知，沈家本既是中国传统律学（旧学）的大家，又是中国近代法学（新学）的开创者，他对中外法律特别是中国传统法可谓熟稔精通。在他看来，中国旧学自成法系，其中内贯这样的逻辑，即法→法理→情理→仁义。这个逻辑告诉我们，中国法的法理是情理，情理背后亦即法的精微之

---

① 从汉语语义上讲，"根本""根据""理据"这三个词，在表示事物的根基、基础、依据的意义上，它们的含义是相通的，参见《汉语大词典》和"百度百科"的相关辞条释义。在中国哲学，特别是有关本体论的认识上，无论是过去还是现在，中国学者都是将它们与本体、本根贯通理解的，参见张岱年：《中国古代本体论的发展规律》，载《社会科学战线》1985 年第 3 期；谢荣华：《中国古代哲学中的"本体"概念考辨》，载《中国哲学史》2005 年第 1 期；向世陵：《中国哲学的"本体"概念与"本体论"》，载《哲学研究》2010 年第 9 期；公丕祥：《关于法哲学本体论的思考》，载《中外法学》1992 年第 1 期。

② 〔清〕沈家本：《法学名著序》，载〔清〕沈家本撰：《历代刑法考》，邓经元、骈宇骞点校，中华书局 1985 年版，第 2240 页。

处是仁义,这在旧法和新法中都是一样的,所贵的只是会通而已。依据这个逻辑,情理和仁义不只是中国传统法的法理,亦可以说是中国传统法的本体。因为法理就是法的根本、根据或者说理据。它与本体所不同的是,本体是法哲学术语,法理是法理学术语,两者虽不能完全等同,但内涵是相通的。这样,中国传统法的本体,准确地说是这个本体的具体内涵,除了德礼外,又有了情理和仁义。那么,情理和仁义是什么意义上的本体呢?德礼、情理和仁义这三者又是什么关系呢?

先说"情理"。这是我们在古代法律文献,特别是在宋及以后的司法文献中常见的词。有如论者所言:"学者们注意到,宋明清以来,'情理'一词在司法上运用渐广。确实,最初对'情'的强调,亦是从司法领域开始的。所谓情理,在其初,不过是发轫于断狱的司法要求"。[①] 事实确是如此,笔者曾仔细研读《名公书判清明集》,发现其中绝大部分判决,都是围绕着情、理、法进行辨析和推导,体现了情理或者说法意与人情的辩证统一。对此,如果要用具体的判词来证实亦非难事,但繁复引证显然不是法哲学的风格,所以,有意者可以参见以下注中所作的提示。[②] 此外,在宋明清特别是清代的司法档案中,研究者亦同样发现了"情理"一词的大量出现和使用,[③]

① 霍存福:《中国传统法文化的文化性状与文化追寻——情理法的发生、发展及其命运》,载《法制与社会发展》2001 年第 3 期。

② 《名公书判清明集》的判词,几乎都是围绕情理或者说法意与人情展开的,其中较为典型的这类判词,可以参见中国社会科学院历史研究所宋辽金元史研究室点校的《名公书判清明集》(上、下)(中华书局 1987 年版)第 100-102 页、第 124-126 页、第 175-176 页、第 215-216 页、第 348-349 页、第 501 页、第 602-603 页等。

③ 参见[日]滋贺秀三:《清代诉讼制度之民事法源的概括性考察——情、理、法》,载[日]滋贺秀三等:《明清时期的民事审判与民间契约》,王亚新、范愉、陈少峰译,法律出版社 1998 年版;霍存福:《中国传统法文化的文化性状与文化追寻——情理法的发生、发展及其命运》,载《法制与社会发展》2001 年第 3 期;[日]夫马进编:《中国诉讼社会史概论》,范愉、赵晶等译,载中国政法大学法律古籍整理研究所编:《中国古代法律文献研究》(第 6 辑),社会科学文献出版社 2012 年版。

以致有的学者将其称为“情理法”。[①] 笔者认为，虽然“情理法”一词还不够科学，[②]但毫无疑问，在宋明以来的法律中，尤其是明清时期的司法实践中，情理被广泛地反复提起和使用，而且是作为法理依据被提起和使用，[③]这至少表明情理是这个时期司法的理据。就此而言，这又意味着情理亦是这个时期中国法的本体，准确地说是中国传统法本体在司法实践上的表达。因为能够作为这个时期中国司法的理据，即表明它是这个时期中国法在司法层面上存在的根本、根据或者说理据。因此，从法哲学的角度来看，如果说中国传统法本体在制度层面是德礼的话，那么，如上所论，它在实践层面就应是情理。

如果这个判断不错的话，那么，我们接着要问：仁义又是什么层面上的本体呢？对此，细心的读者其实可以从前引沈家本先生的序中寻得线索。他说“吾国旧学，自成法系，精微之处，仁至义尽”。这表明在他看来，中国传统律学和法系的精微之处在于仁义。众所周知，精微是精深微妙的意思，表示事物的精髓和深奥，决定事物的本质，属于精神范畴，表现为高度抽象的理念或观念，所以，作为中国传统律学和法系的精微所在，仁义是决定中国传统法本质的理念或观念。从这个意义上说，仁义即是中国传统法的本体，准确地说是

---

① 参见范忠信、郑定、詹学农：《情理法与中国人——中国传统法律文化探微》，中国人民大学出版社 1992 年版。

② 首先，情理是人之原理，具有普遍性而不具有分类的意义；其次，不存在实体性的类于刑事法、民事法、教会法这样的“情理法”，所谓的“情理法”，实际上只是具有情理属性的法。因此，在形象比喻的意义上，或许可以使用“情理法”这样的说法，但作为科学研究的术语还是应该慎用。

③ 原始资料可参见前注所揭示的《名公书判清明集》（上、下）和《刑案汇览全编》（法律出版社 2007 年版），研究作品可以参见［日］滋贺秀三：《清代诉讼制度之民事法源的概括性考察——情、理、法》；霍存福：《中国传统法文化的文化性状与文化追寻——情理法的发生、发展及其命运》。

中国传统法本体在理念上的表达。因为其能够决定中国传统法本质的理念或观念,是中国传统法在观念层面存在的根本、根据或者说理据。当然,仁义作为中国传统法的本体,到目前为止,还只是学理上的推论,如果要进一步证实这个推论,那就要像德礼和情理那样,能够通过法——法律规范或司法实践——来实证。就笔者所知,仁义是中国传统社会的基本伦理,它在先秦时期由孔子提倡、孟子发展,到汉武帝接受董仲舒"罢黜百家,独尊儒术"后,成为中国传统社会的政治思想和法理的依据,所以,在董仲舒的法律思想和经义决狱中,研究者发现仁义已经是法本体了;[①]嗣后,经过汉及魏晋的法律儒家化运动,仁义作为本体通过律学和立法渐入法律之中,随着《唐律疏议》的诞生和实施,仁义本体遂在中国传统法中得以成型和确立,此后宋明清三代对此都加以承袭和发展。这里,我们仍然通过《唐律疏议》来实证。

《唐律疏议·名例》在谈到立法宗旨和原则时说:"《易》曰:'天垂象,圣人则之。'观雷电而制威刑,睹秋霜而有肃杀,惩其未犯而防其未然,平其徽纆而存乎博爱,盖圣王不获已而用之。……《易》曰:'理财、正辞、禁人为非曰义。'故铨量轻重,依义制律。"[②]这是一段含义丰富、意味深长的话,其中"防其未然,存乎博爱"表明了其"仁"的立法宗旨,而"铨量轻重,依义制律"则表明了其"义"的立法原则,合而言之,可以说仁义就是《唐律疏议》的立法宗旨和原则。仁义既然能够作为《唐律疏议》的立法宗旨和原则,自然亦可以说是《唐律疏议》存在的根本、根据或者说理据了。因为作为国家法律的

---

① 参见武夫波:《董仲舒法本体论初探》,载张中秋主编:《道与法:中国传统法哲学新探》,中国政法大学出版社 2016 年版;武夫波:《传统中国法本体研究》,法律出版社 2020 年版,第 186-201 页。

② 〔唐〕长孙无忌等撰:《唐律疏议》,刘俊文点校,中华书局 1983 年版,第 1-2 页。

《唐律疏议》，一旦离开了立法宗旨和原则，它就不是作为国家法律的《唐律疏议》了。因此，从这个意义上说，仁义即是《唐律疏议》的本体，准确地说是通过立法原则在理念上的表达。这种表达在《唐律疏议》中有全面的体现，具体到法律规定上则是一系列相应制度的确立。[①] 对此，我们从后人的评价中亦可见一斑。元人柳赟在《唐律疏义序》中说："盖姬周而下，文物仪章，莫备于唐。始太宗因魏徵一言，遂以宽仁制为出治之本，中书奏谳，常三覆五覆而后报可，其不欲以法禁胜德化之意，皦然与哀矜慎恤者同符。"[②]清人孙星衍更是在《重刻故唐律疏议序》中提出："夫不读唐律，不能知先秦历代律令因革之宜，不足彰圣朝立法之仁、折衷之当。"[③]在上述柳赟的《唐律疏义序》中，已明白无误地揭示了"仁"在《唐律疏义》中的根本性，即"以宽仁制为出治之本"；而孙星衍的"序"更是清楚地向我们阐明了，《唐律疏议》对《大清律例》的影响，在根本上就是"仁义"二字，即"立法之仁"的"仁"与"折衷之当"的"当"，此"当"即是义，因为"义"的本义就是宜（适宜）、当（恰当）。[④]

通过以上实证，特别是通过对《唐律疏义》和宋及明清司法资料的引证分析，我们已经看到，中国传统法的本体有德礼、情理和仁义，那么，这三者是什么关系呢？其实，在上述分析和引证中，我们已有了这样的认识，即德礼是中国传统法的本体在规范制度层面上的表达，情理是它在司法实践层面上的表达，仁义是它在理念观念层面上的表达。就此而言，如果仅是从分析和静态的角度来看，应

---

① 笔者对此有所研究，阅者可以参见本书第六章《中国传统法的道德原理及其价值》相关部分。

② 〔唐〕长孙无忌等撰：《唐律疏议》，刘俊文点校，中华书局1983年版，第663页。

③ 〔唐〕长孙无忌等撰：《唐律疏议》，刘俊文点校，中华书局1983年版，第668页。

④ "义"有多重含义，其基本含义是"宜"，亦即当、恰当、得当、适宜，引申为正当、应当、公平、合理之类。参见本书第四章"中国传统法律正义观"相关部分。

该说这个认识是不错的，它揭示了中国传统法的本体在理念、制度和实践上的不同表达，由此亦表明这三者只是处于同一本体结构中的不同层面而已，或者说是共处同一本体结构中不同层面上的表现而已。但这个认识还有不足，首先人们会疑惑一个法怎么会有三个本体？其次人们会问这三者到底是什么关系？这就需要我们从辩证和动态的角度来看问题。从辩证和动态的角度看，虽然德礼、情理和仁义是三个不同的词，但在中国传统语境中，特别是在中国传统法中，这三者却是名异而实同，即德礼、情理和仁义都是中国传统道德的表达，其实际内容是同一的纲常礼教。① 所以，从分析和静止的角度看，中国传统法的本体有三个，它们分属于法的理念、制度和实践的不同层面，但辩证和动态地看，亦即就其实际内容而言却是同一个道德，它们的关系就像在一个道德的根上开出了德礼、情理和仁义这三枝道德的花朵。至此，就中国传统法本体的具体内涵及其关系而言，以上的探讨可以说已经回答了，但如果要继续追问中国传统法本体的终极理据是什么？那么，上述回答还不够。因为在时空范畴内和逻辑关系上，中国传统法的本体及其结构还可以展开。

就笔者初步所见，在传统中国时空范畴内，作为中国传统法本体的德礼、情理和仁义，一方面它们都有历时性，但所历时段有所不同；另一方面它们亦存在共时性，但共时层面略有区分。具体来说，仁义是从汉代开始纵贯中国传统法理念的本体，德礼更多是汉至隋唐中国传统法制度的本体，情理更多是从宋开始至明清中国传统法实践的本体。但如上所说，仁义、德礼和情理同时又是共存于整体的中国传统法之中的本体，即共存于包括了理念、制度与实践为一

---

① 德礼、情理和仁义都是中国传统道德的表达，实际内容是同一的纲常礼教，这在本章第二节的原理探讨中有相应的图示和说明。请阅者参见，兹不赘述。

体的中国传统法本体之中的本体。显然，这种历时但时段不同、共时却有分层的区别，只能说是对事物表面的认识，事实上，由于德礼、情理和仁义名异而实同，更由于中国传统文化有机一体的特点，所以，在特定的时空范围内，譬如说在唐或宋或明清法中，这三者在结构上就会呈现出这样的形态，即由理念到制度再到实践的纵向支配和横向共存的状态，亦即由理念上道德性的仁义贯穿和支配制度和实践上的德礼与情理，但同时这三者又互相渗透、互动贯通以致可以并行替代。这就是说仁义既是中国传统法理念上的本体，同时又可以说是中国传统法制度和实践上的本体；而德礼和情理既分别是中国传统法制度和实践上的本体，同时又可以说分别是中国传统法理念与实践以及理念与制度上的本体。对此，我们依然可以通过法来实证。例如，由上可知，仁义是《唐律疏议》的立法宗旨和原则，这是《唐律疏议》理念上的本体表达；但仁义在《唐律疏议》中又有全面具体的法律规定上的体现，表现为一系列相应的法律制度的确立，①这可以说是《唐律疏议》制度上的本体表达；此外，在记载唐代法律和司法的文献中，仁、仁恕和仁义亦有出现，②特别是在著名的

---

① 笔者对此有过研究，参见本书第六章《中国传统法的道德原理及其价值》相关内容。

② 例如，据《旧唐书·刑法志》记载，唐太宗因错杀大理丞张蕴古等之故，将死刑三复奏发展为五复奏制度，其最根本的理由或者说理据，就是中国传统的好生之德，亦即唐太宗所说的“人命至重，一死不可再生”（〔后晋〕刘昫等撰：《旧唐书》，中华书局1975年版，第2140页）的仁恕和仁义理念。又，“贞观初，诏殿中侍御史崔仁师覆按青州谋反案，仁师止坐其魁首十余人，余皆释之。大理少卿孙伏伽谓仁师曰：‘足下平反者众，人情谁不贪生，恐见徒侣得免，未肯甘心。’仁师曰：‘凡治狱当以仁恕为本，岂可自规免罪而不为伸邪？万一暗短，误有所中，以一身易十囚之死，亦所愿也。’”（参见〔明〕邱浚：《大学衍义补》，林冠群、周济夫校点，京华出版社1999年版，第959页）邱浚，一般指丘濬，本书后文统一称丘濬，脚注尊重相关著作提法。

《名公书判清明集》中,仁义作为司法理据更是大量出现,[①]这表明仁义作为中国传统法的本体,除了在理念和制度上有表达外,在司法实践中亦有表达。同样,德礼和情理亦都不仅限于制度和实践,可以说在《唐律疏议》中,德礼作为政教之本,既是制度之本,亦是理念和实践之本。至于情理,虽然可以说从宋代开始,它作为司法理据的情形很突出,但事实上它在《唐律疏议》所规定的法律制度中早已出现,[②]发展到明清时亦已上升为国家立法的理念和制度之本,如明代大臣刘惟谦等人在所上的《进明律表》中说:“陛下圣虑渊深,上稽天理,下揆人情,成此百代之准绳。”[③]乾隆皇帝在为重修后的《大清律例》所作的“序”中亦说:“简命大臣取律文及递年奏定成例,详悉参定,重加编辑。揆诸天理,准诸人情,一本于至公而归于至当……”[④]毫无疑问,这其中的“天理”和“人情”,即是“情理”作为明清国家立法的理念和制度之本的表达。

就上所论,人们不禁要问,在中国传统法本体的结构中,为什么会出现上述这样的情况,即仁义贯穿和支配德礼与情理,同时这三者又互相渗透、互动贯通以至还可以并行替代?简单说,这是因为中国传统文化有机一体的特点。这个特点不仅造就了中国传统法本体的上述构造,而且还可以引导我们从逻辑上展开对中国传统法

---

① 参见《名公书判清明集》(上、下),中国社会科学院历史研究所宋辽金元史研究室点校,中华书局 1987 年版,第 242 页、第 290 页、第 291 页、第 332 页、第 338 页、第 463 页、第 502 页、第 527 页、第 529 页、第 591 页。

② 如《唐律疏议·名例》“大不敬”中有注:“指斥乘舆,情理切害。”疏议对“情理切害”的解释说:“旧律云‘言理切害’,今改为‘情理切害’者,盖欲原其本情,广恩慎罚故也。”大家知道,原其本情是考察动机,广恩慎罚是显示仁爱,两者都是道德性的表现,所以,“言理”改为“情理”这一字之改,深刻体现了《唐律疏议》的法理义蕴。

③ 《大明律》,怀效峰点校,辽沈书社 1990 年版,第 228 页。

④ 马建石、杨育棠主编:《大清律例通考校注》,中国政法大学出版社 1992 年版,第 5-6 页。

本体的再推导，最后帮助我们从它所呈现的完整结构中发现它的整体面貌和终极理据。在进行逻辑推导前，我们有必要先了解一下中国传统文化有机一体的特点。质言之，它的特点是把世界看作一个有生命的大系统，而构成这个大系统的是无数有生命的小系统。[①]譬如，具体到法律，在中国文化这个大系统中，它就是一个生命体，所以，法律就像活着的人体一样，整体上是由各部分(器官)组成，形成从上到下、从外到内、由表及里的构造，但各部分(器官)之间又是你中有我、我中有你、同生共存，形成相互联系、互相渗透、分层贯通的系统。在传统中国，这样的理解不仅仅是观念上的，事实上，中国人亦是这样来看待和实践的。例如，我们所熟悉的"天叙有典""天秩有礼""天讨有罪"，[②]以及"道法自然"[③]和《唐律疏议·名例》中所说的"昏晓阳秋"等，都是在表达天地生法这样一种有机一体论的法思想与实践。[④] 依据这个思想与实践的逻辑，中国传统法是一个生命系统，中国传统法本体是这个系统中的小系统。如果沿着小系统从上到下，即是由理念到制度到实践，亦即从仁义本位到德礼本位再到情理本位的构成；如果沿着小系统从外到内、由表及里，即是由实践到制度到理念，亦即从情理本位到德礼本位再到仁义本位的构成；如果把中国传统法及其本体这两个系统置于更大的中国文化系统中，我们又会发现，作为法的理念本位的仁义，实际上来自人的

---

① 如北宋理学家张载说："一物而两体(者)，其太极之谓欤！阴阳天道，象之成也；刚柔地道，法之效也；仁义人道，性之立也。三才两之，莫不有乾坤之道也。易一物而合三才，天(地)人一。"(〔宋〕张载：《张载集》，中华书局1978年版，第235页)

② 《尚书·皋陶谟》。

③ 《老子》第二十五章。

④ 天地生法的有机一体论法思想和实践，在中国古籍中不胜枚举，其中《汉书·刑法志》、《魏书·刑法志》以及《唐律疏议·名例》的开头部分都是明证。另参见杨鸿烈：《中国法律思想史》，中国政法大学出版社2004年版，第97-110页。

仁义，人的仁义又来自地的刚柔（刚柔是仁义的别名①），而地的刚柔又来自天的阴阳，天的阴阳法则是阳生阴成，所以，阳生阴成是自然之道。由于自然是天，所以，自然之道又称为天道、天理。因为天道、天理发于自然，而道德即自然②，所以，天道、天理又称为道德。道德之所以即自然，是因为在中国文化中，德属阳性为生，道属阴性为成，道与德合为德生道成，而阳主生、阴主成，是故德生道成即阳生阴成。德生道成或阳生阴成所呈现的是先生后成、生而有序，先生后成、生而有序即是万物的自然状态和自然法则，亦即自然之道，简称自然，所以，在中国人的世界观中，道德、自然、天道、天理是相通的，甚至可以说是相等的。这即是《周易》和《太极图说》中所说的："立天之道，曰阴与阳，立地之道，曰柔与刚，立人之道，曰仁与义。"③以及《通书·顺化》所言："天以阳生万物，以阴成万物。生，仁也；成，义也。"④推而言之，依着这个理路并结合《唐律疏议·名例》"德礼为政教之本，刑罚为政教之用，犹昏晓阳秋相须而成者也"的明示，那么，立法之道就是德礼与刑罚，德礼与刑罚在司法实践中转化为情与理。这样，在中国文化这个大系统中，中国传统法本体的逻辑结构可以图示如下（见图2-1）：

---

① 如周敦颐说："仁义即刚柔之别名。"参见〔宋〕周敦颐撰：《周子通书》，徐洪兴导读，上海古籍出版社2000年版，第34页。

② 如《老子》第五十一章曰："道之尊，德之贵，夫莫之命而常自然。"又如陈鼓应先生将《庄子·山木》中"若夫乘道德，而浮游则不然"中的"乘道德"引注为"顺自然"。参见陈鼓应：《庄子今注今译》，中华书局1983年版，第498页及第499页注〔五〕。

③ 〔宋〕周敦颐撰：《周子通书》，徐洪兴导读，上海古籍出版社2000年版，第48页。此说原出《周易·说卦》，详解参见杨成寅：《太极哲学》，学林出版社2003年版；杜维明：《试淡中国哲学的三个基调》，载王元化名誉主编：《释中国》（第2卷），上海文艺出版社1998年版，第877-891页。

④ 〔宋〕周敦颐撰：《周子通书》，徐洪兴导读，上海古籍出版社2000年版，第36页。

道德/自然/天道/天理/阴阳(天)→刚柔(地)→仁义(人/法·理念)→德礼(法·立法)→情理(法·司法)

图 2-1　中国传统法本体的逻辑结构

在笔者看来,这是到目前为止,有关中国传统法本体最完整的结构。通过这个结构,我们可以看到,中国传统的天、地、人、法一体的生命之道,亦即它们之间的有机联系可谓是层层关联、一以贯之;同时,我们还发现,天、地、人、法存在的根据,亦即它们的本体所在亦是前后相续、一目了然。具体来说,天存在的根据或者说本体是道德/自然/天道/天理/阴阳,地存在的根据或者说本体是刚柔,人存在的根据或者说本体是仁义,法存在的根据或者说本体是仁义/德礼/情理(其中,仁义重在法的理念/思想,德礼重在法的制度/立法,情理重在法的实践/司法),但由于天、地、人、法是一个整体,内贯共同的生命原理,所以,它们存在的根据或者说本体,犹如我们在前面所说的活着的人体器官组织那样,既各自分层又互动贯通,最后形成你中有我、我中有你、相互联系、互相渗透、同生共存的系统。在这个系统中,各层面相互之间存在互动、联动和贯通的辩证逻辑关系,如图 2-1 所示,道德是这个系统最终和最高的存在。因此,从哲学本体论的意义上说,每一层面的本体都可以在系统中向上提升和抽象,如人的本体在它自身层面是仁义,但向上提升和抽象,就可与地的刚柔(属性)、天的阴阳(属性)相通,最后可通于天理/天道/自然,并最终借由道德来表达。同理,法的本体在它自身层面是仁义/德礼/情理,但向上提升和抽象,就与人的仁义(属性)相通;再向上提升和抽象,就与地的刚柔(属性)、天的阴阳(属性)相通;最后同样可通于天理/天道/自然,并最终同样借由道德来表达。此外,在这个系统中,每一层面的内部关系,亦即在天、地、人、法各自的本体结构中,既是阴与阳、刚与柔、仁与义、德与礼、情与理的两元对应关系,但又不是对等与对抗的那种两元对应关系,而是感与应或者说发动与回应,亦即经典所载的德生道成的关系。由于生是第一、成是第二,先生后成、生而有序,所以,在上述对应的两元关系中,前者为主、后者为从,两者合为一体,因此,我们又可以把这种本体中的内部关系,概括为一体(前后一体)、两元(前后两元)、主从式(前主后从)的关系。由此,我们可以推论,天、地、人、法的本体,在天是阴阳,但它是以阳为主、以阴为从、阴阳一体的本体;在地是刚柔,但它是以刚为主、以柔为从、刚柔一体的本体;在人是仁义,但它是以仁为主、以义为从、仁义一体的本体;在法是仁义/德礼/情理,但它是以仁/德/情为主、以义/礼/理为从、仁义/德礼/情理一体的本体。最后是道德,那就是以德为主、以道为从、德生道成、道德一体的本体。同时,同样由于天、地、人、法是一个整体,所以,天、地、人、法的本体,在由前向后或由后向前的纵向上,亦形成了一个一体(前后一体)、两元(前后两元)、主从式(前主后从)、多样化(从道德到情理)的构造。至此,对于中国传统法本体的内涵及其结构,可以作一个概括性的总结,即中国传统法本体的内涵,亦即它存在的根本、根据或者说理据,直接来说是情理/德礼/仁义,终极来说是天理/天道/自然和道德,依序来说是从情理到天理以至道德的系列,最终构成了一个(从)情理→德礼→仁义→(到)刚柔→阴阳/天理/天道/自然/道德的理据链条;同时,在其内部和纵向上亦形成一个一体两元主从式多样化的构造。然而,就整体而言,它是一个从情理到天理以至道德分层贯通的一体化有机系统。由此可见,中国传统法的本体不是某个单一的理据,而是一个从情理到天理以至道德的动态的理据链,准确地说,是一个动态的主从式多样化的理据链结构。

第二节 中国传统法本体内涵的核心及其原理

通过上面的探讨,我们对中国传统法本体的内涵及其结构已经有了认识,但其实我们所知道的这个结构只是内涵的构造形式而不是实质,所以,如果要追究问题的实质,我们自然要问这个内涵的核心是什么,亦即上述从情理到天理以至道德的内核是什么?因为法哲学本体论的核心是法的正义观,但是从上述中国传统法本体的内涵中,亦即从情理到天理以至道德的系列中,我们却看不出中国传统法本体的正义观是什么,但法哲学告诉我们,法本体的内核必然是法的正义所在。[①] 所以,我们只有深入它内涵的核心,揭示出从情理到天理以至道德本体的内核,才能回答中国传统法本体的正义观问题,而回答这个问题正是法本体研究的必然要求。

对于中国传统法本体内涵核心的探讨,就像上面对中国传统法本体内涵的探讨一样,我们仍然通过对代表性法的实证和分析推论来进行。在探寻中国传统法本体的内涵时,我们通过对《唐律疏议》和法律文献的分析,先是发现了它的德礼本体,接着又揭示了它的仁义本体和情理本体,而且还发现这三者是作为唐代法律本体的内涵在制度、理念和实践上的不同表达,但实际上它们是一个你中有我、我中有你、互动贯通的有机系统,亦即实质上它们是一体的,所以,最后都植根于并归结于道德。那么,作为唐代法律本体的内涵,

---

① 参见[德]G. 拉德布鲁赫:《法哲学》,王朴译,法律出版社 2005 年版,第 31-37 页、第 224-226 页;[德]考夫曼:《法律哲学》,刘幸义等译,法律出版社 2005 年版,第 10-12 章;[德]H. 科殷:《法哲学》,林远荣译,华夏出版社 2002 年版,第 154-155 页。

无论是作为不同表达的仁义、德礼与情理这三者,还是作为最后都可以归结为一的道德,它们的核心又是什么呢?其实,《唐律疏议·名例》“序”在表明了仁义和德礼这个根本,亦即法哲学上所确认的本体后,往下接着就说道:“易曰:‘理财、正辞、禁人为非曰义。’故铨量轻重,依义制律。”①这表明《唐律疏议》是“铨量轻重,依义制律”而成的,准确地说,是在仁义和德礼的根本指导下“铨量轻重,依义制律”而成。很显然,其中“义”是关键。因为“铨量轻重”是为了找到制律所需的“义”,而最终则是依据这个找到的“义”来制定法律,故曰“依义制律”。那么,怎样来理解这个“义”呢?依据笔者的研究,可以确认,“义”是中国传统正义观的表达,而《唐律疏议》中的“义”则是中国传统法律正义观的表达。这个“义”既可以说是一种适宜、恰当、正当、应当、公平、合理之类的观念;亦可以说是一种与当时的纲常礼教,亦即与道德、仁义、情理、礼法相通的观念;还可以说就是一种合理的观念,而且由于在中国传统文化语境中,“合理”一词本身已涵括了上述“义”的多重含义以及与义相通的诸义,所以,以《唐律疏议》为代表的中国传统法律正义观,可以说是一种合理的正义观。这个合理的正义观既含有平等又含有不平等,可以说是等与不等,或者说是等者同等、不等者不等、等与不等辩证变动的有机统一,而其等与不等、变与不变的正当性都只在于合理。对此,我们可以把它概括为三项原则:一是等者同等,二是不等者不等,三是等与不等辩证变动。这三项原则的核心是等与不等,所谓等就是同理者同等;所谓不等就是不同理者不同等,而是依理之大小排序。这样,无论是等还是不等,都是建立在理上,所以称为合理。而且,这种合理本身亦要合理地或者说辩证地来理解,即它是

① 参见〔唐〕长孙无忌等撰:《唐律疏议》,刘俊文点校,中华书局 1983 年版,第 1-2 页。

动态的，其等与不等不是绝对固定的，而是相对变动的，所以，这又可以称之为动态的合理正义观。这种动态的合理正义观恰是中国人固有的法律正义观。譬如，在中国传统观念中，人生来是一样的，亦即人都是一条命，这意味着人的自然生命有同等价值，这是天然的理，亦即天理，所以，法律依据这个理，在原则上规定，人命关天，杀人者死、伤人者刑，不分高低，这是一种原则性的或者说理念上的合理正义观。[①] 但实际上，人生来是一样的，后来发展不一样，集中体现在人的德和能的不同，亦即人的精神生命和社会生命的价值有高低差别，这是实际上的理或者说理的现实，所以，法律又依据这个理，亦即人的德与能的不同这个现实的理，来具体分配权利义务和定罪量刑，高者高、低者低，等者同等、不等者不等、等与不等辩证变动。这样，在理的支点上又形成了可上下移动的阶梯结构，其结果即是我们所看到的礼法结合所形成的差序格局。这种等中有不等、不等中又有等、等与不等辩证变动的情况，正是动态的合理正义观的体现，这种正义观在《唐律疏议》的规定中可以得到广泛普遍的实证。[②]

《唐律疏议》中的这种情形，其实并不仅限于唐律，而且亦并不仅限于单纯的制度规定。因为《唐律疏议》是中国传统法的代表，且它与其它历代基本法典一样，都是当朝司法的基本依据，所以，《唐律疏议》中的相关规定，还有其它历代基本法典中的相关规定，都不仅仅

---

① 如《汉书·刑法志》记载："汉兴，高祖初入关，约法三章曰：'杀人者死，伤及盗抵罪。'"（《历代刑法志》，群众出版社1988年版，第14页）即是其例。

② 以下有关实证可参见本书第四章《中国传统法律正义观》相关内容。

是单纯的制度上的规定,正常情况下亦基本能落实到司法实践中去。[①]所以,我们可以说,这种情形实则是以《唐律疏议》为代表的中国传统法的正义观的体现。至此,我们对中国传统法的正义观可以先作一个初步的概括,即它的基本内涵是适宜、恰当、正当、应当、公平、合理之类,以及当时与此相通的纲常礼教,亦即道德、仁义、情理、礼法等,归结为合理;合理的原则是等者同等、不等者不等、等与不等辩证变动。对此,我们再作进一步的分层理解,以揭示它们之间内在的逻辑关系。就上述中国传统法律正义观基本内涵的结构而言,其最直接的层面是体现三纲五常的礼法,亦即当时主流的伦理规范和居统治地位的法律规范;其第二层面是支撑这些规范或者说礼法的伦理法理本体,亦即道德、仁义、情理;其第三层面是支持和支配

① 例如,唐"元和六年九月,富平县人梁悦,为父杀仇人秦果,投县请罪。敕:'复仇杀人,固有彝典,以其申冤请罪,视死如归,自诣公门,发于天性。志在徇节,本无求生之心,宁失不经,特从减死之法。宜决一百,配流循州。'职方员外郎韩愈献议曰:'……宜定其制曰:凡有复父仇者,事发,具其事由,下尚书省集议奏闻。酌其宜而处之,则经律无失其指矣。'"(《历代刑法志》,群众出版社 1988 年版,第 301－302 页)又,唐"长庆二年四月,刑部员外郎孙革奏:'京兆府云阳县人张莅,欠羽林官骑康宪钱米。宪征之,莅承醉拉宪,气息将绝。宪男买得,年十四,将救其父。以莅角觝力人,不敢捴解,遂持木锸击莅之首见血,后三日致死者。准律:父为人所殴,子往救,击其人折伤,减凡斗三等,至死者,依常律。即买得救父难是性孝,非暴;击张莅是心切,非凶。以髫丱之岁,正父子之亲,若非圣化所加,童子安能及此?《王制》称五刑之理,必原父子之亲以权之,慎测浅深之量以别之。《春秋》之义,原心定罪。《周书》所训,诸罚有权。今买得生被皇风,幼符至孝,哀矜之宥,伏在圣慈。臣职当谳刑,合为善恶。'敕:'康买得尚在童年,能知子道,虽杀人当死,而为父可哀。若从沉命之科,恐失原情之义,宜付法司,减死一等。'"(《历代刑法志》,群众出版社 1988 年版,第 303 页)在上述两例引文中,其"酌其宜而处之"的"酌",以及"原父子之亲以权之,慎测浅深之量以别之"和"诸罚有权"中的"权"与"测",讲的都是在司法中,具体即是在本案中,判官如何在经与律中进行动态的斟酌、权衡、测试/掂量以达到合理正义(宜/义)的意思;而其"宜而处之,则经律无失其指"下的"特从减死之法",以及在"亲以权之"和"量以别之"下的"虽杀人当死,而为父可哀"的结果,正是这种动态的合理正义观在该案司法中的体现和实现。

这些伦理法理本体的道理，亦即这些伦理法理的正当性根据，亦就是适宜、恰当、正当、应当、公平之类，而适宜、恰当、正当、应当、公平之类的正当性所在即是理或者说合理。这是它深层但还不是最为深层的内涵，因为还有理或者说合理自身的正当性或本体所在，那就是等者同等、不等者不等、等与不等辩证变动这个自然之理，或者说万物之理。这个自然之理或者说万物之理的正当性所在，亦即作为自然/万物存在的根本、根据或者说理据这个本体，就是万物生生不息与井然有序的有机统一。生生不息是生，井然有序是序，生生不息与井然有序的有机统一就是生而有序；生而有序既是万物的自然状态，又是万物的自然法则，两者结合即是世界存在这个事实本身，这个事实本身就是中国人所说的天理或天道。① 通过以上层层递进而又相互贯通的内在逻辑展开，我们可以发现这正是生命体或者说有机世界的内在法则，所以说中国传统法的正义观实际上是一种类似于有机生命体的有机正义观。由此，我们还发现，中国传统法本体的内涵与其正义观的内涵是相通的，两者的核心内容和精神实质亦是一致的，都是从情理/仁义/到天理/天道的系列。这意味着中国传统法本体内涵的核心，亦即它的内核实际上就是动态的合理正义观。如果从法哲学本体论的角度来看，这个动态的合理正义观就是中国传统法的正当性所在，亦即它作为法存在的根本、根据或者说理据的内核所在。

那么，这个动态的合理正义观的正当性又是什么呢？在这里提出和探讨回答这个问题，既是本章继续追问的必要，亦是最终从根本上来理解中国传统法本体的必要。正如大家所知，在法哲学中，作为法本体的正义都有其“论”或“观”，其“论”或“观”构成人们所

---

① 如前所论，“天理”与“天道”是相通的，即朱熹所说的“天道者，天理自然之本体，其实一理也”。(〔宋〕朱熹撰：《四书章句集注》，中华书局1983年版，第79页)

说的法正义论或法正义观。其实,这个“论”或“观”就是证成法正义的思想理论体系,而这个思想理论体系的背后又有其“道”,这个“道”用我们今天的话说就是原理,这个原理就是最终的根本意义上的理论根据。在此,笔者希望通过对原理的探讨,来揭示和阐释这种动态的合理正义观,或者说这种有机正义观的正当性所在,进而把我们对中国传统法本体的认识,从它的内涵、结构和内核推至原理,从而在理论逻辑和文化根源上,获得对它更完整更深入的理解与把握。

如前所述,中国传统法的本体是从情理到天理以至道德的系列。无疑,在这个系列中,道德是它的终极本体,而本体是事物存在亦即事物成为自己的根本、根据或者说理据,这就意味着道德是传统中国人视法之为法,亦即法的正当性或者说它动态的合理正义观的终极理据。那么,这种道德的正当性又是从何而来的呢?要弄清这个问题,先来看图 2-2:

↗地/阴→静→井然有序→道→成→成型/得当/宜→义→伦之理→尊尊亲亲→爱有等差→不等者不等↘

天理・天道：德生道成→生而有序→中和・有机一体・和谐←合理有序←等与不等辩证变动：合理正义观

↘天/阳→动→生生不息→德→生→生长/生意/爱→仁→情之理→民胞物与→一体之仁→ 等者同等↗

图 2-2　从天理・天道到动态的合理正义观贯通示意

从图 2-2 中我们可以清楚、直观地看到,从天理、天道到动态的合理正义观的贯通。具体来说,天理、天道为一阴一阳。其中,地为阴,阴为静,静表示万物的井然有序,有序谓之道;天为阳,阳为动,动表示万物的生生不息,生生谓之德。一阴一阳表示世界是井然有序与生生不息的有机统一,亦即万物生而有序,或者说德生道成。这就是万物之理,亦即天理、天道,或者说德生道成之理,简称道德原理。由于中国传统文化把天、地、人、法看作一个大生命体,所以,这万物之理或者说道德原理,就是天、地、人、法的共理。这共理在天为阴阳、在地为刚柔、在人为仁义、在法为仁义/德礼/情理。[①] 实际上，无论是阴阳、刚柔，还是仁义、德礼、情理，本质上都是植根于天地德生道成的道德，所以，在中国人的观念中，“天地间至尊者道，至贵者德而已矣”。[②] 总之，天地万物中道德最高贵。这是因为天地的法则或者说万物之理就是德生道成，所以，世界是道德的世界，道德的世界就是理和合理的世界，亦即自然和合自然法则的世界。[③] 因此，如果再对照图 2-2，我们又可以看到，从图示左端天理、天道的阴与阳、道与德的展开至图示右端的不等者不等、等者同等这两者之间前后的内在逻辑和贯通理路；还有从图示左端中间天理、天道的德生道成到中和·有机一体与从图示右端中间合理正义观的等与不等辩证变动到和谐·有机一体相向对应的内在逻辑和贯通理路。在上述这两个逻辑和贯通的理路中，前者是从天理、天道的阴与阳、道与德到等者同等、不等者不等的合理正义观的体现；后者是从天理、天道的德生道成到等与不等辩证变动的合理正义观的体现。前者是相对确定的，确定的原因在于阴静道成的理与

---

① 如《周易·说卦》曰：“是以立天之道曰阴与阳，立地之道曰柔与刚，立人之道曰仁与义。”(《四书五经》，陈戌国点校，岳麓书社 1991 年版，第 206 页)

② 〔宋〕周敦颐撰：《周子通书》，徐洪兴导读，上海古籍出版社 2000 年版，第 39 页。

③ 如朱熹说：“宇宙之间，一理而已。天得之而为天，地得之而为地，而凡生于天地之间者，又各得之而为性。其张之为三纲，其纪之为五常，盖皆此理之流行，无所适而不在。”(〔宋〕朱熹撰：《朱子全书》，朱杰人、严佐之、刘永翔主编，上海古籍出版社、安徽教育出版社 2002 年版，第 3376 页)李约瑟先生对朱熹的这个思想给予了高度的评价，他说：“……根据这一观点，宇宙的本性从某种意义上说，乃是道德的。”([英]李约瑟：《中国科学技术史：第二卷　科学思想史》，何兆武等译，科学出版社、上海古籍出版社 1990 年版，第 485 页)对此，或许有人会问：这个作为宇宙本性的道德又是如何从自然或者说宇宙秩序中导出的呢？我以为中国人的生命世界观或者说有机宇宙论是根本，反映在《易传》和《中庸》上是感与应的类与通，其后董仲舒以“类比”导出，朱熹理学以“理一”导出，其内在的理路就是天地人的贯通，亦即人法地、地法天、天法道、道法自然的有机世界观的内在贯通。

阳动德生的理的各自确定性，即不变之理与变之理，或者说理的不变与变都是分别明确的，所以，不等与等可以确定，如示意图中尊尊亲亲的爱有等差（不等）与民胞物与的一体之仁（等）都是明确的，实例有如前面所讨论的唐律中等者同等、不等者不等的规定，这就是合理正义观的体现。这是一方面，另一方面要注意到，后者是相对变动的，变动的原因在于阴静道成的理与阳动德生的理结合在一起后所引起的不确定性，即不变之理与变之理纠合在一起后，理的不变与变分别都不明确了，所以，等与不等亦不能确定，只能是辩证地对待，如图2-2中等与不等辩证变动所引起的合理有序中的合理与有序都是动态的，实例有如前面所讨论的唐律中等与不等辩证变动的规定，这就是动态的合理正义观的体现。笔者以为，理的这种确定性和变动性源于生命体固有的机能，即有机事物存在的固有机理，亦即万物生而有序的自然法则，对此，我们的先贤把它概括为一阴一阳之道，或者说德生道成的道德，或者说天理/天道等，实际上就是世界存在和之所以存在的这个事实本身。这就是我们为什么要把中国传统法本体的正义观，亦即它动态的合理正义观看作一种有机正义观的原因所在。由此，我们从上述图示和说明中可以进一步认识到，这种动态的合理正义观的法理与哲理：其法理植根于仁义、德礼、情理（这三者归于伦之理与情之理，合称为伦理与情理）之中的合理，合理的基本内涵是正当、恰当、应当、适宜、公平之类；其原则为等者同等、不等者不等、等与不等辩证变动的有机统一；其哲理就是体现在天理、天道中的生而有序这个自然法则，或者说一阴一阳之道，或者说德生道成的道德原理。至此，我们终于明白了，道德为什么是中国传统法的本体，或者说是它动态的合理正义观的终极理据，亦即这种正当性的正当性之所在。同时，这亦意味着我们已在理论逻辑和文化根源上，对中国传统法本体内涵的核心及其原理，获得了更为完整深入的理解与把握。

第三节　中国传统法本体对法的回答及其启示

通过前面两部分的探讨，我们终于知道了中国传统法本体是什么和为什么，即它的内涵、结构和核心告诉了我们是什么，而它的原理则告诉了我们为什么。那么，我们得到这样的认识或者说开展这项研究的意义又是什么呢？大家知道，在法哲学范畴内，对法是什么、法为什么是法以及法如何成为法这三个相互关联的问题的回答，包括能否回答以及如何回答，不仅构成了法哲学本体论自身内容的核心，而且亦确立了它在整个法哲学中的决定性地位和价值。因为法哲学虽然是由法的本体论与价值论和方法论构成的，但在法哲学体系中，法的本体论则决定了法的价值论与方法论。[①] 所以，无论是从学理还是从实践上来看，通过对中国传统法本体的研究，揭示并阐明它是什么和为什么，其意义首先在于寻求它对上述三个问题的回答，然后是由此而给我们所带来的启示。以下即是笔者从中所得的回答和启示。

首先，让我们来看中国传统法本体对法是什么的回答。在法哲学本体论的意义上，对法是什么的回答一般是：正义。[②] 换言之，不

---

① 参见公丕祥：《关于法哲学本体论的思考》，载《中外法学》1992 年第 1 期；武夫波：《传统中国法本体研究》，法律出版社 2020 年版，第 6 章。

② 例如，罗马《国法大全》之一的《学说汇纂》第一编第一章“正义和法”辑录了乌尔比安《法学阶梯》第一编的忠告：“对于打算学习罗马法的人来说，必须首先了解‘法’（jus）的称谓从何而来。它来自正义（justita）。实际上（正如塞尔苏所巧妙定义的那样）法是善良和公正的艺术。”按此解释，正义即是善良和公正，而法则是正义（善良和公正）

正义不是法。这是人类法哲学本体论的共识,即使不同文明对正义的定义不完全相同,有的表述和理解甚至很不相同,但这并不影响人们依然用“正义”来表达和交流法是什么。如前所论,中国传统法本体的内涵,直接来说是情理/德礼/仁义,终极来说是天理/天道/自然和道德,依序来说是从情理到天理以至道德的系列,但这些内涵名异而实同,最后都可以归于道德,而其内核则是动态的合理正义观。这表明在法哲学本体论的意义上,中国传统法本体对法是什么的回答是正义,亦即上引《唐律疏议》“依义制律”中的“义”。这个“义”是中国传统法对正义的表达,实际上就是中国传统法的正义观。这意味着人类法哲学关于法是什么的一般回答,在中国传统法本体上有着同样的表达和体现。这个表达和体现,一方面加强了人类法哲学本体论对法是什么回答的普遍性,另一方面亦表明中国传统法本体具有人类法的共同性。不过,我们同时要认识到,中国传统法本体中的正义是动态的合理正义观,这是中国传统法本体对法是什么回答的独特性体现。如前所述,这种动态的合理正义观的内涵是适宜、恰当、正当等,其原则是等者同等、不等者不等、等与不等辩证变动,而等与不等、变与不变都以理或合理为准。从法哲学上说,这种动态的合理正义观的普遍性,就体现在等者同等、不等者不

的体现。西方权威的法律辞典亦有类似的表述:“法的基本问题之一是法的目的问题。我们认为法应当在社会中寻求什么目的?能不能或者说应该不应该通过对目的的描述来给法下定义?尽管特定情况下的正义被解释为在很大程度上依赖个人的、社会的、道德的、政治的立场及其他个人因素,但人们仍普遍认为,法的目的正在于帮助人们在国与国、团体与团体、人与人之间的关系中实现正义。虽然具体的某一项法律规定可能不公平,但仍有必要从在司法活动中表现出来的法律目的来加深对法律概念的理解。另外,法律的目的包括实现安全、获得最大多数人的最大限度的幸福,达到普遍的满足及一个人的意志与另一个人的自由的协调。这些目的的实现就是正义,或者说,这可以是并且就是法律的适当目的。”([英]戴维·M. 沃克编:《牛津法律大辞典》,邓正来等译,光明日报出版社 1988 年版,第 518 页)

等的对等性原则上，这是人类法的共性及体现，这种共性及体现在中国哲学中谓之“理一”。同样，从法哲学上说，这种动态的合理正义观的独特性，就体现在等与不等辩证变动的变动性原则上，这是中国法的特性及体现，这种特性及体现在中国哲学中谓之“分殊”。由此可见，在中国传统法本体对法是什么的回答中，亦即在中国传统法的动态的合理正义观中，包含了人类正义的普遍性和中国正义的独特性，它是人类共性与中国特性的统一，这在中国哲学上谓之“理一分殊”。总之，“理”是中国传统法本体正义观的标准，所以，在中国传统法本体中，法即正义，正义即合理。换言之，不合理即不正义，不正义就不是法。如前所示，中国传统法本体的所合之“理”，实即是它从情理到天理以至道德的系列，所以，在中国传统法本体中，可以说法是正义，亦可以说法是情理/德礼/仁义/天理/天道。因为在中国传统语境中，这些都是正义，或者说是正义的不同表达。总之，法是合理，当然，最后还可以说法是道德。换言之，则又可以说，道德/天道/天理/仁义/德礼/情理都是法本体的所合之“理”，而合理即正义，正义即法，所以，法是正义。但无论是哪一种说法，它们都是中国传统法本体在形而上，亦即在法哲学本体论的层面上，对法是什么所作的回答。如果是从形而下，亦即从形而上之法的实现形态来说，那么，中国传统法本体意义上的法，就是依义或者说合理或合道德，亦即具有正当性或正义的秩序和规范体系，现实中表现为融天理、国法、人情于一体的德礼刑罚，亦即礼法，包括意识、规则和习惯。

其次，让我们来看中国传统法本体对法为什么是法的回答。在法哲学本体论的意义上，对法为什么是法的回答一般是：因为法是正义，所以法是法。换言之，不正义不是法。这亦是人类法哲学本体论的共识。如果要追问：为什么正义是法，不正义不是法？从根本上来说,这源于人的正义感。人的正义感直接源于人对人类生活有序化及其正当性的追求,这是人类社会存在和发展的前提。人的正义感亦植根于自然法则,这是人类社会存在和发展的基础。最后,人的正义感就合成于这两者的双重构造中。即如前述,在中国传统法本体中,法是义,所以,法是法。这是在法哲学本体论的意义上,中国传统法本体对法为什么是法的回答的普遍性体现。但同样如前所述,中国传统法的正义是动态的合理正义,那么,这种动态的合理正义为什么亦是法呢?简言之,因为它合理,合理就是正义,所以合理亦是法。那么,合理为什么正义?因为合理符合道德。符合道德为什么正义?因为道德是德生道成的结合。德生道成的结合为什么正义?因为结合的结果是生而有序。生而有序为什么正义?因为生而有序是生命世界的自然现象与自然法则。生命世界的自然现象与自然法则为什么正义?因为生命本来如此。生命本来如此为什么正义?这一方面是因为它符合生命世界的自然现象与自然法则,所以,保持和维护生命如此这般的存在就是正义,这就是人类观念中根深蒂固的自然即正义,或者说自然正义观的渊源;[①]另一方面是因为说到底正义毕竟是有生命的人的正义,所以,维护生命如此这般的存在,正是正义存在的前提和价值所在,相反,如果离开了如此这般存在的有生命的人,那正义亦就没有必要存在亦不可能存在了。这个源于人类生存和发展需求的正义原理,不仅符合中国人对人类生活有序化及其正当性的追求,亦植根于中国人对自然(法则)的认识和遵循。在中国传统的语境和表达中,前者表现为人

① 这是人类普遍的观念,在西方古代有斯多葛主义和罗马法以及后来自然法思想,在中国上古有《易》及后来的诸子百家特别是以儒、道两家为代表的效法自然的思想,这些都包含了对自然即正义的自然正义观的表达。笔者对此有过探讨,参见张中秋:《中西法律文化比较研究》(第5版),法律出版社2019年版,第8章第2节相关部分。

世的仁义/德礼/情理,后者表现为天理/天道/自然,两者合而为一表现在中国传统法本体上,即是作为正义载体的理或天理/天道,亦即前面所说的从情理到天理以至于道德的系列。尽管它们措辞不同,但名异而实同,都可以统称在一个“理”字之下。因为从情理到天理/天道都是理,而道德则是最终的理。这表明在法之为法的范畴内,理或者说作为最终之理的道德,乃是中国传统法的终极理据所在,所以,合理自然成了中国传统法本体正义观的表达。反之,在中国传统法本体中,不合理就不是法。不合理为什么不是法?因为不合理就不正义。不合理为什么不正义?因为不合理不符合道德。不符合道德为什么不正义?因为不符合道德就不能生而有序。不能生而有序为什么不正义?因为不能生而有序是反自然(法则)的,反自然(法则)的结果必然是无序,无序的结果是一切都失去确定性、连续性和可预期性,最终是人类自身失去正常生活生存的可能性。这既不符合所有人对人类生活有序化的追求,亦有违生活于农耕社会中的传统中国人对自然(法则)的感悟和遵循,而这种感悟和遵循是建立在长期生活的经验教训之上的,所以说没有理或不合理,或者说不正义或不道德,都不能构成中国传统法的本体,亦即都不能成为中国传统法存在的根本、根据或理据。这即是说,在法哲学本体论的意义上,理和合理,或者说正义和道德等,这些可以用“理”来概括和表达的正义观,亦即前面所说的中国人固有的动态的合理正义观,即是中国传统法本体对法为什么是法的回答。同样,这亦是在形而上的层面上,对法为什么是法所作的回答。如果是从形而下,亦即从形而上之法的实现形态来说,中国传统法本体对法为什么是法的回答是,不依义或者说不合理或不道德,亦即不具有正当性或不正义的秩序和规范体系,现实上就不可能表现为融天理、国法、人情于一体的德礼刑罚,亦就不是礼法;一句话,就不是法,或者说不是真正合法(理/正义)意义上的法,无论是意识、规则还是习惯都概莫能外。

再次,让我们来看中国传统法本体对法如何成为法的回答。在法哲学本体论的意义上,对法如何成为法的回答是:法的实现。法的实现是法本体的显现,法的实现的途径包括法的创制和实施。这是人类法哲学本体论对法如何成为法的普遍回答,或者说是人类法哲学本体论的共识。在中国传统法哲学本体论上,对法如何成为法的回答亦是法的实现,实现的途径亦是包括法的创制和实施。这表明在法哲学本体论的意义上,中国传统法本体对法如何成为法的回答具有普遍性;但这种普遍性在中国传统法本体中又别有内涵,其中在法的实现中法的创制上,它总的理念是传统中国特有的"道生法"。这是在法哲学本体论的意义上,中国传统法本体对法如何成为法的独特性体现。关于"道生法",在理念上可以理解为道生成法,或者说法从道中生出。但道如何生成法,或者说法又如何从道中生出,在中国经历了从多种途径和模式的竞争到基本途径和模式融合形成的过程。具体来说,在先秦和秦汉初期,如果这个"道"是道家和黄老之道,那么,道生法的具体路径和模式就是人法地、地法天、天法道、道法自然,即人效法天地自然的现象与法则立法。① 但如果这个"道"是各家之道的道生法,那么,具体就各有路径和模式,其中儒家是"天垂象,圣人则之",即圣人仿效天所呈现的天象与法则立法;②法家是君生法、臣执法、民守法,即君主自己立法,但君主

① 譬如,《老子》第二十五章曰:"人法地,地法天,天法道,道法自然。"《黄帝四经》之《经法·道法第一》曰:"道生法。"

② 譬如,《易经·系辞》曰:"天垂象,圣人则之。"《汉书·刑法志》曰:"圣人……制礼作教,立法设刑,动缘民情,而则天象地。故曰先王立礼,'则天之明,因地之性'也。刑罚威狱,以类天之震曜杀戮也;温慈惠和,以效天之生殖长育也。书云:'天秩有礼','天讨有罪'。故圣人因天秩而制五礼,因天讨而作五刑。"

立法有道;[1]等等。但从汉武帝开始,道生法的基本途径和模式趋于融合,到唐时儒、法、道三家之道在法律中融为一体,具体即前述《唐律疏议·名例》所载的"德礼为政教之本,刑罚为政教之用,犹昏晓阳秋相须而成者也"之下的"依义制律"。为什么说这标志着儒、法、道三家之道已在法律中融为一体了呢?因为从概念的倾向上讲,"德礼"是儒家的,"刑罚"是法家的,"昏晓阳秋"是道家的,这三者在国家法典的《唐律疏议》中融为一体,并成为《唐律疏议》的指导思想和存在的根本,而这个指导思想和存在的根本的内涵,即是《唐律疏议》"依义制律"中"义"的内涵,其具体内容即是前面所揭示的从情理到天理以至道德的系列,这个系列的内核正是中国传统法本体中动态的合理正义观。由此可见,各家的道生法,尽管途径和模式不同,但其实都认为自己是依正义立法,所以,道生法实质上是中国人依正义观立法,只是各家正义观的内涵不同,到儒、法、道三家在《唐律疏议》中融为一体后,中国人共同的正义观,即动态的合理正义观,不仅终于成为中国传统法之为法的根本、根据,同时亦已完成了道生法基本途径和模式的塑造。其结果是效法自然,犹如天地万物那样:等者同等,不等者不等,等与不等辩证变动,三者有机结合,最终呈现出生而有序的和谐,亦即天地万物本来的自然状态。至此,我们可以说,道生法的基本途径和模式终于成型。这是在法哲学本体论的意义上,中国传统法本体对法的实现中法的创制的回答,而对于法的实现中法的实施的回答,它总的路径是教化与行政和司法并行,其中教化在于法的理念的实施/实现,行政和司法在于法的规则和习惯的实施/实现。事实上,这亦是在法哲学本体

① 譬如,《管子·任法》曰:"法者,上之所以一民使下也。"《荀子·君道》曰:"法者,治之端也,君子者,法之原也。"《韩非子·定法》曰:"君无术则弊于上,臣无法则乱于下,此不可一无,皆帝王之具也。"

论的意义上，中国传统法本体对法如何成为法的独特性体现，但由于教化与行政和司法并行这方面，对于稍具中国传统法知识的人来说并不陌生，这里不再赘述。

最后，让我们来看看中国传统法本体对法的回答的启示。从以上的论述中，我们看到中国传统法本体对法是什么、法为什么是法以及法如何成为法这三个前后相互关联的问题的回答分别是：第一，法是正义，准确地说是动态的合理正义，表现为依义或合理或合道德，亦即具有正当性或正义的秩序和规范体系，具体即是融天理、国法、人情于一体的德礼刑罚，或者说礼法，包括意识、规则和习惯；第二，法因为是正义，准确地说是动态的合理正义，具体即是融天理、国法、人情于一体的德礼刑罚，亦即礼法，包括意识、规则和习惯，所以，法是法；第三，法成为法的途径是道生法的创制与教化、行政、司法并行的实施。由此，我们可以得到这样确切的认识：在法的本体，亦即法存在的根本意义上，中国传统法是符合人类法哲学本体论标准的法。它既有自己的个性，又有人类法的共性。这意味着中国传统法，虽然在西方法的冲击下解体了，但它不是人类法的另类，而是人类法的正常组成部分，就像中国人一样，是中国特性和人类共性的统一。这是我们通过对中国传统法本体的探讨而获得的认识，若不对法本体进行探讨，就不会有这样的认识；即使有了这样的认识，若不是法本体意义上的认识，也不会是深刻的根本的认识，甚至会不可避免地陷入经验认识的相对性，从而难以达致逻辑和科学的普遍性。因为法本体是法存在的根本、根据或者说理据所在，是法之为法的逻辑和科学的证成方式，所以，法本体的认识是深刻的根本的认识。由此，我们不仅看到了对中国传统法本体探讨的意义，还被启发应对中国传统法保有真切的理解和信心。这份理解和信心对于当下中国特色的法治建设和学科建构尤为重要，因为它能够极大地增强我们植根于传统和文化之上的主体性。这是总的启示。在这个总的启示下，沿着本章的理路，还可以由上而下、由表及里地得到一些具体的启发，这包括本体的内涵、内核及其原理等方面。

就中国传统法本体的内涵而言，它直接来说是情理/德礼/仁义，终极来说是天理/天道/自然和道德，依序来说是从情理到天理以至道德的系列。这明示我们，不能把中国传统法的本体理解为某个单一的理据，实际它是一个从情理到天理以至道德的动态的理据链，准确地说是一个动态的主从式多样化的理据链结构。这有很大的启发意义。譬如，有学者将中国传统哲学（一般都包括法哲学）的本体和法的理想目标都归结为一个“仁”字。① 但依据本章对中国传统法本体的探讨，法的本体还有它的理想目标（本体链中形上对形下就是理想目标，如天理对仁义、仁义对德礼、德礼对情理等），应该不只是一个“仁”字，而是“仁义”二字，准确地说，是以仁为主、以义为从的对立统一体，亦即一体化的仁义之体。② 当然，仁是主要的，但离开了义，仁不可独存；同样，离开了仁，义亦不可以独立。犹如天的阴阳、地的刚柔那样，人与法中的仁义亦是一个整体，所以，仁与义是你中有我、我中有你、相互依存、不可分割的。③ 正是因为

---

① 参见陈来：《仁学本体论》，生活·读书·新知三联书店2014年版，第29页及以下；苏亦工：《天下归仁：儒家文化与法》，人民出版社2015年版。

② 所以，当有人从体统论上问朱熹仁义时，他回答说：“是仁为体，义为用。大抵仁义中又各自有体用。”参见〔宋〕周敦颐撰：《周子通书》，徐洪兴导读，上海古籍出版社2000年版，第69页。

③ 正如董仲舒在《春秋繁露·基义》中所说：“凡物必有合。……物莫无合，而合各有阴阳。阳兼于阴，阴兼于阳。……德礼之于刑罚，犹此也。”（袁长江主编：《董仲舒集》，学苑出版社2003年版，第277-278页）又如朱熹在《朱子论太极图》中所说：“统言阴阳，只是两端，而阴中自分阴阳，阳中亦有阴阳。……”（〔宋〕周敦颐撰：《周子通书》，徐洪兴导读，上海古籍出版社2000年版，第60页）

这样，理学大师周敦颐才说：“天以阳生万物，以阴成万物。生，仁也；成，义也。故圣人在上，以仁育万物，以义正万民。”①可见，仁义一体是我们从中国传统法本体和先贤名言上得到的完整认识，但如果人们忽视、轻视和限制这个认识的完整性，只说或只强调仁，并将它推广到社会文化制度上，那么，“义”所蕴含和代表的正当秩序和法律制度就要受到忽视、轻视和限制，而历史上正是儒家过分重视和强调了“仁”这一面，导致了中国历史上“义”所蕴含和代表的正当秩序和法律制度建设的不足。或许有鉴于此，明代的理学和律学大家丘濬，在他的《治国平天下之要》中提出：“人君为治，大要在仁义，所以持仁义者，信也。不当死而死之，非仁；当死而不死之，非义；既许以不死而又死之，非信。失此三者，何以为国？”②在追求依法治国、建设法治国家的今天，我们不能再犯这个错误，要仁义一体、德法并举，否则要误国害民。

同样，就本体的内核及其原理方面的启发来说，正如本章前面所论，中国传统法本体的内核是动态的合理正义观，动态的合理正义观的原则是，等者同等、不等者不等、等与不等辩证变动的有机统一，其等与不等、变与不变的正当性都在于合理，而其背后则是天、地、人、法一体的道德原理，亦即万物有机的生命世界观。这启发我们，在中国特色的法治建设和法律学科建构中，中国传统法本体中动态的合理正义观及其道德原理都具有独特的价值，其中动态的合理正义观将有助于我们确立具体的主体自觉和文化自信。因为中国传统法同样是立足于正义，追求正义而且是动态的合理正义的法；而道德原理的生命世界观对机械唯物论和原子世界观的非生命性都将是一个超越，从而有助于在中国法哲学本体论上形成道德对

① 〔宋〕周敦颐撰：《周子通书》，徐洪兴导读，上海古籍出版社2000年版，第36页。

② 〔明〕邱浚：《大学衍义补》，林冠群、周济夫校点，京华出版社1999年版，第937页。

功利的引导之势,以促进人的类本质亦即人的道德属性在法律中的实践和实现。此外,探讨中国传统法本体这个行为本身,对于我们正确认识中国传统法,重建中国法史学科亦不无启发意义。因为在现行中国法史学中,无论是制度史还是思想史,都深受现行法理学教科书对法的定义(多以实证主义法律概念为主)的影响,所以,一般都没能正确地理解和阐述中国传统法的固有概念,其对中国传统法大都只是作描述性的叙述和教条性的解释,很少去追问法背后的正当性问题,因而彰显不出中国传统法自身的内涵、特质、价值和方法,尤其是它作为法的正当性的法理和哲理问题,亦即本章所探讨的中国传统法存在的根本、根据或者说理据,迄今还没有得到认真科学的挖掘、理解和认识,当然亦就更谈不上尊重了,结果自然是遮蔽了中国传统法的人类共性和自我特性。譬如,本章正是通过对中国传统法本体的探讨,才认识到中国传统法是符合人类法哲学本体论标准的法。它既有自己的个性,又有人类法的共性。如果不是通过这样的探讨,我们或许得不到这种本体论意义上的根本性认识。又如,先秦儒家认为仁是法的本体,道家认为道是法的本体,法家认为君主的利益是法的本体。[①] 虽然各家法本体的说法不同,但其实都是他们心目中正当性的表述。可是,为什么这样?这有什么意义?等等。对于这些问题的不断追问,事实上亦就构成了对中国传统法本体的探讨。由此可以想见,这种探讨与以往和现行的中国法史研究都甚为不同,其结果对于我们正确认识中国传统法,重建具有思想和学理意味的中国法史学,都将会有回归主体和返本开新的意义。

---

① 参见武夫波:《传统中国法本体研究》,法律出版社 2020 年版,第 2–4 章有关道家、儒家和法家的法本体研究。

第三章

中国传统法律关系

第三章　中国传统法律关系

第一节　对中国传统法律关系的探索

在法律规范与社会秩序和人类目标之间，唯有法律关系将这三者联结起来。法律关系通过法律规范的强制性，能够有效地引导、规范和塑造人们的行为，从而建构起为立法者所期盼的社会关系和社会秩序模式，进而实现人类目标。从这个意义上说，法律关系是一个社会法制的架构和枢纽所在。所以，如果我们要认识一个社会的法制，特别是它的内部构造及其正当性和特性等，那么法律关系是一个绝佳的视点和有效的途径。正因为这样，法律关系一直是法理学的核心内容，而研究法律关系则是将对法律的探索，推进到了它的内部。

在对法律关系的探索中，学界的努力和成就显而易见，但同时亦引发了一些问题。首先在西方学者方面，他们的探索在人类法学史上具有原创性，其最大的成就是将法律关系归结为权利—义务关系。这使人们对法律运行的轴心和机制有了把握。但同时，他们将所有的法律关系都化约为权利—义务关系，不仅遮蔽了事实上的法律关系的丰富性和复杂性，而且极易误导人们对法律关系作过度简单化的理解。所以，美国学者霍菲尔德在20世纪初就提出，在法律上广义的权利—义务概念中，事实上至少包含了四对严格的基本法律关系，即狭义的权利—义务关系、特权—无权利关系、权力—责任关系和豁免权—无资格关系。[①]霍菲尔德的法律关系理论是对法律关系探索的重大突破和贡献。[②]

在中国学者方面，由于法理学是引进的学科，所以对法律关系最初亦只能是译介而已，其认识基本上停留在西方早期的权利—义务观上。不过，随着中国法理学的发展，中国学者在引进的同时，亦开始了自己的探索。譬如，从20世纪90年代起，我国学者对霍菲尔德的理论，不再是停留在译介上，而是加入了结合中国实际的讨论。[③] 但这是殊为少见的现象，更令人遗憾的是，其基本的观点还是原来的，即不仅用单一的权利—义务关系来解释中国现行的法律关系，而且还用同样的看法来理解中国传统的法律关系，结果从过去到现在，中国的法律关系都可以归结为一个权利—义务关系，或者

---

① 美国法学家韦斯利·纽科姆·霍菲尔德（Wesley Newcomb Hohfeld, 1879－1918），分别于1913年和1917年在《耶鲁法学杂志》（Yale Law Journal）上发表了两篇同名论文《司法推理中应用的基本法律概念》（Some Fundamental Legal Conceptions as Applied in Judicial Reasoning），他在文章中对广义的权利—义务概念进行了较系统的逻辑分析，提出了四对严格的基本法律关系概念。原文参见 Some Fundamental Legal Conceptions as Applied in Judicial Reasoning, 23 Yale Law Journal 16（1913）或 Fundamental Legal Conceptions as Applied in Judicial Reasoning and Other Legal Essays, Walter Wheeler Cook ed., Yale University Press. 1923. p. 3－114。译文参见［美］W. N. 霍菲尔德：《司法推理中应用的基本法律概念》，陈端洪译，载《环球法律评论》2007年第3、4期；［美］霍菲尔德：《基本法律概念》，张书友编译，中国法制出版社2009年版。评介参见［英］戴维·M. 沃克编：《牛津法律大辞典》，邓正来等译，光明日报出版社1988年版，第415页、第488页；沈宗灵：《对霍菲尔德法律概念学说的比较研究》，载《中国社会科学》1990年第1期；王涌：《寻找法律概念的"最小公分母"——霍菲尔德法律概念分析思想研究》，载《比较法研究》1998年第2期。

② 参见［英］戴维·M. 沃克编：《牛津法律大辞典》，邓正来等译，光明日报出版社1988年版，第415页、第488页；王涌：《寻找法律概念的"最小公分母"——霍菲尔德法律概念分析思想研究》，载《比较法研究》1998年第2期。

③ 参见沈宗灵：《对霍菲尔德法律概念学说的比较研究》，载《中国社会科学》1990年第1期。

是从义务本位的义务—权利关系向权利本位的权利—义务关系的变迁。[①] 这显然不符合中国传统的法律事实，只是反映出在对法律关系概念的理解和运用上，中国学者还存在明显的套用和误解。那么，中国传统的法律关系又是怎样的呢？这需要我们作新的探索。

探索中国传统的法律关系，面临着相当大的风险和难题。首先是中西两套学术话语如何沟通的问题。这意味着本章所要使用的分析工具，即法律关系这个核心概念及其分类，本是西方的法理学说，是否可以用来对中国传统的法律关系进行分析？笔者的看法是，像法律关系这类源于西方的法理学说，由于其自身的科学性和实践上的有效性，我们不仅应该而且可以接受；同时，考虑西方法律学说的地域性和中国传统法律的独特性，我们应该审慎而不是不加辨析地加以运用。这就像张光直教授在考察中国古代文明在世界文明中的地位时所说："……上面把中国古代社会的特征做了简单说明，是为了把具有这些特征的中国古代社会放在西方社会科学的一般原则中作一番考察，看看两者是否合辙。如果合辙的话，那么我们可以说中国的材料加强了西方社会科学的这些原则；如果两者不符合，我们就要处理其中的矛盾，亦就是根据中国古代社会的资料来改进这些原则，或甚至试求建立一些新的原则。"[②]张光直教授这段话所表达出的态度和方法，为我们克服所面临的困难指明了方向。借此，我们完全可以在源于西方的现代法理学说和中国传统的法律之间进行谨慎互动的学术探索。

不过，在本章中，除了要解决中西两套学术话语的沟通问题外，

---

① 参见张文显主编：《法理学》（第 5 版），高等教育出版社 2018 年版，第 125 页及以下。譬如，在该书第 125 页第八章"权利和义务"的提要中写道："权利和义务是法学的核心概念，全部法律问题都可以归结于权利和义务。"另参见张晋藩：《中国法律的传统与近代转型》（第 3 版），法律出版社 2009 年版，第 51－65 页、第 425－434 页。

② ［美］张光直：《考古学专题六讲》，文物出版社 1986 年版，第 13－14 页。

还要解决对资料的选择与处理问题。因为中国传统法律是一个很宽广的概念,它所涵盖的时间和空间都足够广大,它所涉及的资料亦极丰富,所以全时空式的全面论述势不可能。这样一来,选择何时何地以及何种资料来探索主题就显得十分重要。我处理这个问题的方法是,选择在传统中国具有代表性的法律,亦即以《唐律疏议》为中心,同时兼用其他法律资料,将法条与合理推导结合起来,并参照霍菲尔德的法律关系理论,对中国传统的法律关系进行分类和证明,借以勾勒出一幅中国传统法律关系的图像,然后再进行深入探讨,揭示中国传统法制的内部构造及其统一性和特性等。很显然,在中国传统法律研究领域,这项工作有多重意义。从学术上说,这近乎是一项填补空白的工作,它使我们对中国传统法律的认识,从外围(如传统、特征、作用等)走向了内部(如结构、机制、机理等)。从实践上说,它有助于我们通过法理根据→法律制度→社会结构→人际关系→文化观念→世界秩序的逻辑关系,阐明中国传统的法律义理,介入当代中国新的法律文化建设。这两项意义合起来,不仅是验证还有可能充实我们已有的法律关系学说。

第二节　对中国传统法律关系的分类

中国是传统的成文法国家,它的法律主要由立法者创制。立法者通常是通过制定法来规范人们的行为,调整人们的社会关系,从而建构起有利于他们的社会秩序。在这个从法律规范到社会秩序的过程中,中国传统的法律关系得以形成,这与世界上其他成文法国家一样。然而,如果要认识中国传统的法律关系,最好还是从对它的分类开始,因为分类能引导我们去认识它的形象结构。

对于法律关系的分类，首先要运用霍菲尔德的理论。霍菲尔德认为，在法律上广义的权利—义务关系中，事实上至少包含了四对严格的基本法律关系，同时这四对法律关系又有相互对应与对立之分。从相互对应上说，这四对法律关系是狭义的权利—义务关系、特权—无权利关系、权力—责任关系和豁免权—无资格关系。从相互对立上说，这四对法律关系是狭义的权利—无权利关系，特权—义务关系，权力—无资格关系和豁免权—责任关系。按照霍菲尔德的解释，在相互对应的第一对法律关系中，狭义的权利与狭义的义务是相互对应的，前者是指权利人有权要求他人作为或不作为，后者是指义务人应权利人要求而作为或不作为，两者之间的关系相辅相成、缺一不可，所以，权利—义务关系可以表述为：我主张，你必须满足。依此类推，特权—无权利关系可以表述为：我可以做，你不可以干涉我；权力—责任关系可以表述为：我能够约束你，你必须接受；豁免权—无资格关系可以表述为：我可以免除，你不能约束我。[①]反之，则是相互对立的法律关系。

从中国传统法律实际出发，参照上述霍菲尔德的法律关系理论，我亦试着对中国传统的法律关系进行分类，并依据其重要性进行排序，然后通过它们所涉及的法律领域加以例证。[②] 首先，我认为在中国传统的法律中，同样存在霍菲尔德所说的四对严格的基本法律关系；同时，我要特别指出，在中国传统的法律中，还存在霍菲尔

① 关于这四对法律关系的内涵，中国学者有不同的理解和表述。在此，我要特别感谢雷安军博士，他关于霍菲尔德法律关系学说的理解，对我正确运用这几对法律关系并加以例证说明给予了很大的帮助。另可参见本书第 84 页注释①中诸书和论文。

② 这里还要说明的是，运用霍菲尔德的法律关系理论，仅仅是把它作为分析工具来观察中国传统法律关系，并试着对它们进行分类和排序。这种分类和排序基本上是一种客观描述，亦即它们的先后虽有重要性之别但并无优劣之分。因为按照霍菲尔德的法律关系理论，每一对法律关系都是基本的，而且对中国传统法律与社会来说，每一对法律关系亦都是必需的。所以，这一点还请读者理解。

德所没有说到的两对严格的基本法律关系，即义务—权利关系与责任—权利关系。义务—权利关系比较容易理解，它可以表述为：你必须履行，我有权要求。这在古代法中很普遍，中国传统法律亦不例外。而责任—权利关系较为复杂，下面将有专门的讨论。这里，我先对已提到的六对严格的基本法律关系，根据它们在中国传统法律中的重要性加以排序。从相互对应的角度可以排序为：权力—责任关系、义务—权利关系、责任—权利关系、特权—无权利关系、豁免权—无资格关系和狭义的权利—义务关系。当然，这六对法律关系亦可以从相互对立的角度来排序，即权力—无资格关系、权利—义务关系、责任—无责任关系、特权—义务关系、豁免权—责任关系和权利—无权利关系，但考虑到习惯上人们对法律关系的理解通常是从相互对应的角度出发，所以，本章亦是从这个角度来认识中国传统的法律关系。以下我们将对这六对法律关系逐一加以说明和例证，但在此之前，我们还有必要先说明一下责任—权利关系。因为在中国传统的法律中，这是一对非常特别的法律关系。

我说责任—权利关系是一对非常特别的法律关系，一方面是因为现今的各种法律关系学说都没有它的相关内容，可以说是一个空白；另一方面是因为它是中国传统法律关系中最具中国特色的一对法律关系，这或许是更本质的。在这对法律关系中，权利的含义比较明确，仍然作狭义的理解，即人们有权要求他人作为或不作为。相对于权利含义的明确，责任的含义则需要界定。众所周知，责任有多重含义，从法律意义上说，法律责任是由特定的法律事实所引起的对损害予以补偿、强制履行或接受惩罚的特殊义务。[①] 简单说，法律责任就是行为等法律事实违反义务后所要承担的不利后果。

① 参见张文显主编：《法理学》（第5版），高等教育出版社2018年版，第166页。

不过,这是从西方来的现代法律概念。在中国传统的语境中,责任首先是担当(包含担责),其次是职责(包含服从)。这是它的两个基本义,在中国传统的伦理和法律上通用,亦流行在普通百姓的日常生活和大众话语中。所以,即使从法律意义上说,传统中国的责任与现代法律上的责任亦不相同,是否可以这样说,中国传统法律中的责任是基于伦理道德要求而由法律加以确认的一种担当(包含担责)和职责(包含服从)。这意味着在本章所要讨论的法律关系中,凡是涉及"责任"的法律概念,如在权力—责任和责任—权利关系中,其"责任"的含义即是上述所给出的界定,亦即包括担当(包含担责)和职责(包含服从)两个方面。很显然,这个含义相对于霍菲尔德法律关系理论中偏重于"职责"的"责任"含义有所扩张。但正如霍菲尔德本人将法律上广义的权利—义务关系发展为四对严格的基本法律关系那样,我们依据中国传统法律的实际状况,参照霍菲尔德的法律关系理论,在理解上作这样的扩张亦是必要的。否则,我们在分析中国传统法律中的"责任"时,就只能分析体现"职责(包含服从)"那部分"责任"含义的法律关系,而无法分析体现"担当(包含担责)"那部分"责任"含义的法律关系,而这部分法律关系恰恰是传统中国最富有特色和极为重要的法律关系,这将在后面的讨论中说明。

此外,或许有人还会问:担当只是一种道德责任,而职责才是法律责任,为什么中国传统法律中的责任,在职责这个法律责任之外,还有担当这种道德责任?简单说是因为中国传统法律的道德化和道德的法律化,往深处说是因为在传统中国,个人是生活在与他人共同构成的有机整体中的一部分,其中任何一员若放弃了这种担当和职责,都会威胁到整个社会有机体的完整。所以,中国传统法律中的责任不完全等同于西方法律中的责任,即它不仅仅是基于先在的法律义务以及对义务的违反所带来的不利后果(职责),而且还是基于先在的伦理道德和伦理道德化的法律所产生的一种担当。这种担当既然是由法律加以确认的,那么它当然是一种法律责任而不是道德责任。现代学者可能囿于对西方或当代法律中责任的理解,而未能看到中国传统法律中责任的特有内涵。然而,如果要认识中国传统的法律关系,就应该从它自身的内涵出发,然后再作现代性的比较和评论,这样才符合事实,而事实才是我们认识问题的起点。

在界定了责任的含义后,我们可以把责任—权利关系表述为:我应当履行,你可以要求。如果将这个表述与义务—权利关系的表述(你必须履行,我可以要求)比较一下,即可发现两者之间确实有所不同,其最根本的差异来自责任与义务的区别。如果仔细分辨,就会发现责任与义务在内涵、特征和本质上都有区别。从内涵上说,责任是主体积极主动地做分内应做的事,并勇于承担于己不利的结果;义务是主体应要求后而作为或不作为,以应对或满足他人的要求。由内涵可以看到它们的特征,责任具有自觉自愿性、积极主动性、非对称性和弱强制性诸特征;而义务则有被要求的受动性、消极应对性、对称性和强制性诸特征。责任与义务的这些区别源于它们的本质,即责任的本质意味着行为人具有自由意志,而义务的本质则意味着行为人的自由意志受到限制。[①] 因此,虽然责任与义务有相通相同之处,如都具有行为性,但说到底,责任是积极的,义务是消极的,责任包含并超越了义务,义务则无法涵盖和代替责任,这就造成了“我应当”与“你必须”之间的不同。基于这种不同,联系到中国传统法律关系的事实,我认为不能以义务—权利关系来代替责任—权利关系。事实上,在中国传统法律关系中,这是两种并

---

① 参见[澳]皮特·凯恩:《法律与道德中的责任》,罗李华译,商务印书馆 2008 年版,第 8 页。

存(或有交叉)但不同的法律关系,因此需要分别加以探讨。

(一)有关权力—责任法律关系的说明及例证

要对中国传统的法律关系进行具体的说明和例证,首先是在序列中居于首位的权力—责任关系。如前所述,权力—责任关系可以表述为:我能够约束你,你必须接受。在中国传统的法律关系中,权力—责任关系是一项权力优先的法律关系。基于权力的性质和职能,权力—责任关系主要分布在有关国家的政事、刑事和军事等法律领域。

在政事法律领域中,最重要的是权力的设置。所以,从中央到地方州县,从皇帝到基层官吏,有关他们职权的法律规定,基本上都可以归入这一类法律关系。例如,《唐律疏议·名例》"谋反"议曰:"……王者居宸极之至尊,奉上天之宝命,同二仪之覆载,作兆庶之父母。为子为臣,惟忠惟孝。……"[①]从唐律有关皇帝的这条规定来看,它体现了君权至上(权力/我能够约束你)—万民服从(责任/你必须接受)的法律关系。就君权至上言,即"王者居宸极之至尊,奉上天之宝命,同二仪之覆载,作兆庶之父母";就万民服从言,即"为子为臣,惟忠惟孝"。在君权之外,中央最高的三师三公职权的设置亦是如此。例如,唐开元二十五令规定:"太师一人,太傅一人,太保一人。右三师,师范一人,仪形四海。太尉一人,司徒一人,司空一人。右三公,经邦论道,燮理阴阳,祭祀则太尉亚献,司徒奉俎,司空行扫除。"[②]这是国家法律对三师三公职权的设置,《唐六典》对这种设置中的权力—责任关系作了极好的注解。《唐六典》曰:"三师训导之官也(权力:训导之官)……明虽天子必有所师(责任:天

---

① 〔唐〕长孙无忌等撰:《唐律疏议》,刘俊文点校,中华书局1983年版,第6-7页。

② 〔日〕仁井田升:《唐令拾遗》,栗劲等编译,长春出版社1989年版,第24-25页。

子以三师为师)。……”[①]由此可以看出,在三师与天子之间的权力—责任关系,即我(三师)能够约束(为师训导)你(天子),你(天子)必须接受(我三师的为师训导)。

在政事法律领域中,除了君权和三师三公外,还有更广泛系统的行政权力设置,它包括从中央到地方的各级各部门,其行政长官和职事官都拥有各自相应的职权,其中在位而又主事的行政官员,则拥有直接管治的职权。如果我们对这种职权稍加分析,就可以发现隐在其中的权力—责任关系。譬如,以州县行政长官为例,一旦他们拥有此职,就拥有了管治一州一县范围内部民的权力,而该范围内的部民则必须接受他们的管治,这就构成了“我能够约束你,你必须接受”的权力—责任关系。如唐令规定:“诸天下之人户,量其资产,定为九等。每三年县司注定,州司覆之,然后注籍而申之于省。……”[②]又如,唐令规定:“诸应给园宅地者,良口三口以下给一亩,每三口加一亩。贱口五口给一亩,每五口加一亩,并不入永业、口分之限。其京城及州县郭下园宅,不在此例。……”[③]这两条法令规定了在户等划分登记和园宅地分配方面,唐代地方行政长官与其所辖部民之间的权力—责任关系。其中,在户等划分登记方面,县司的权力是注定,州司的权力是覆核,而其所辖部民的责任则是必须接受县司的注定和州司的覆核。同样,在京城及州县郭下以外园宅地的分配方面,地方行政长官的权力是按规定依良、贱和人数不等分给园宅地,而其所辖部民的责任则是必须接受这种分配。再如,到了宋代,法律给行政官员又加了禁赌的职权,而其所辖部民的

---

① 《唐六典》卷一“三师三公”条。转引自[日]仁井田升:《唐令拾遗》,栗劲等编译,长春出版社1989年版,第24-25页。引文中括号内的文字是笔者所加的注。

② [日]仁井田升:《唐令拾遗》,栗劲等编译,长春出版社1989年版,第151页。

③ [日]仁井田升:《唐令拾遗》,栗劲等编译,长春出版社1989年版,第558页。

责任则是必须接受禁赌，否则就要受到处罚，这在《名公书判清明集》中有记录。①

在政事法律领域以外，有关刑事审判和军事行动的法律规定，亦是权力—责任关系分布较多的领域。如唐令规定："诸有犯罪者，皆从所发州县推而断之。在京诸司，则徒以上送大理，杖以下当司断之。若金吾纠获，皆送大理。"②又令："诸犯罪者，杖罪以下县决之……"③这两条法令都包含了审判者与被审者之间的权力—责任关系，其中第一条含有案发地的州县和在京诸司审判者与被审者之间的权力—责任关系，亦即我（案发地的州县和在京诸司审判者）能够约束你（审理相应案子中的被审者），你（被审理案子中的被审者）必须接受；第二条含有杖罪以下的案子在州县审判者与被审者之间所形成的权力—责任关系，亦即我（县司）能够约束你（审理杖罪以下被审者），你（杖罪以下被审者）必须接受。上述这种权力—责任关系，表现在具体的审判中，即《唐律疏议·断狱》"依告状鞫狱"条所规定："诸鞫狱者，皆须依所告状鞫之。若于本状之外，别求他罪者，以故入人罪论。"④在这条律文中，权力—责任关系是这样构成的：当事人一方是鞫狱者，亦即审案的官员；另一方是被审者。他们之间的法律地位是不对等的，用《唐律疏议》的话说："'鞫狱者'，谓推鞫之官"，他有审案的权力，而被审者唯有服从的责任。这样，在审与被审两者之间形成了"我能够约束（审判）你，你必须接

① 如《禁赌有理》云："四民之所不收，百害之所必至，始而赌博，始而嬉戏，始而斗殴，始而和同，终而必争，败事丧家，皆由此始，固官司之所必禁也。然禁戢者有司之责，信必者当识之令，有敢狃于习俗，视为常故，官有明条，决脊无容恕。备榜晓谕：输钱人自首，特原其本罪，追还其钱，却将赢钱人依条断令。"参见《名公书判清明集》（下），中国社会科学院历史研究所宋辽金元史研究室点校，中华书局1987年版，第533页。

② ［日］仁井田升：《唐令拾遗》，栗劲等编译，长春出版社1989年版，第689页。

③ ［日］仁井田升：《唐令拾遗》，栗劲等编译，长春出版社1989年版，第689页。

④ 〔唐〕长孙无忌等撰：《唐律疏议》，刘俊文点校，中华书局1983年版，第555页。

受(审判)”的权力—责任关系。①

在唐代,与刑事审判法律规定相似,有关军事行动的法律规定,同样是权力—责任关系的重要领域。如唐令规定:“诸每一旅帅,管二队正;每一校尉,管二旅帅。卫士以二百人为团,团有校尉;五十人为队,队有正。”②这是一条有关军事组织权力设置的法令。依据这条法令,旅帅有权管治二队正(合计百人),校尉有权管治二旅帅(合计二百人)。这样,在旅帅与队正、校尉与旅帅之间,就形成了对应的权力—责任关系,亦即我(旅帅与校尉)能够约束你(队正与旅帅),你(队正与旅帅)必须接受我(旅帅与校尉)管治。又如,《唐律疏议·擅兴》“擅发兵”曰:“诸擅发兵,十人以上徒一年,百人徒一年半,百人加一等,千人绞(谓无警急,又不先言上而辄发兵者。虽即言上,而不待报,犹为擅发。文书施行即坐)。……”③大家知道,发兵是一个重大的事件,亦是一项重大的权力,一旦发兵令出,士兵的职责就是服从,这就在法律上构成了“我能够约束你,你必须接受”的权力—责任关系。在检阅和比对相关法律条文时,笔者发现在军事法律领域中,权力—责任关系分布广泛。这或许与军事重大有关,正如《唐律疏议·擅兴》在开篇的“疏议”中所说:“大事在于军戎,设法须为重防。”④

总结这部分,我认为,在中国传统法律中,体现权力—责任的法律关系,基本上都是通过各种职权的规定体现出来,如行政权、刑罚

① 类似的法律在《唐律疏议》中还有规定,如《唐律疏议·断狱》曰:“诸断罪皆须具引律、令、格、式正文,违者笞三十。……”(〔唐〕长孙无忌等撰:《唐律疏议》,刘俊文点校,中华书局1983年版,第561页)不用分析就可以看出,这条律文一旦付诸实施,审判者只须具引律、令、格、式正文,就可以在审与被审两者之间形成相应的权力—责任关系。

② [日]仁井田升:《唐令拾遗》,栗劲等编译,长春出版社1989年版,第278页。

③ 〔唐〕长孙无忌等撰:《唐律疏议》,刘俊文点校,中华书局1983年版,第298页。

④ 〔唐〕长孙无忌等撰:《唐律疏议》,刘俊文点校,中华书局1983年版,第298页。

权、军事权等。有关这些权力—责任的法律规定，在《唐律疏议》中大多集中和分布在《职制》《卫禁》《擅兴》《厩库》《断狱》诸篇，而在《唐令》中则集中在《职员令》《宫卫令》《军防令》《狱官令》《田令》《赋役令》诸篇。此处不再赘述，有意者可以检阅。

（二）有关义务—权利法律关系的说明及例证

从学理上说，在相互对应概念的法律关系中，义务—权利关系可以表述为：你必须履行，我有权要求。从历史上来看，义务—权利关系是古代法律中最主要的法律关系之一，除罗马万民法以外，它广泛存在于奴隶制法、封建法和专制政治的法律中。因此，有学者认为传统社会的法律是义务本位法，传统社会的法律关系以义务—权利为轴心。①

传统中国政治上属于中央集权的官僚制国家，所以，在中国传统的法律关系中，义务—权利关系亦是重要的一项。义务—权利关系主要体现在个人、家庭和社会组织与国家的法律关系中，因此主要分布在涉及经济管制、社会控制和某些刑事法律领域，如土地法、赋役法、社会与商业管制法和刑法等。当这些法律付诸社会实施后，经它们调整后所形成的法律关系，对个人、家庭和社会组织而言，都是义务优先的义务—权利法律关系。虽然义务—权利关系有涉及身份的方面，但为了与后面的特权—无权利和豁免权—无资格两对法律关系在内容上不重复，这里要讨论的义务—权利关系以不涉及身份的法域为例，涉及主体身份的将在特权—无权利和豁免权—无资格关系中讨论。

首先以土地法为例。唐代土地法的核心是均田制，按照唐令规

---

① 如博登海默认为，前资本主义社会法律的主要任务是为社会提供安全和秩序，义务优先具有普遍性。参见［美］E. 博登海默：《法理学——法哲学及其方法》，邓正来、姬敬武译，华夏出版社 1987 年版，第 244-245 页。

定，每丁男（中男亦同）受田一顷（唐制百亩），其中二十亩为永业田，八十亩为口分田。永业田可以传承，口分田在主人死后必须交还政府。因此，均田制下口分田一般不准买卖。[①] 为此，《唐律疏议·户婚》“卖口分田”曰：“诸卖口分田者，一亩笞十，二十亩加一等，罪止杖一百；地还本主，财没不追。……”[②]这条律文蕴含着相应的义务—权利法律关系规则，它所构成的主体一方是受田者（一般是丁男和中男），另一方是授田者（国家或官方）；客体是口分田；内容是主体之间的权利与义务。由上述律文可知，在这个法律关系中，作为主体一方的受田者负有不卖口分田的义务，而提出这个义务主张的是作为主体的另一方即授田者，他们两者之间的关系可以表述为：你（受田者）必须履行（不卖口分田的义务），我（授田者）有权要求（你履行这个义务），这正是典型的义务—权利关系。笔者检阅还发现，在土地法领域，类于禁卖口分田这样的规定，还有禁止占田过限，禁止盗耕、妄认、盗卖公私田，以及禁止在官侵夺田地等。[③] 此外，禁止妄认、盗卖公私田，以及禁止在官侵夺田

---

① 唐令：“诸丁男、中男给田一顷，笃疾、废疾给四十亩，寡妻妾三十亩，若为户者加二十亩。所授之田，十分之二为世业，八分为口分。世业之田，身死则承户者便授之，口分则收入官。……”（参见［日］仁井田升：《唐令拾遗》，栗劲等编译，长春出版社1989年版，第540页）

② 〔唐〕长孙无忌等撰：《唐律疏议》，刘俊文点校，中华书局1983年版，第242页。

③ 如《唐律疏议·户婚》“占田过限”曰：“诸占田过限者，一亩笞十，十亩加一等，过杖六十，二十亩加一等，罪止徒一年。……”（〔唐〕长孙无忌等撰：《唐律疏议》，刘俊文点校，中华书局1983年版，第244页）又如《唐律疏议·户婚》“盗耕种公私田”曰：“诸盗耕种公私田者，一亩以下笞三十，五亩加一等；过杖一百，十亩加一等，罪止徒一年半。荒田，减一等。强者各加一等。苗子归官、主。”（〔唐〕长孙无忌等撰：《唐律疏议》，刘俊文点校，中华书局1983年版，第244-245页）

地亦是这类规定。[①] 这些法律规定一旦介入并调整相应的社会关系,即可形成类于禁卖口分田那样的义务—权利关系。

其次是赋役法。唐代中前期赋役法主要是租庸调,《唐会要·租税》《唐六典·户部郎中员外郎》《唐令·赋役令》《唐律疏议·户婚》等,对租庸调都有与以下内容大致相似的记载:"武德七年,始定律令。……赋役之法:每丁岁入租粟二石。调则随乡土所产,绫、绢、絁各二丈,布加五分之一;输绫、绢、絁者,兼调绵三两;输布者,麻三斤。凡丁,岁役二旬。……"[②]这表明按照赋役之法,唐代的受田者,亦即接受国家授田的丁男(一般以户主为代表),除了负有上述不能出卖口分田的义务外,还对国家负有缴纳租税(租)、提供特产(调)和服役(庸)三项义务,而且只有在履行了这些义务后,才有权利接受和耕种国家所授之田,这就构成了与上述同样性质的义务(缴纳租庸调)—权利(接受官方授田)法律关系。如果不能完全履行这些义务,当事人(户主等)就要受到法定处罚,唐律对此作出了明确具体的规定。例如,《唐律疏议·户婚》"输课税物违期"曰:"诸部内输课税之物,违期不充者,以十分论,一分笞四十,一分加一等。[州县皆以长官为首,佐职以下节级连坐]户主不充者,笞四十。……"[③]这是针对违期不输课税之物,亦即户主违犯了需按期缴纳租调之义务的规定。又如《唐律疏议·擅兴》"丁夫杂匠稽留"

① 《唐律疏议·户婚》"妄认盗卖公私田"曰:"诸妄认公私田,若盗贸卖者,一亩以下笞五十,五亩加一等;过杖一百,十亩加一等,罪止徒二年。"([唐]长孙无忌等撰:《唐律疏议》,刘俊文点校,中华书局1983年版,第245页)《唐律疏议·户婚》"在官侵夺公私田"曰:"诸在官侵夺私田者,一亩以下杖六十,三亩加一等;过杖一百,五亩加一等,罪止徒二年半。园圃,加一等。"([唐]长孙无忌等撰:《唐律疏议》,刘俊文点校,中华书局1983年版,第246页)

② 《旧唐书·食货志》。

③ [唐]长孙无忌等撰:《唐律疏议》,刘俊文点校,中华书局1983年版,第252页。

曰:“诸被差充丁夫、杂匠,而稽留不赴者,一日笞三十,三日加一等,罪止杖一百。……”[①]这是针对应服役而稽留,亦即服庸者丁夫、杂匠违犯了需按时服役之义务的规定。还有,《唐律疏议·捕亡》“丁夫杂匠亡”曰:“诸丁夫、杂匠在役及工、乐、杂户亡者,[太常音声人亦同]一日笞三十,十日加一等,罪止徒三年。……”[②]这是针对服役的丁夫、杂匠等逃亡,亦即丁夫、杂匠等违犯了在役者不得逃亡之义务的规定。

再次是社会与商业管制法。唐代为了加强对社会的控制,规定在当时的京城长安实行严格的城坊制度,城坊之门按击鼓开关,人之出行按击鼓行止,违者谓之犯夜。《唐律疏议·杂律》“犯夜”曰:“诸犯夜者,笞二十;有故者,不坐。……”[③]对此疏议解释说:“《宫卫令》:‘五更三筹,顺天门击鼓,听人行。昼漏尽,顺天门击鼓四百搥讫,闭门。后更击六百搥,坊门皆闭,禁人行。’违者,笞二十。故注云:‘闭门鼓后、开门鼓前,有行者,皆为犯夜。’故,谓公事急速。但公家之事须行,及私家吉、凶、疾病之类,皆须得本县或本坊文牒,然始合行,若不得公验,虽复无罪,街铺之人不合许过。既云闭门鼓后、开门鼓前禁行,明禁出坊外者。若坊内行者,不拘此律。”从律文和疏议可知,当时身在长安之人,要想获得出行的权利,首先要承担不犯夜的义务,除非有故,否则要受到处罚。这其中的法律关系就是行人与政府之间的义务—权利关系。同样,为了加强对商业的管制,《唐律疏议·杂律》“买奴婢牛马不立市券”曰:“诸买奴婢、马牛驼骡驴,已过价,不立市券,过三日笞三十;卖者,减一等。立券之后,有旧病者三日内听悔,无病欺者市如法,违者笞四十。即卖买已

① 〔唐〕长孙无忌等撰:《唐律疏议》,刘俊文点校,中华书局1983年版,第317页。
② 〔唐〕长孙无忌等撰:《唐律疏议》,刘俊文点校,中华书局1983年版,第534页。
③ 〔唐〕长孙无忌等撰:《唐律疏议》,刘俊文点校,中华书局1983年版,第489页。

讫,而市司不时过券者,一日笞三十,一日加一等,罪止杖一百。”①就这条律文所含的规则而言,在买卖双方之间是平等的,他们之间的法律关系是权利—义务关系;但在买卖方与官方(市司)之间,他们的地位是不平等的,一方是管制者,另一方是被管制者,他们之间的法律关系是义务—权利关系。这是因为买卖方的权利,或者说买卖是否有效,要以服从法律规定的义务,亦即到官方(市司)立券为前提。否则,不仅无权买卖,即使买卖亦无效,而且还要受到处罚。

最后是刑法。刑法一般都是禁止性规范,内含义务优先权利次之,甚至只有义务而无权利的规则。我们知道,中国传统上最严重亦是处罚最严厉的刑事犯罪是十恶。《唐律疏议·名例》“十恶”“疏议”曰:“五刑之中,十恶尤切,亏损名教,毁裂冠冕,特标篇首,以为明诫。”②“明诫”就是明确告诫人们不要有十恶之行,若有十恶之行就是触犯了“十恶”之律,触犯了“十恶”之律就是没有履行国法要求臣民谨守的十项最大的义务,没有履行和谨守这个义务,当事人和连带人就要被剥夺作为帝国臣民的权利,或死或流或徒或没为官奴。如对十恶中的前三恶,即谋反、谋叛、谋大逆,《唐律疏议·贼盗》“谋反大逆”规定:“诸谋反及大逆者,皆斩;父子年十六以上皆绞,十五以下及母女、妻妾(子妻妾亦同)、祖孙、兄弟、姊妹若部曲、资财、田宅并没官……伯叔父、兄弟之子皆流三千里,不限藉之异同。”③同样,在唐律中,凡是刑事犯罪,如贼盗、杀伤、奸淫等,这类含有禁止之意的法条,都内含义务—权利关系的规则,因此,在法律关系的构成上与十恶同为一类。此外,在含有军防内容的某些法条中,其法律关系的构成只有义务而没有权利。如《唐律疏议·擅

① 〔唐〕长孙无忌等撰:《唐律疏议》,刘俊文点校,中华书局1983年版,第500页。
② 〔唐〕长孙无忌等撰:《唐律疏议》,刘俊文点校,中华书局1983年版,第6页。
③ 〔唐〕长孙无忌等撰:《唐律疏议》,刘俊文点校,中华书局1983年版,第321页。

兴》"私有禁兵器"曰:"诸私有禁兵器者,徒一年半……""疏议"解释说:"'私有禁兵器',谓甲、弩、矛、槊、具装等,依令私家不合有。若有矛、槊者,各徒一年半。……"[①]由疏议可知,禁兵器是私家不该拥有的,对此私家只有义务而没有权利,违者要受处罚。因此,如果从法律关系的构成上来说,该法条就是一条单纯的义务性规范。

(三)有关责任—权利法律关系的说明及例证

在探讨了义务—权利关系后,接着要探讨的是责任—权利关系。前面已经说明,从中国传统的法律关系事实出发,我们不能以义务—权利关系来代替责任—权利关系。这不仅是因为责任与义务之间存在我应该与你必须的不同,更重要的是责任—权利关系可谓是传统中国最具特色的法律关系。同样,从学理上说,在相互对应概念的法律关系中,责任—权利关系可以表述为:我应当履行,你可以要求。在中国传统的法律关系中,责任—权利关系以责任优先、权利次之为特征,因此主要分布在与伦理密切相关的家庭和社会法领域。

先说家庭法领域。在传统中国,家庭是伦理的根基,所以三纲中有两纲是关于家庭的,即父为子纲和夫为妻纲。就纲而言,后人看到的大多是父和夫的权利,其实,不管父和夫有多少权利,都是以责任为前提的。譬如,作为家长的父亲(包括母亲),法律赋予他们以教令权,对违犯教令的子孙有送惩权,亦即请求官府惩处的权利。[②]

---

① 〔唐〕长孙无忌等撰:《唐律疏议》,刘俊文点校,中华书局1983年版,第314-315页。

② 对此,除了有明确的法律规定,历史上还有案例记录。如《名公书判清明集》载:"胡大为人之子,而不能顺其母,遂致其母讼之。夫母之于子,天下至情之所在也,而乃一旦至此,必有大不能堪者矣。本合重作施行,以正不孝之罪,又恐自此母子兄弟不复可以如初矣,且押下厢,就本人家决十五,令拜阿谢阿李,仍令四邻和劝。如再不改前非,定当照条断罪。"[《名公书判清明集》(下),中国社会科学院历史研究所宋辽金元史研究室点校,中华书局1987年版,第386页]

《唐律疏议·斗讼》“子孙违犯教令”曰：“诸子孙违犯教令及供养有阙者，徒二年。（谓可从而违，堪供而阙者。须祖父母、父母告，乃坐）”。疏议解释说：“祖父母、父母有所教令，于事合宜，即须奉以周旋，子孙不得违犯。‘及供养有阙者，’礼云‘七十，二膳；八十，常珍’之类，家道堪供，而故有阙者，各徒二年。……若教令违法，行即有愆；家实贫窭，无由取给；如此之类，不合有罪。皆须祖父母、父母告，乃坐。”[①]若把律文和疏议结合起来看，其中的教令权就蕴含了责任—权利关系。具体来说，祖父母、父母的教令权是以教令有不违法之类这个责任担当为前提的；有了这个责任担当的前提，祖父母、父母才可行使他们的教令权，否则，就不能行使教令权。因此，如果祖父母、父母教令于事合宜，那么，子孙就必须奉以周旋，否则，祖父母、父母就有权送惩。然而，如果祖父母、父母教令有违法之类，那么，子孙不遵行亦不合有罪。这其中的责任—权利关系，对祖父母、父母而言，责任是教令应于事合宜（不违法之类），权利是可以要求子孙奉以周旋；对子孙而言，责任是应当奉以周旋，权利是可以要求教令有不违法之类（于事合宜）。或许有人还会提出：这其中的法律关系是否亦可以说是权利—义务关系呢？如祖父母、父母行使教令权，子孙则承担奉以周旋的义务；或祖父母、父母行使教令权，亦承担教令不违法之类的义务；而子孙虽对教令有奉以周旋的义务，但亦有对违法之类教令不遵行的权利。从形式上看，这的确是一种权利—义务关系。但我们不要忘了，权利—义务关系是主体间地位平等的一种法律关系。可是，在唐代以至整个传统中国，按照国家法律规定，祖父母、父母与子孙之间是尊卑和上下的关系，他们的法律地位是绝对不平等的，否则就不会有教令权的设置，所以，他

① 〔唐〕长孙无忌等撰：《唐律疏议》，刘俊文点校，中华书局1983年版，第437-438页。

们之间的法律关系不可能是权利—义务关系，而只能是责任—权利关系。

在传统中国，法律赋予家长，特别是作为家长的父亲的权利确实是多方面的。[①] 但这些权利并非后人想象的那么绝对，在某种程度上，这些权利要受到两方面的限制：一是伦理道德的限制，即家长要有家长的样子；二是法律的限制，即家长行使权利不能违法。[②] 前者是应该，后者是必须。这两者都是家长行使权利的前提，亦即作为家长要担当的责任，如果没有这个责任担当，家长的权利就要受到限制，特别是在涉及家庭全体的问题上，家长虽有代表全家的权利，但同时负有更大的责任。譬如，《唐律疏议·名例》"共犯罪造意为首"曰："诸共犯罪者，以造意为首，随从者减一等。若家人共犯，止坐尊长；（于法不坐者，归罪于其次尊长。尊长，谓男夫）……""疏议"解释说："'共犯罪者'，谓二人以上共犯，以先造意者为首，余并为从。家人共犯者，谓祖、父、伯、叔、子、孙、弟、侄共犯，唯同居尊长独坐，卑幼无罪。……"[③]从律文中可以看到，一般的共同犯罪

---

① 正如瞿同祖先生所说："中国的家族是父权家长制的，父祖是统治的首脑，一切权力都集中在他的手中，家族中所有人口——包括他的妻妾子孙和他们的妻妾，未婚的女儿孙女，同居的旁系卑亲属，以及家族中的奴婢，都在他的权力之下，经济权、法律权、宗教权都在他的手里。……同时，由于法律对其统治权的承认和支持，他的权力更不可撼摇了。"（瞿同祖：《中国法律与中国社会》，中华书局 1981 年版，第 5-6 页）

② 这亦为现代调查和研究所证实。例如，滋贺秀三先生引许烺光教授在云南做地方调查时的发现："父亲在关于儿子的问题上有极大的权威，但是他的权威是受到在社会性上父和子互相是另一方的部分（part of each other）这样的事实所制约，父亲就像不伤害自己自身一样不能滥用他的权力。"（参见[日]滋贺秀三：《中国家族法原理》，张建国、李力译，商务印书馆 2013 年版，第 140 页）此外，滋贺秀三先生通过对中国家族法的研究，提出"对于父亲的恣意来说儿子的权利是受到保障的"，他以继承权为例对此作了仔细的探讨。参见[日]滋贺秀三：《中国家族法原理》，张建国、李力译，商务印书馆 2013 年版，第 198-202 页。

③ 〔唐〕长孙无忌等撰：《唐律疏议》，刘俊文点校，中华书局 1983 年版，第 116 页。

要分主犯从犯,主犯是倡首先言的造意者,而其他人则为从犯;但若是一家人共同犯罪,则既不分主犯从犯,亦无造意者与其他人之分,只处罚共同生活在一起的男性家长,亦即尊长或次尊长,其他卑幼和女性则一律无罪。在今天看来,这似乎是一条很奇特的法律规定,但其实它是又一条传统中国富有特色的蕴含责任—权利关系的法规。如果说教令权是从确立家长的权利方面规定了家长与家人之间的责任—权利关系,那么家人共犯就是从约束家长的权利方面规定了家长(尊长)与家人之间的责任—权利关系。然而,无论是从哪方面出发,贯注其中的基本精神和准则却是相同的,即家长对家人的权利受到他们的责任限制,其权利越大则责任越大,而且当涉及家人违法犯罪时,家长(尊长)对家人的责任则远大于其权利,如"家人共犯,止坐尊长"就是典型的例证。

上述两例说明了作为家长的父母或其他尊长与家人之间的责任—权利关系,这是父为子纲以及扩展了的尊卑关系在法律上的某种体现。同样,作为男性的尊长或丈夫,与家人和妻子之间亦存在这种责任—权利关系,这可以说是男尊女卑和夫为妻纲在法律上的某种体现。一般来说,男性的权利确实要大于女性,丈夫的权利亦肯定大于妻子,但如前所说,这种权利首先不是无条件的,同时亦是权利越大责任越大。如在"家人共犯,止坐尊长"中,尊长是指男夫,亦即疏议所说:"尊长谓男夫者,假有妇人尊长,共男夫卑幼同犯,虽妇人造意,仍以男夫独坐。"①这说明相对于妇人尊长,男夫尊长的权利大,责任亦大,表现在家人共犯的担责上,即使是妇人造意,亦仍然是独坐男夫。这极端地体现了男夫尊长与妇人尊长之间的责任—权利关系,亦即在妇人尊长造意而家人共犯的情况下,男夫尊

① 〔唐〕长孙无忌等撰:《唐律疏议》,刘俊文点校,中华书局1983年版,第115-116页。

长依律应当履行担当家人共犯的尊长之责，而造意的妇人尊长依律则可以（有权）要求他担当这个责任。另外，在夫妻之间，法律赋予丈夫有“七出”的权利，据此有人认为这是丈夫拥有的单方面休妻的权利，其实，这个权利亦受到伦理道德和法律的限制，即妻子若履行了自己“三不去”中的责任，那么，丈夫就要失去行使“七出”的权利（妻有恶疾和奸淫除外），这即是丈夫“七出”的权利要以遵循“三不去”的责任为前提。[①] 这其中的责任—权利关系是：我（丈夫）应当履行（“三不去”之责任），你（妻子）可以要求（非“七出”之权利）。

在家庭法领域，传统中国还有一项重要的法律制度，即除了严重的谋反、谋大逆和谋叛外，父母子女等家人之间有罪可以相互隐瞒，或在官方缉捕时给家人通风报信，这两种行为都不为罪亦不处罚。如《唐律疏议·名例》“同居相为隐”曰：“诸同居，若大功以上亲及外祖父母、外孙，若孙之妇、夫之兄弟及兄弟妻，有罪相为隐；……皆勿论，即漏露其事及擿语消息亦不坐。……若犯谋叛以上者，不用此律。”[②]这条律文充分体现了家庭成员之间不分尊卑，在相互负有保护责任的前提下，所拥有的“有罪相为隐”和“漏露其事及擿语消息”的权利。这表明在一般犯罪（谋叛以上者除外）情况下，家庭成员之间存在保护责任优先的责任—权利关系。

---

① “七出”又称“七弃”，意指妻子有七种情况之一者，丈夫可以单方面休弃她。《大戴礼记·本命》云：“妇有七出：不顺父母，去；无子，去；淫，去；妒，去；有恶疾，去；口多言，去；盗窃，去。”“三不去”者，即妻有下列三种情形之一，则妻虽有“七出”之状亦不能被休，亦即“妇有三不去：有所取无所归不去；与更三年丧不去；前贫贱后富贵不去”。“七出”“三不去”，唐、宋见之于律（《唐律疏议·户婚》，“妻无七出而出之”条“疏议”；《宋刑统·户婚》，“和娶人妻”条“疏议”）；元、明见之于令（《通制条格·户令》；《大明令·户令》）；清律附注于律文之内（《大清律例·户律》“出妻”条例“例注”）。由此可知，与“七出”一样，这“三不去”既是伦理道德又是法律规范，而且还是丈夫行使“七出”权利的约束。

② 〔唐〕长孙无忌等撰：《唐律疏议》，刘俊文点校，中华书局 1983 年版，第 130－131 页。

在家庭法以外的社会法领域，亦存在责任优先的责任—权利关系。这可以说是家庭伦理向社会推展，或者说家国一体、天下一家的观念在相关法律中的表现。在社会组合上，家庭向外推展的首先是邻里，因此邻里之间相互负有责任。唐令规定："百户为里，五里为乡，四家为邻，五家为保。在邑居者为坊，在田野者为村。村坊邻里递相督察。"[①]具体督察什么？唐令有明确的规定："诸户皆以邻聚相保，以相检察，勿造非违。如有远客，来过止宿，及保内之人，有所行诣，并语同保知。"[②]这是法律规定的邻里之间相互督察的责任，此外，邻里之间还有相互救助的责任。《唐律疏议·捕亡》"邻里被强盗及杀人"曰："诸邻里被强盗及杀人，告而不救助者，杖一百；闻而不救助者，减一等；力势不能赴救者，速告随近官司，若不告者，亦以不救助论。……"[③]上述唐令与唐律清楚表明，邻里之人应该有相互督察和救助的责任，如此，自己的人身和人格权利才有相应的保障；如果有人不履行督察，尤其是不履行救助的责任，那么政府和邻里之人依律可以要求其救助，否则以"不救助论"。[④] 这正是"我应当履行，你可以要求"的责任—权利关系体现。

邻里向外推展的是公共社会，所以，对于涉及公共社会的道德和治安问题，法律基于伦理同样予以人们必要的责任，如同邻里救助一样，违背这一责任亦要受到处罚。唐律中有好几条这样的规定，如《唐律疏议·杂律》"见火起不告救"曰："诸见火起，应告不

---

① ［日］仁井田升：《唐令拾遗》，栗劲等编译，长春出版社1989年版，第123页。

② ［日］仁井田升：《唐令拾遗》，栗劲等编译，长春出版社1989年版，第138页。

③ ［唐］长孙无忌等撰：《唐律疏议》，刘俊文点校，中华书局1983年版，第530页。

④ 唐律对此虽有明确规定，但此类案例在唐代文献中很难觅得。不过，在宋代《名公书判清明集》的"士人因奸致争既收坐罪名且寓教诲之意"一案中却有记载："……张八九系邻人，见陈宪被打，不与四邻救劝，决小杖十二。……"［《名公书判清明集》（下），中国社会科学院历史研究所宋辽金元史研究室点校，中华书局1987年版，第443页］

告,应救不救,减失火罪二等。……”疏议解释说:“见火起,烧公私廨宇、舍宅、财物者,並须告见在及邻近之人共救。若不告不救,‘减失火罪二等’,谓若于官府廨宇内及仓库,从徒二年上减二等,合徒一年;若于宫及庙、社内,从徒三年上减二等,合徒二年;若于私家,从笞五十上减二等,笞三十。……”[①]又如,《唐律疏议·捕亡》“道路行人不助捕罪人”曰:“诸追捕罪人而力不能制,告道路行人,其行人力能助之而不助者,杖八十……”[②]再如,《唐律疏议·杂律》“得阑遗物不送官”曰:“诸得阑遗物,满五日不送官者,各以亡失罪论;赃重者,坐赃论。私物,坐赃论减二等。”[③]这三条律文都是有关社会道德的规定,其中都潜存着责任—权利关系的规则,即我(见火起者/道路行人/得遗物者)应该履行(告救/助捕/送还的责任),你(被火烧的公私廨宇、舍宅、财物拥有者/追捕人/遗物者有)可以要求(告救/助捕/送还的权利)。同样,在有关社会治安的规定中,亦存在同类型的责任—权利关系规则。如《唐律疏议·杂律》“在市人众中警动扰乱”曰:“诸在市及人众中,故相惊动,令扰乱者,杖八十;以故杀伤人者,减故杀伤一等;因失财物者,坐赃论。其误惊杀伤人者,从过失法。”[④]这条律文潜存的责任—权利关系规则是,我(在市内及人众中者)应该履行(不相惊动、不令扰乱的责任),你(维持治安的官方或被惊动、扰乱而有损失者)可以要求(有不相惊

① 〔唐〕长孙无忌等撰:《唐律疏议》,刘俊文点校,中华书局1983年版,第511页。

② 〔唐〕长孙无忌等撰:《唐律疏议》,刘俊文点校,中华书局1983年版,第529页。

③ 〔唐〕长孙无忌等撰:《唐律疏议》,刘俊文点校,中华书局1983年版,第521页。

④ 〔唐〕长孙无忌等撰:《唐律疏议》,刘俊文点校,中华书局1983年版,第504页。该条“疏议”解释说:“有人在市内及众聚之处,‘故相惊动’,谓诳言有猛兽之类,令扰乱者,杖八十。若因扰乱之际而失财物,坐赃论;如是众人之物,累併倍论,併倍不加罪于一人,失财物者即从重论。因其扰乱而杀伤人者,‘减故杀伤一等’,惊人致死,减一等流三千里;折一支,减一等徒三年之类。其有误惊,因而杀伤人者,从‘过失’法收赎;铜入被杀伤之家。”

动、不被扰乱的权利)。

笔者在权力—责任关系的最后部分提到,在军事法律领域,权力—责任关系分布广泛,这样的法律条文有不少是直接用“应”字来规定和强调责任的。同样有趣的是,在责任—权利关系的规则中,亦有直接用“不应”或包含“不应”意思的法律条文,其中最著名的是“诸不应得而为之”[①]的法律规定。笔者之所以将这类条文所蕴含的规则归入责任—权利关系而不是责任—权力关系,主要是考虑到责任—权力关系所涉及的是公家(官方/官人)的权力与职责问题,用现代概念来说是属于公法领域内的法律关系;而责任—权利关系所涉及的主要是私家(民间/民人)之间的责任和权利问题,用现代概念来说主要是私法领域内的法律关系,所以,有必要分别加以探讨。

(四)有关特权—无权利法律关系的说明及例证

上文探讨了义务—权利关系,但主要以不涉及主体身份的法律领域为例,涉及主体身份的是我们现在和接下来要探讨的特权—无权利关系和豁免权—无资格关系。依据霍菲尔德的法律关系理论,特权—无权利关系可以表述为:我可以做,你不可以干涉我。这里要说明一下,在霍菲尔德的法律关系理论中,特权并不是指特殊阶层如贵族的专享权利,而是指一种不受他人干涉的自由,所以,他的特权概念不同于我们日常生活中的概念。他的特权与无权利法律关系是指:我可以做某事,你不可以提出主张来干涉我做该事;而不是指我可以做某事,你不能做该事。所以,在特权—无权利关系中,

---

① 《唐律疏议·杂律》“不应得为而为之”曰:“诸不应得为而为之者,笞四十;(谓律、令无条,理不可为者)事理重者,杖八十。”(〔唐〕长孙无忌等撰:《唐律疏议》,刘俊文点校,中华书局1983年版,第522页)律文中的“不应”是与“事理”相对应的,而这个“事理”又是要依据伦理和法理的,最终反映到法律关系上就是责任优先的责任—权利关系。

特权否定的是狭义的义务。[①] 一般来说,在中国传统法律中,特权—无权利关系主要分布在涉及身份的政事、刑事、民事和相关的日常生活法律领域。

从政事上说,历代王朝都有“我可以做,你不可以干涉我”之类的法律规定。如唐令规定:“诸皇兄弟皇子,为亲王;亲王之子承嫡者,为嗣王;皇太子诸子,并为郡王;亲王之子承恩泽者,亦封郡王,诸子封郡公。其嗣王、郡王及特封王,子孙承袭者,降受国公。”[②]这是一条唐代封爵的法令,规定了从亲王到国公受封的条件,其间存在的特权—无权利关系可以表述为:我(符合条件者:皇兄弟皇子、亲王之子承嫡者、皇太子诸子、亲王之子承恩者,以及嗣王、郡王及特封王的子孙承袭者)可以做(亲王、嗣王、郡王、郡公、国公),你(不符合条件者:非皇兄弟皇子、亲王之子承嫡者、皇太子诸子、亲王之子承恩者,以及嗣王、郡王及特封王的子孙承袭者)不可以干涉我做(亲王、嗣王、郡王、郡公、国公)。又如,在隶属于传统中国政事的行政法制中,有关于入仕为官的文官铨选制度。但如果我们稍加分析,就不难发现这个制度本身就蕴含着特权—无权利关系。在传统

---

① 譬如,依据唐律中赋予臣民自由的规定,一般可以认定为在臣民与政府和其他人之间建立了特权—无权利关系。例如,政府授田给男丁,则男丁有耕种的自由(特权),政府和其他人不得(无权)干涉。又如,贵族、官员及其亲属犯罪所享有的议、请、减、当、免的权利,则属于豁免权,而不是特权。因为这不是贵族、官员及其亲属的自由,而是国家在行使权力时,不能像对其他人一样来追究他们的责任。总之,能对抗权力的是豁免,不可以干涉别人做某事的是无权利。

② [日]仁井田升:《唐令拾遗》,栗劲等编译,长春出版社 1989 年版,第 218 页。

中国,最迟自隋唐以来,法律将民人分为良贱[①]两类,政府只授予良民子弟入仕为官的权利,而工商之类的贱民以及其他法定不合格者则无此权利。[②] 依据这个法律规定,我们可以认定在良民子弟与政府和其他人之间建立起了特权—无权利关系,即我(良民子弟)可以做(参加铨选的入仕为官之事),你(政府及其他人)不可以提出主张来干涉我做该事。

在刑事法律领域,特权—无权利关系的存在,如《唐律疏议·斗讼》"保辜"曰:"诸保辜者,手足殴伤人限十日,以他物殴伤人者二十日,以刃及汤火伤人者三十日,折跌支体及破骨者五十日……限内死者,各依杀人论;其在限外及虽在限内,以他故死者,各依本殴伤法……"[③]保辜是唐代一项极富特色的法律制度,指凡是斗殴都以一定时限作为判定伤害行为实施人应承担何种法律责任,亦即以一定的时间过程作为判定伤害行为与伤害后果存在因果关系的制

---

① 譬如,唐代民分良贱。良民主体为广大的自耕农和中小庶族,独立的手工业者和商人亦是其组成部分。依律良民有独立的人格,对任何人无人身依附关系,可以视为独立的权利主体,但对国家负有纳税、服役、征防的义务。贱民是唐代社会分层中较为复杂的一个系统,依律贱民分为官、私两种,官贱民有官奴婢、官户(番户)、工乐户、杂户、太常音声人;私贱民有私奴婢和部曲(包括部曲妻、客女、随身)。在贱民中,奴婢的地位最低,唐律视同"畜产",是民事权利客体。贱民总体上不能视为独立的权利主体,但又呈现出不同的形态,有的接近良民,有的是民事权利客体,还有的处于两者之间的过渡状态。

② 譬如,以唐代为例,唐令规定:"诸官人,身及同居大功以上亲,自执工商,家专其业者,不得仕。其旧经职任,自解绌,必有事用者,三年以后听用。"([日]仁井田升:《唐令拾遗》,栗劲等编译,长春出版社 1989 年版,第 206 页);又《唐律疏议》"诈假官假与人官"疏议曰:"依《选举令》:'官人身及同居大功以上亲,自执工商,家专其业者,不得仕。其旧经职任,因此解绌,后能修改,必有事业者,三年以后听仕。其三年外仍不修改者,追毁告身,即依庶人例。'……及未满三年,隐状选得官者……合徒一年。其三年外仍不修改,若方便不输告身,依旧为官者,亦同'不应为官'之坐。……"([唐]长孙无忌等撰:《唐律疏议》,刘俊文点校,中华书局 1983 年版,第 462 页)

③ [唐]长孙无忌等撰:《唐律疏议》,刘俊文点校,中华书局 1983 年版,第 388-389 页。

度。例如,甲用手脚打伤乙,乙在 10 天内死亡,甲则依杀人罪论处;若乙在 10 天后死亡,或乙在 10 天内因其他原因死亡,那么甲则依斗殴法处罚。同样,不是用手脚而是他物或刀刃及汤火伤人者,以及折跌支体及破骨者,其保辜限期则各有规定。从这项制度中,我们可以发现潜存其间的特权—无权利关系,即我(伤害行为实施人/甲)可以做(享有并行使在时限外不受杀人罪论处的特权之事),你(政府或其他人)不可以提出主张来干涉我做该事。

在民事法律领域,特权—无权利关系的存在,如亲属邻人不动产优先购买权,亦即出卖不动产者的本家近亲和四邻对其不动产有优先购买权。唐天宝十四载(公元 755 年)令:"天下诸郡逃户,有田宅产业妄被人破除,并缘欠负租庸,先已亲邻买卖,及其归复,无所依投。永言此流,须加安辑。……"[①]令文中"先已亲邻买卖"表明亲邻先买权已然存在。唐五代后周时期,这一制度臻于完善,明确规定:"如有典、卖庄宅,准例房亲、邻人合得承当,若是亲邻不要,及著价不及,方得别处商量,和合交易。"[②]此制延及明清,成为中国民事法律的一个传统。在这项制度中,特权—无权利关系可以表述为:我(不动产出卖人的本家近亲及邻人)可以做(优先购买其近亲邻人不动产之事),你(政府或其他人)不可以提出主张来干涉我做该事。还有,在民事范畴的婚姻领域中规定了"当色为婚",亦即同等级主体之间可以结婚、不同等级主体之间不能结婚的法律制度。如《唐律疏议·户婚》"奴娶良人为妻"曰:"诸(主——引者按)与奴娶良人女为妻者,徒一年半;女家,减一等。离之。其奴自娶者,亦如之。……"疏议解释说:"人各有耦,色类须同。良贱既殊,何宜配

① 《唐会要》卷八五《逃户》。

② 《册府元龟》卷六一三《刑法部·定律令五》。

合？……”[①]又《唐律疏议·户婚》“杂户官户与良人为婚”曰：“诸杂户不得与良人为婚，违者，杖一百。官户娶良人女者，亦如之。良人娶官户女者，加二等。即奴婢私嫁女与良人为妻妾者，准盗论；知情娶者，与同罪。各还正之。”疏议解释说：“杂户配隶诸司，不与良人同类，止可当色相娶，不合与良人为婚。……”[②]这两条律文及其疏议都表明，国家法律禁止良贱之间为婚，所以良贱之间不存在法律关系，但“当色为婚”中却蕴含特权—无权利关系的法则，即我（当色为婚者）可以做（当色为婚之事），你（政府或其他人）不可以干涉我做（与当色者为婚之事）。

除了民事婚姻外，传统中国对不同等级的人，在衣、食、往、行以及器物使用上的不同，都有非常明确的法律规定。如唐代非良民的工商杂户等贱民不得衣黄，因为黄是高贵色。[③] 即使在官员之间，不同等级亦是不同待遇。如《唐律疏议·杂律》“舍宅车服器物违令”规定：“诸营造舍宅、车服、器物及坟茔、石兽之属，于令有违者，杖一百。虽会赦，皆令改去之；（坟则不改）……”疏议解释说：“营造舍宅者，依《营缮令》：‘王公已下，凡有舍屋，不得施重拱、藻井。’车者，《仪制令》：‘一品青油纁，通幰，虚偃。’服者，《衣服令》：‘一品衮冕，二品鷩冕。’器物者，‘一品以下，食器不得用纯金、纯玉。’坟茔者，‘一品方九十步，坟高一丈八尺。’石兽者，‘三品以上，六；五品以上，四。’此等之类，具在令文。若有违者，各杖一百。虽会赦，皆

① 〔唐〕长孙无忌等撰：《唐律疏议》，刘俊文点校，中华书局1983年版，第269页。

② 〔唐〕长孙无忌等撰：《唐律疏议》，刘俊文点校，中华书局1983年版，第270页。

③ 公元674年即唐高宗上元元年，朝廷颁发了一道《衣服令》，规定普通百姓（庶人）可以穿黄色的衣服，即“自非庶人，不听服黄”。胡三省在《资治通鉴》卷二〇二中解释说：“自非庶人，谓工商杂户。”这样，商人与手工业者及杂户这类人服用传统中国人崇拜的黄色衣服的权利被剥夺了。

令除去,唯坟不改。……"[①]由上可知,无论是在不同色类(如官民/良贱)之间,还是同色类的不同等级(如官品不等)之间,有关他们的法律规定可以概括为,高色类与低色类、高等级与低等级权利不等,但同色类、同等级之人各拥有其特权,亦即不受他人干涉的权利。如果要从法律关系上来看,在有关他们的这些法律规定中,同样潜存着"我可以做,你不可以干涉我"的特权—无权利关系法则。

(五)有关豁免权—无资格法律关系的说明及例证

在探讨了特权—无权利关系后,接着要探讨的是豁免权—无资格关系。与特权—无权利关系相比,豁免权—无资格关系亦是涉及身份法域的法则,亦即在基于权力、地位和人的等级的身份法域上,它们都有涉及。但除此之外,豁免权—无资格关系还涉及基于人道、公道和华夷有别的身份法域,这是特权—无权利关系所没有涉及的领域。同样,依据霍菲尔德的理论,在相互对应概念的法律关系中,豁免权—无资格关系可以表述为:我可以免除,你不能约束我。

在涉及基于权力、地位和人的等级的身份法域上,豁免权—无资格关系广泛存在于各种不同身份的对应者之间。首先在刑事法律领域中,例如,在贵贱、官民之间,除了犯有十恶等少数罪行外,贵者和官员以及他们的亲属,犯罪后都享有各种豁免权,而普通百姓却无此资格。贵者和官员们的这种豁免权,概括起来是议、请、减、赎、当、免,即拥有一定爵位和官品的人以及他们的亲属,犯罪后依法可以享受上奏皇帝议、请减罪,或法定的减刑、赎罪,或以官抵罪和免官而不受刑罚的豁免权,而包括当事人在内的其他任何人都不能约束他们享有此项豁免权。对此,《唐律疏议》在《名例》篇的卷

---

① 〔唐〕长孙无忌等撰:《唐律疏议》,刘俊文点校,中华书局1983年版,第488页。

二和卷三中有详细的规定。[①] 另外,我们可以看到,虽然与贵贱、官民相比,良贱、尊卑、亲疏、长幼之间相犯的处刑差别没有那么大。[②] 但是在法律关系的归类上,它们仍然是豁免权—无资格关系法则的体现,即我(良民/尊/亲/长)可以免除(或部分免除刑罚),你(贱民/卑/疏/幼或其他人)不能约束我(免除或部分免除刑罚)。此外,这种体现豁免权—无资格关系法则的刑事法律规定,在传统中国还普遍存在于基于民族或种族歧视的法律中,特别是那些入主中原所建立的少数民族政权,他们的法律往往赋予作为统治者的征服者以豁免权,而作为被统治者的被征服者则无此资格,实际上这亦是一种基于权力、地位和人的等级的身份反映。如元朝法律有规定,蒙古人因争及乘醉殴打死汉人,仅征"烧埋银"了事;而汉人殴打死蒙古人,则要被处死。[③] 其间的豁免权—无资格关系法则就是:我(蒙古人)可以免除(死罪处罚),你(汉人或其他人)不能约束我(免

---

① 参见〔唐〕长孙无忌等撰:《唐律疏议》,刘俊文点校,中华书局 1983 年版,第 32-47 页。譬如,《唐律疏议·名例》"八议者(议章)"曰:"诸八议者,犯死罪,皆条所坐及应议之状,先奏请议,议定奏裁;(议者,原情议罪,称定刑之律而不正决之)流罪以下,减一等。其犯十恶者,不用此律。"(《唐律疏议》第 32 页)又如,《唐律疏议·名例》"皇太子妃(请章)"曰:"诸皇太子妃大功以上亲,应议者期以上亲及孙、若官爵五品以上,犯死罪者,上请;(请,谓条其所犯及应请之状,正其刑名,别奏请。)流罪以下,减一等。其犯十恶,反逆缘坐,杀人,监守内奸、盗、略人、受财枉法者,不用此律。"(《唐律疏议》第 32-33 页),其他减、赎、当、免,各有规定,可据上注检阅。

② 如在良贱之间,《唐律疏议·斗讼》"部曲奴婢良人相殴"规定:"诸部曲殴伤良人者,(官户与部曲同)加凡人一等。(加者,加入于死)奴婢,又加一等。……其良人殴伤及杀他人部曲者,减凡人一等,奴婢又减一等。……"(〔唐〕长孙无忌等撰:《唐律疏议》,刘俊文点校,中华书局 1983 年版,第 404-405 页)又如在尊卑、亲疏、长幼之间,若他们相犯,对前者的处罚则轻于后者。譬如,《唐律疏议·斗讼》"殴缌麻兄姊等"规定:"诸殴缌麻兄姊,杖一百。小功、大功,各递加一等。尊属者,又各加一等。……若尊长殴卑幼折伤者,缌麻减凡人一等,小功、大功递减一等。……"(〔唐〕长孙无忌等撰:《唐律疏议》,刘俊文点校,中华书局 1983 年版,第 411-412 页)

③ 参见《历代刑法志》,群众出版社 1988 年版,第 468 页、第 470 页。

除死罪处罚）。

除了刑事法律领域以外，豁免权—无资格关系还集中于经济法律领域，这是对应于身份与经济利益关系的反映。这方面最突出的例子是，中国传统法律历来规定，百姓（良民）有提供赋税徭役和服兵役的义务。[①] 如前述唐代均田制下的受田者，对国家负有缴纳租税（租）、提供特产（调）和服役（庸）三项义务，而且只有在履行了这些义务后，才有权利接受和耕种国家所授之田。然而，这只是针对普通百姓的规定，唐代的皇室、贵族和官僚等特权阶层并不受此限制，他们一方面依法可分得更多的田地，另一方面还享有豁免课役亦即免缴租庸调的权利，而普通百姓却没有这样的资格。例如，"唐制：太皇太后、皇太后、皇后缌麻以上亲，内命妇一品以上亲，郡王及五品以上祖父兄弟，职事勋官三品以上有封者，若县男父子……皆免课役"。[②] 又"宝历二年正月，户部侍郎崔元略奏：'准赋役令，内外六品以下官及京司诸色职掌人，合免课役。'"[③]而且规定"诸任官应免课役者，皆待蠲符至，然后注免。符虽未至，验告身灼然实者，亦免。其杂任被解应附者，皆依本司解时日月据征。"[④]由此可见，在涉及身份与经济利益的法律关系上，贵贱、官民之间存在广泛而合法的豁免权—无资格关系。

豁免权—无资格关系除了涉及基于权力、地位和人的等级的身份法域外，还涉及基于人道、孝道和公道亦即仁政的身份法域。从人道方面说，中国传统法律在刑事担责上，一直对老小、废疾、孕妇及应侍者等弱势群体给予优待，这种优待事实上就是一种豁免权，

---

① 这在历代食货志中有详细记载。

② 《文献通考·复除考》；《唐律疏议·户婚》"相冒合户"疏议。

③ 《唐会要·户部侍郎》。

④ 《通典·赋税》；《唐律疏议·名例》"以赃入罪"疏议。

不能享有优待的属于无资格。有关的法律规定历代都有,而且相当完备。这里以唐为例,择录几条为证。例一,《唐律疏议·名例》曰:“诸年七十以上、十五以下及废疾,犯流罪以下,收赎。……八十以上、十岁以下及笃疾,犯反、逆、杀人应死者,上请;盗及伤人者,亦收赎。……余皆勿论。九十以上、七岁以下,虽有死罪,不加刑。……”[①]例二,《唐律疏议·断狱》曰:“诸……年七十以上,十五以下及废疾者,并不合拷讯,皆据众证定罪,违者以故失论。……其于律得相容隐,即年八十以上,十岁以下及笃疾,皆不得令其为证,违者减罪人罪三等。”[②]例三,《唐律疏议·断狱》曰:“诸妇人犯死罪,怀孕,当决者,听产后一百日乃行刑。若未产而决者,徒二年;产讫,限未满而决者,徒一年。……”[③]例四,《唐律疏议·断狱》曰:“诸妇人怀孕,犯罪应拷及决杖笞,若未产而拷、决者,杖一百;伤重者,依前人不合捶拷法;产后未满百日而拷决者,减一等。失者,各减二等。”[④]例五,《唐律疏议·名例》曰:“诸犯死罪非十恶,而祖父母、父母老疾应侍,家无期亲成丁者,上请。犯流罪者,权留养亲……若家有进丁及亲终期年者,则从流。……即至配所应侍,合居作者,亦听亲终期年,然后居作”。[⑤] 从上述所引律文可知,唐律基于年龄、身体、妇女孕期和产后以及养老的人道因素,给予有犯的老小、废疾、孕妇、产妇及应侍者以不同形式和程度的豁免,有的是部分豁免,有的是全

---

① 〔唐〕长孙无忌等撰:《唐律疏议》,刘俊文点校,中华书局1983年版,第80-83页。另,唐令对废疾和笃疾的条件标准作出了明确规定:“诸一目盲、两耳聋、手无二指、足无三指、手足无大拇指、秃疮无发、久漏下重、大瘿瘇,如此之类,皆为残疾。痴痖、侏儒、腰脊折、一肢废,如此之类,皆为废疾。恶疾、癫狂、两肢废、两目盲,如此之类,皆为笃疾。”([日]仁井田升:《唐令拾遗》,栗劲等编译,长春出版社1989年版,第136页)

② 〔唐〕长孙无忌等撰:《唐律疏议》,刘俊文点校,中华书局1983年版,第550-551页。

③ 〔唐〕长孙无忌等撰:《唐律疏议》,刘俊文点校,中华书局1983年版,第570页。

④ 〔唐〕长孙无忌等撰:《唐律疏议》,刘俊文点校,中华书局1983年版,第570-571页。

⑤ 〔唐〕长孙无忌等撰:《唐律疏议》,刘俊文点校,中华书局1983年版,第69-71页。

部豁免。他们之所以获得豁免，是因为他们拥有豁免的资格，即他们是老小、废疾、孕妇、产妇及应侍者，不是这种身份的人当然就没有资格享此豁免的权利。如果将这个规则转化为法律关系来理解，就是我（老小、废疾、孕妇、产妇及应侍者）可以免除（或部分免除犯罪处罚），你（非老小、废疾、孕妇、产妇及应侍者或其他人）不能约束我（免除或部分免除犯罪处罚）。

在刑事以外的经济法律领域，豁免权—无资格关系亦涉及基于人道、孝道和公道的身份法域。与上述人道方面相似，中国传统法律在经济利益上，一直对一些特殊人群给予优待。例如，根据唐代律令，下列几种人享有豁免部分或全部赋役的权利：其一，“凡丁（成年男子——引者注）新附（新登记——引者注）于籍帐（国家户籍——引者注）者，春附则课役并征，夏附则免课从役，秋附则课役俱免。”①其二，“诸没落外蕃得还者，一年以上复（免征——引者注）三年，二年以上复四年，三年以上复五年，外蕃人投化者复十年。”②其三，“诸部曲奴婢放（解放——引者注）附户贯，复三年。”③其四，“若孝子顺孙、义夫节妇，志行闻于乡闾者，州县申省奏闻，表其门闾，同籍悉免课役。有精诚致应者，则加优赏焉。”④其五，“侍（侍养老人——引者注）丁，依令免役，惟输调及租。”⑤其六，“凡水旱虫霜为灾，十分损四已上免租，损六已上免调，损七已上课役俱免。”⑥概括对这六种人豁免的优待，可以说是基于公道、孝道和人道的关怀。从相互对应的法律关系上看，这种优待亦是一种豁免权，无此权利

① 《通典·赋税》。

② 《通典·赋税》。

③ 《通典·赋税》。

④ 《唐六典》卷三《户部郎中员外郎》；《旧唐书·职官志》。

⑤ 〔唐〕长孙无忌等撰：《唐律疏议》，刘俊文点校，中华书局1983年版，第70页。

⑥ 《旧唐书·食货志》。

者即为无资格。

在刑事和经济法律领域以外,豁免权—无资格关系还涉及一个特殊的法域,即基于华夷有别的涉外法律领域。譬如,在处理涉外纠纷方面,《唐律疏议·名例》"化外人相犯"规定:"诸化外人,同类自相犯者,各依本俗法;异类相犯者,以法律论。"疏议解释说:"'化外人',谓蕃夷之国,别立君长者,各有风俗,制法不同。其有同类自相犯者,须问本国之制,依其俗法断之。异类相犯者,若高丽之于百济相犯之类,皆以国家法律,论定刑名。"①这表明唐代对同一外邦人之间的相犯者适用他们自己的法律,对不同外邦人或外邦人与唐人之间的相犯者适用唐律。这条规定典型地体现了豁免权—无资格关系法则,其犯者是否豁免适用唐律的资格完全取决于是同类还是异类化外人这个身份。这个关系法则可以表述为:我(同类化外人)可以免除(适用唐律),你(异类化外人和唐人)不能约束我(免除适用唐律)。

（六）有关狭义的权利—义务法律关系的说明及例证

最后要探讨的是权利—义务关系。权利—义务关系是现代社会最基本最主要的法律关系,但无论是从广义还是狭义上讲,它在传统社会特别是在中国传统的法律中并不居于优先位置。然而,考虑到权利—义务关系确实是中国传统的法律关系之一,可是其重要性和地位又不及前述五对法律关系,所以,本章安排在这一部分加以探讨应该是合适的。正如霍菲尔德所说,权利—义务关系有广义和狭义之分,本章是从狭义上来使用这个概念的,亦即霍菲尔德所说的狭义的权利—义务关系。依据霍菲尔德的理论,在相互对应概念的法律关系中,狭义的权利—义务关系(以下简称为权利—义务

① 〔唐〕长孙无忌等撰:《唐律疏议》,刘俊文点校,中华书局1983年版,第133页。

关系)可以表述为:我主张,你必须满足。其实,权利—义务关系就是平等主体间的法律关系,所以,它和人们的日常生活相关,主要分布在中国传统的民事和与民事相关的法域,潜存于有关契约、婚姻、继承以及其他与民事相关的法律规范中。[①]

我们知道,普通买卖是人们日常经济活动的一部分,即使在等级严格的传统中国社会,这部分活动亦是要遵循意思自治的市场法则,即买卖是平等主体间的自愿协商行为。这种自愿协商在唐代称之为"和同",从中我们可以看到主体间的权利—义务关系。如《唐律疏议·杂律》"卖买不和较固"曰:"诸卖买不和,而较固取者;(较,谓专略其利。固,谓障固其市)……杖八十。已得赃重者,计利,准盗论。"疏议解释说:"卖物及买物人,两不和同,'而较固取者',谓强执其市,不许外人买,故注云'较,谓专略其利。固,谓障固其市'……并杖八十。已得利物,计赃重于杖八十者,'计利,准盗论',谓得三匹一尺以上,合杖九十,是名'赃重',其赃既准盗科,即合征还本主。"[②]这条律文告诉我们,市场上的买卖是卖物人与买物人,亦即买卖法律关系的主体双方两相自愿和同的行为,符合这种行为的结果才有效,即买卖法律关系才得以成立;如果不是和同而是强买,强买人不仅要受到法律制裁,而且还要返还强买物。[③] 从这条禁止性的法律规范中,我们看到在唐代市场上,合法有效的买卖行为,是主体间平等协商的行为,通过这样的行为所确立的法律关

---

① 这是对拥有独立的人格和法律地位的主体而言,由于奴婢在法律上视同畜产,即如同财物一样属于主人所有权范畴,并不拥有独立的人格和法律地位,自然亦不是法律关系的主体,所以,理论上奴婢与主人之间不存在权利—义务关系。

② 〔唐〕长孙无忌等撰:《唐律疏议》,刘俊文点校,中华书局1983年版,第500页。

③ 唐《杂律》与《杂令》对于借贷买卖都规定要"两情和同",在民间契约中亦有"二主和同立券"或"两和立契"的惯语。参见张传玺主编:《中国历代契约会编考释》(上),北京大学出版社1995年版,第193页、第201页等。

系，可谓是典型的权利—义务关系，借用法律关系的理论来表述，即我（卖物人在和同的前提下有）主张（收取货款的权利），你（买物人在和同的前提下有）应当满足（我收取货款的义务）。

买卖是契约行为的一种，但唐代的契约不止买卖一种，还有借贷、租赁、寄存、雇佣等。① 据笔者所见，这些契约，特别是民间的私契，都遵循和贯彻了和同的原则，对此，国家法律不仅不干涉，还予以认可，这使每个契约行为都产生一个合法有效的权利—义务关系，而且每当权利—义务关系受到破坏时，国家法律会以禁止性规范的形式予以制裁和纠正，以保护和确认权利—义务关系的合法有效。这里可举几例说明。

例一，唐令规定："诸公私以财物出举（出借生利——引者注）者，任依私契，官不为理。每月取利，不得过六分。积日虽多，不得过一倍。若官物及公廨（公家——引者注），本利停讫，每计过五十日不送尽者，余本生利如初，不得更过一倍。家资尽者，役身折酬。役通取户内男口，又不得回利为本（其放财物为粟麦者，亦不得回利为本及过一倍）。若违法积利、契外掣夺及非出息之债者，官为理。收质者，非对物主不得辄卖。若计利过本不赎，听告市司对卖，有剩还之。如负债者逃，保人代偿。"②

例二，《唐律疏议·杂律》"受寄物辄费用"曰："诸受寄财物，而辄费用者，坐赃论减一等。诈言死失者，以诈欺取财物论减一等。""疏议"解释说："受人寄付财物，而辄私费用者，坐赃论减一等，一尺笞十，一匹加一等，十匹杖一百，罪止徒二年半。'诈言死失者'，谓六畜、财物之类，私费用而诈言死及失者，'以诈欺取财物论减一等'，

---

① 参见张中秋：《阅读唐律——由法制而文化》，中国政法大学出版社 2022 年版，第 137-163 页。

② ［日］仁井田升：《唐令拾遗》，栗劲等编译，长春出版社 1989 年版，第 789 页。

谓一尺笞五十,一匹加一等;五匹杖一百,五匹加一等。……”①

例三,《唐律疏议·杂律》“负债违契不偿”曰:“诸负债违契不偿,一匹以上,违二十日笞二十,二十日加一等,罪止杖六十;三十匹,加二等;百匹,又加三等。各令备(赔——引者注)偿。”疏议解释说:“负债者,谓非出举之物,依令合理者,或欠负公私财物,乃违约乖期不偿者……”②

上述例一中的唐令“任依私契,官不为理”,实际上是中国传统法律的一项基本原则。③ 这项原则等于明示,私人契约不受官方干涉,契约者享有自愿自主的权利。因此,在这种情形下,无论是出举(例一)、寄存(例二)还是借债(例三)等所产生的契约,应该都是和同而成的契约,和同而成的契约必然产生权利—义务关系。如同前面所说明的市场买卖契约,其权利—义务关系是合法有效的,所以,当它们受到破坏时,法律即给予制裁以修复受到破坏的权利—义务关系。这个规定反映在上述三例中,即是例一中的“若违法积利、契外掣夺及非出息之债者,官为理”和“如负债者逃,保人代偿”,例二中的“受人寄付财物,而辄私费用者,坐赃论减一等……”以及例三中的“诸负债违契不偿,一匹以上,违二十日笞二十……各令备偿。”

在传统中国,除了上述涉及物的各种契约外,婚姻亦是权利—义务关系所涉及的法域之一。虽然从整体上说,中国传统的婚姻法律关系,还不是严格意义上的男女双方主体地位平等的权利—义务关系,但在有关婚姻的约定和自愿离婚上,却存在主体地位平等或接近平等的权利—义务关系。例如,《唐律疏议·户婚》“许嫁女

① 〔唐〕长孙无忌等撰:《唐律疏议》,刘俊文点校,中华书局1983年版,第484-485页。

② 〔唐〕长孙无忌等撰:《唐律疏议》,刘俊文点校,中华书局1983年版,第485页。

③ 在唐代各种契约中往往有“官有政法,人从私契”的惯语,作为一代大法的《宋刑统》在其《杂律》“受寄财物辄费用”门引唐《杂令》中重申了这条原则。

辄悔”曰：“诸许嫁女，已报婚书及有私约……而辄悔者，杖六十。（男家自悔者，不坐，不追娉财。）虽无许婚之书，但受娉财，亦是……”疏议解释说：“许嫁女已报婚书者，谓男家致书礼请，女氏答书许讫。‘及有私约’……皆谓宿相谙委，两情具惬，私有契约，或报婚书，如此之流，不得辄悔，悔者杖六十，婚仍如约。若男家自悔者，无罪，娉财不追。……”[①]从权利—义务关系来解读，这条律文告诉我们，凡是有婚书、私约或娉财的，都是或都被视为男女双方的婚约，由于这个婚约是双方自愿和同，亦即“男请女答”或“两情具惬”的结果，所以，在这个婚约所确立的法律关系中，作为法律关系主体的男女双方的权利义务，受到了平等或接近平等的保护，即法律要求双方不得违约悔婚，违者要受到处罚。尽管处罚男方轻女方重，但在对双方都有处罚上可以说是平等的，而在处罚的轻重上只能说是接近平等，其中发挥作用的，正是婚约所确立的权利—义务关系法则。如果说这个例子还有瑕疵，即有接近平等的不平等之处，那么，唐律关于和离的规定，就是一个完美的例证。《唐律疏议·户婚》“义绝离之”曰：“……若夫妻不相安谐而和离者，不坐……”疏议解释说：“……‘若夫妻不相安谐’，谓彼此情不相得，两愿离者，不坐……”[②]律文的含义是，夫妻如果感情不和，可以自愿离婚而不受法律制裁。这与现代婚姻法关于离婚自由的规定没有多少差别，现代婚姻法中离婚自由的规定所确立的是一种夫妻平等的权利—义务关系，因此，可以说，唐律关于和离的规定所确立的亦是一种夫妻平等的权利—义务关系。

在权利—义务关系所涉及的民事法域中，与上述婚姻相关的是继承。传统中国的继承比较复杂，至少包括身份继承（如嫡长子继

① 〔唐〕长孙无忌等撰：《唐律疏议》，刘俊文点校，中华书局 1983 年版，第 253-254 页。

② 〔唐〕长孙无忌等撰：《唐律疏议》，刘俊文点校，中华书局 1983 年版，第 268 页。

承)、爵位继承(如伯爵继承)和财产继承。[1] 在这三种继承所形成的法律关系中,唯有第三种财产继承所形成的法律关系,可谓是继承主体地位平等的权利—义务关系;前两种继承因直接与身份有关,所以,它们所形成的法律关系不是继承主体地位平等的权利—义务关系。对于财产继承,中国传统法律一般采取诸子均分的原则。例如,《唐律疏议·户婚》"同居卑幼私辄用"曰:"……即同居应分,不均平者,计所侵,坐赃论减三等。""疏议"解释说:"……'即同居应分',谓准令分别。而财物不均平者,准户令:'应分田宅及财物者,兄弟均分。妻家所得之财,不在分限。兄弟亡者,子承父分。'违此令文者,是为'不均平'。谓兄弟二人,均分百匹之绢,一取六十匹,计所侵十匹,合杖八十之类,是名'坐赃论减三等'。"[2]这条律文有几个明确的要点:一是按照律令规定,财产继承确定兄弟均分、不别嫡庶的原则;二是妻家所得之财,不在分限;三是兄弟之中有死亡者,由死亡者之子代位继承;四是不均分者,要以坐赃论减三等处罚。从法律关系的角度来看,由于第二个要点所涉及的财产不在分

---

① 传统中国的财产继承亦颇为复杂,从性质上讲,家庭财产属于家人共有,并非家长的私产,因而多数情况下,财产继承与家产的全面分割同时进行,其实质是财产的管理权、收益权和处分权从父祖辈转移到子孙辈,即财产主体的转移,因此这种继承并不同于现代法律意义上的遗产继承,而是一种广义的财产承受。

② 〔唐〕长孙无忌等撰:《唐律疏议》,刘俊文点校,中华书局 1983 年版,第 241-242 页。《唐律疏议》该条中所说"准户令",即《户令》应分条:"诸应分田宅及财物者,兄弟均分。(其父祖亡后,各自异居,又不同炊,经三载已上;逃亡,经六载已上;若无父祖旧田宅、邸店、碾硙、部曲、奴婢见在可分者,不得辄更论分)妻家所得之财,不在分限。(妻虽亡没,所有资财及奴婢,妻家并不得追理)兄弟亡者,子承父分(继绝亦同);兄弟俱亡,则诸子均分。(其父祖永业田及赐田亦均分,口分田即准丁中老小法。若田少者,亦依此法为分)其未娶妻者,别与娉财;姑、姊妹在室者,减男娉财之半;寡妻无男者,承夫分。若夫兄弟皆亡,同一子之分。(有男者,不得别分,谓在夫家守志者。若改适,其见在部曲、奴婢、田宅,不得费用,皆应分人均分)。"([日]仁井田升:《唐令拾遗》,栗劲等编译,长春出版社 1989 年版,第 155 页)

限，所以不在我们的探讨范围内，其他三个要点都与权利—义务关系法则相关。其中第一和第三个要点从正面确立了财产继承中继承主体地位平等的权利—义务关系法则，即兄弟不分嫡庶大小一律均分，父亡可以子承父份代位继承，这真可谓是彻底的平等平均主义。如果违犯了这个法则，就要受到第四个要点内含的处罚，即唐律从反面以禁止性规范的形式，制止和纠正对继承主体地位平等的权利—义务关系法则的破坏。这个法则若用法律关系的理论来表述，即我（继承人）主张（均分的权利），你（被继承人和其他同位序继承人）必须满足（我主张均分的义务）。否则，就要受到法律的制裁。这样的实例，在唐代文献中一时找不到记录，但在宋代的文献中却有判例记录。①

最后，权利—义务关系还涉及与民事相关的其他法域。例如，《唐律疏议·斗讼》“为人作辞牒加状”曰：“诸为人作辞牒（代人写诉状——引者注），加增其状，不如所告者，笞五十；若加增罪重，减诬告一等。即受雇诬告人罪者，与自诬告同，赃重者坐赃论加二等，雇者从教令法（减受雇者一等——引者注）……”疏议解释说：“为人雇请作辞牒，加增告状者，笞五十。若加增其状，得罪重于笞五十者，‘减诬告罪一等’……合杖九十之类。若因雇请受财，得赃重者，同非监临主司因事受财坐赃之罪，如赃重，从赃科；赃轻者，从减诬告一等法。……”②这条律文所指向的行为本身具有民事性，即代人写诉状者受人雇请代写诉状，包括收费和不收费两种，都属于民事范畴的雇佣关系；但该行为的性质又有刑事性，即受雇人不依所

① 参见《名公书判清明集》（上、下），中国社会科学院历史研究所宋辽金元史研究室点校，中华书局 1987 年版，第 126 页、第 234 页、第 236 页、第 277 页、第 610 页。

② 〔唐〕长孙无忌等撰：《唐律疏议》，刘俊文点校，中华书局 1983 年版，第 444-445 页。

告写诉状,或受雇人代雇者写诬告状,这两种情况又都属于刑事范畴的犯罪行为,因此受雇人与雇人者分别要受处罚。像这样兼有民事和刑事的法律规定,即是我所说的与民事相关的其他法域。从法律关系上看,在这条律文所涉及的雇佣关系中,雇人者与受雇人,或者说告状人与代书人,他们之间存在雇佣法律关系,而贯彻其中的正是权利—义务关系法则,即雇人者有权利(雇人代写诉状),亦有义务(致谢或付费和不雇人写诬告状);被雇者有义务(依雇人者所告写诉状和不写诬告状),亦有权利(接受致谢或收费和拒绝写诬告状)。法律认可和保护双方的这种权利—义务关系,所以,如果双方没有犯罪行为,亦即不雇人写诬告状和只依所告写诉状,那么,这就在正常的民事雇佣范围内,法律对此不作任何规定,实际上是"任从私契"的不干预;但如果双方有犯罪行为,亦即雇人写诬告状和不依所告写诬告状,那么,这就在刑事犯罪范围内,法律对此作了惩罚性的规定,实际上是以禁止性规范的形式来确保"作辞牒"这种雇佣法律关系中权利—义务关系法则的有效性。

第三节　对中国传统法律关系的讨论

以上是笔者依据《唐律疏议》,参照霍菲尔德的法律关系理论,对中国传统法律关系所作的分类说明和例证。这项工作为我们呈现了一幅由六对法律关系所组成的图像,这幅图像展示了中国传统法律关系的整体面貌及其内部构造。在这幅图像中,虽然每一对法律关系只是通过调整与其相对应的社会关系而形成,但这六对法律关系相互关联,从而在整体上构成了对社会关系的总体调控,并借助法律规范调整社会关系的国家法制统一性的形成,而这正是立法者所期望建构的社会关系和社会秩序的制度保障。因此,在中国传统法制体系中,如上所论,尽管这六对法律关系的重要性及其分布和功能各有不同,但无疑任何一对法律关系都是国家法制统一性所不可或缺的。如果要对此作一个归纳的话,我想至少可以得出以下几点认识。

一是传统中国(至少在唐代)有六对法律关系并存,这远远超出了我们以前的认识,表明传统中国存在丰富复杂的法律关系;二是这种丰富复杂的法律关系源于丰富复杂的社会关系,因为法律关系是社会关系的法律化构造;三是传统中国丰富复杂的法律关系主要与身份相关联,集中在官僚行政体制与宗法伦理社会方面;四是发达的身份法律关系可以说是中国传统法律关系的重心和特色所在,尽管如此,传统中国依然存在非身份的平等法律关系(如狭义的权利—义务关系);五是从身份与非身份、平等与不平等都被纳入法律调整的范围来说,传统中国是一个法制社会,或者说是一个有法律控制的社会;六是通过这六对法律关系,我们看到了广义上的权利—义务在传统中国不同主体之间是怎样分配的,而这种分配又使我们认识到传统中国是一种什么样的法律控制的社会。为此,我们需要作进一步的探讨,以期揭示中国传统法律关系的正当性及其历史命运和于今可用的资源。

从原理上说,法律出自社会,法律关系是社会关系的反映,社会关系是社会构成的表现,这表明在社会构成与社会关系和法律关系之间,存在决定与反映的逻辑关系。因此,要评判某种法律关系的正当性,关键在于它是否反映和体现了其所处的社会关系和社会构成。从这个意义上说,我们要探讨中国传统法律关系的正当性,就应该从传统中国的社会关系与社会构成开始。传统中国的社会关系立基于社会构成之上,传统中国的社会构成是家国一体。所谓家国一体，就是人们通常所说的，国乃家的放大，家是国的缩小，其实是把家与国视为同一个生命体，两者同构共质，拥有和分享同一生命的机理和法则，所不同的只是无关紧要的外部形式和规模而已。[①]这样一来，以家政为国政原型的法律关系，即反映由家的管理到国的治理所引发的社会关系的法律化构造，亦即有关权力—责任的法律关系便由此而生，这种法律关系体现了家国一体下的管理—控制型或者说行政型国家的特质。与此同时，以家庭伦理为国家政治原则的法律关系，即反映由家内伦理到国家政治伦理所引发的社会关系的法律化构造，亦即有关责任—权利的法律关系亦同样生成，这种法律关系体现了家国一体下的道德—责任型或者说伦理型社会的特质。

家国一体下的传统中国，不仅规模巨大、文明发达，而且社会关系亦极其丰富复杂，因此，权力—责任和责任—权利关系法则所调整的社会关系只是其中的部分。虽然这部分社会关系极其重要且有特色，但依然还有其他不可或缺的社会关系需要法律调整，对这部分社会关系的法律调整，就形成了我们在前面所探讨的义务—权利、特权—无权利、豁免权—无资格和权利—义务关系。在这些法律关系中，前三对法律关系在整体上是与身份相关联的法律关系，反映了由家到国同构共质关系的某种演变和转化，亦即从家长制到君主制、从家族宗法等级到国家贵族官僚特权、从家内奴婢到国家贱民等所引的社会关系的法律化构造，体现了家国一体下与身份相关联的等级与特权。同时，这里需要补充的是，由于传统中国的家国一体是一种有机生命观，所以，在一体方面，即使是对域外之人亦有天下一家的仁爱情怀；然而在一体之中仍有内外之别和华夷之

① 参见张中秋：《传统中国法理观》，法律出版社2019年版，第1-20页。

分。这两者成为构造豁免权—无资格关系在处理涉外纠纷方面的规定,亦即兼顾属人主义和属地主义司法原则的由来。此外,有机观亦是一种有序观,它表现为整体包容部分、部分属于整体,以及等者同等、不等者不等的有序构成。所以,在它整体有序的差序结构中,还有等者同等的等序结构。差序结构成为与身份相关联的法律关系所调整的对象,而等序结构则成为与身份无关联的法律关系所调整的对象。在前文所讨论的六对法律关系中,前五对法律关系属于前者(差序结构),亦即都是与身份相关联的法律关系,只有最后一对法律关系,亦即狭义的权利—义务关系属于后者(等序结构)。这意味着狭义的权利—义务关系是对社会中实际存在但无身份关联的人之间和无关身份的领域中人们之间社会关系的法律化构造,它体现了家国一体下的差序格局社会中人们之间同时存在部分的平等和非身份关系的现实。

从上述讨论中可以看出,传统中国的这六对法律关系,无论是与身份有关联的还是无关联的,都是出自社会的,都是对家国一体的社会关系与社会构成的反映,因此,从法学原理上说,它们都各有其正当性,而这亦正是它们因此生成和长期存在的内在理据。当然,这是在中国传统历史范围内的观察,随着晚清中国社会转型的开启,原有的社会关系和社会构成发生变化,清末变法修律既是对这个变化的促进又是回应,其结果是中国传统法律的解体,这直接导致中国传统法律关系的整体,亦即由这六对法律关系组成的统一体归于瓦解,所以,我们在后来的法律中不再看到原先那样的整体图像。那么,站在今天的立场上,我们又该如何来评判中国传统的法律关系呢?

从中国传统的法律关系角度来看,所谓今天的立场,实际上是一个发展了的、当下的、内含比较的视野。在这个视野内,我以特殊性与非特殊性来作评判,亦就是说,中国传统的法律关系存在特殊性与非特殊性。所谓特殊性,是指与因社会转型而发生变化的社会关系和社会构成相脱节的那部分法律关系;所谓非特殊性,是指与因社会转型而发生变化的社会关系和社会构成不相脱节的那部分法律关系。具有特殊性的法律关系因与特定的环境(如地理环境、社会环境和历史文化环境)相关联,所以当环境发生变化,特殊性开始消失,这部分法律关系因失去社会基础和调整对象而逐渐全部或部分地失效。在中国传统法律关系中,这样的法律关系曾经时间不一、程度不同地发生在义务—权利、责任—权利、特权—无权利和豁免权—无资格的法律关系上。而具有非特殊性的法律关系因与不特定的环境(譬如,国民性和人性)相关联,所以具有超越时空的优点和特点,这部分法律关系因未失去社会基础和调整对象而继续全部或部分地有效。在中国传统法律关系中,这样的法律关系亦曾经时间不一、程度不同地发生在权利—义务、权力—责任、特权—无权利和豁免权—无资格的法律关系上。[①] 由此可见,中国传统的六对法律关系,分别因其特殊性与非特殊性而有了不同的命运,完全失效的表明已被历史淘汰,部分失效的表明已被历史改造,没有失效的表明于今仍是资源。其中,责任优先、权利次之的责任—权利关系,是中国传统法律关系的特色和价值所在。我认为,经过适时合理的改造,其可以起到抑制个人主义和防止权利优先而走向极端的作用,特别是在与伦理密切相关的家庭和社会领域立法中可以发挥固本纠偏的作用。

---

① 沈宗灵先生的《对霍菲尔德法律概念学说的比较研究》(载《中国社会科学》1990 年第 1 期)一文,对当代中国法律中相应概念作了探讨和比较,其中有与本章评判相关或相合的地方,读者可以参阅。

第四章
中国传统法律正义观

第四章　中国传统法律正义观

第一节　中国传统法律正义观的基本内涵及其原则

第二节　中国传统法律正义观的理论结构及其原理

第三节　中国传统法律正义观的内在价值及其现代问题

提出研究中国传统法律的正义观，主要是出于两方面的考虑，或者说存在两方面的问题意识。首先，正义是中国传统法律的根本和核心所在；其次，有关这个问题的研究极其必要而又严重不足。就前者言，正如罗尔斯和拉德布鲁赫所说："正义是社会制度的首要价值，正像真理是思想体系的首要价值一样。"[①]"除了正义，法律的理念不可能是其他理念。"[②]这表明，法律作为社会制度的重要组成部分，正义既是它的首要价值和理念，自是它的根本和核心所在。对此，中国传统法律亦不例外。然而，就当下而言，我们对中国传统法律正义观的研究，虽极其必要却又严重不足。说极其必要，是因为这直接关系我们如何从法的本体和核心价值上去认识中国传统法律，而法的本体和核心价值又是今天我们确立主体自觉和文化自信的根基，这两方面对于我们创制中国特色社会主义法治都极其必要和重要。尽管如此，无论是过去还是现在，学界对于中国传统法律正义观的研究可谓严重不足。[③]

---

① ［美］约翰·罗尔斯：《正义论》，何怀宏、何包钢、廖申白译，中国社会科学出版社2001年版，第3页。

② ［德］古斯塔夫·拉德布鲁赫：《法哲学》，王朴译，法律出版社2013年版，第35页。

③ 笔者在中国知网（http://kns.cnki.net，访问日期：2017年6月19日）上检索以"中国""传统法律""正义"为关键词的研究文献，获得0条；检索以"传统中国法律正义观"为主题的研究文献，获得145条；检索以"传统中国法律正义论"为主题的研究文献，获得94条；检索以"传统中国法律正义研究"为主题的研究文献，获得1701条，但无论是哪一种检索结果，可以说这些文献基本上都不是

正因如此,不少人对此还存在某些误解和偏见。[①] 所以,作为中国传统法的研习者,我觉得有必要面对和提出这个问题,以引起大家的关注。此外,还有必要说明的是,这里的中国传统法律正义观研究是指对中国传统法律中正义观念的一种揭示和阐释,其基本方法是法哲学的方法。这是因为正义观本身是法哲学问题,其他任何研究包括实证研究虽有必要,但都不能代替更无法超越法哲学的抽象思维研究。所以,本章即是按照这样的理解来设计和展开的,其重点在于揭示和阐释中国传统法律正义观的基本内涵及其原则、理论结构及其原理,以及内在价值和现代问题诸方面。本章主要集中在中国传统法律中的正义观念,或者说制度化了的正义观上。至于那些曾经存在于中国传统社会中的各种不同的正义观念,如表示江湖义气的正义观;以及非国家法律范畴内的其他规范,如乡规民约中的正义观;还有中国传统法律正义观的司法实践等。这些方面虽互有联系和影响,文中亦间有论及,但都不是本章的重点。如果要作为重点来探讨,还有待进一步研究。为此,还请大家谅解。

专门研究中国传统法律正义观的,只是在研究中国传统和现行法律时涉及正义问题而已。在域外学者中,只有在美国学者金勇义的《中国与西方的法律观念》(陈国平等译,辽宁人民出版社 1989 年版)第 78-106 页“公平的概念”和英国学者李约瑟的《中国科学技术史:第二卷　科学思想史》(何兆武等译,科学出版社、上海古籍出版社 1990 年版)第 551-620 页“中国和西方的人间法律和自然法则”中有比较性的讨论。此外,结合法律规定和案例的相关讨论,可以参见美国学者布迪等人的《中华帝国的法律》(朱勇译,江苏人民出版社 1993 年版)第 31-35 页及以下,但这些都不是专门的研究,亦缺乏这样专门的著作。

① 现代学者深受西方影响,以为正义就是平等,不平等就是不正义,所以,在不少人的潜意识中或想当然地认为,中国传统法律只有不平等的规定,哪有什么平等的正义问题。

第一节　中国传统法律正义观的基本内涵及其原则

如果要研究中国传统法律正义观，就要从揭示它的内涵开始，但中国传统法律正义观的内涵比较复杂，所以，我们就从它的基本内涵开始，这亦不违本章的要义和宗旨。中国传统法律正义观的基本内涵，实际上就是中国传统法律中正义观念的基本含义，或者说这个正义观念的主要内容是什么。在中国传统语境中，“正义”一般是用“义”来表述。[①] “义”有多重含义，[②]其基本义是“宜”，[③]引申为适宜、恰当、正当、应当、公平、合理之类。[④] 义的这些基本含义，首先是表述在中国传世的经典中，即《周易·系辞下传》所说的“天地之大德曰生，圣人之大宝曰位，何以守位曰仁，何以聚人曰财，理财、正

---

① 参见黄玉顺：《中国正义论纲要》，载《四川大学学报》2009 年第 5 期。

② 参见〔汉〕许慎撰、〔清〕段玉裁注：《说文解字注》，上海古籍出版社 1981 年版，第 633 页。

③ 如《韩非子·解老》曰：“义者，谓其宜也，宜而为之。”［《韩非子》校注组编写、周勋初修订：《韩非子校注》（修订本），凤凰出版社 2009 年版，第 151 页］；又如《礼记·祭义》曰：“义者，宜此者也。”（《四书五经》，陈戍国点校，岳麓书社 1991 年版，第 608 页）；再有，如《唐律疏议》中所引的孔颖达疏《周易》曰：“义，宜也。言以此行之，而得其宜也。”（〔唐〕长孙无忌等撰：《唐律疏议》，刘俊文点校，中华书局 1983 年版，第 24 页）；还有，专门探讨字义的《北溪字义》亦曰：“义是宜之理”（〔宋〕陈淳：《北溪字义》，中华书局 1983 年版，第 18 页）。

④ 参见《古代汉语词典》编写组编：《古代汉语词典》，商务印书馆 1998 年版，第 1850-1851 页；韦政通：《中国哲学辞典》，吉林出版集团有限责任公司 2009 年版，第 65 页。另外，黄玉顺教授将汉语“义”与西语“justice”的对应义整理成表，列出“义”的 11 种含义，其中包含笔者所列举的适宜、恰当、正当、应当、公平、合理之类的引申义，很有参考价值，在此不再赘述。参见黄玉顺：《中国正义论的重建——儒家制度伦理学的当代阐释》，安徽人民出版社 2013 年版，第 21-22 页。

辞、禁民为非曰义”。[①] 其次是为中国传世的法典所确认，成为中国传统法律的法理依据，即《唐律疏议·名例》“疏议”所说的：“易曰：‘理财、正辞、禁人为非曰义。’故铨量轻重，依义制律。”[②]很清楚，在中国传世的经典和法典中，当然亦在中国传统的法律中，甚至可以说在传统中国人的观念中，理财、正辞、禁民为非就是义，或者说就是正义。按照唐律的规定，这个正义就是制定法律的依据，即上述《唐律疏议·名例》“疏议”所言“依义制律”。那么，怎样来理解这个义或正义呢？对此，明儒丘濬在《大学衍义补·详听断之法》中解释说，所谓义就是分别各人之所当有（理财）、所当言（正辞）和所不当为（禁民为非）者，而分别各人之所当有、所当言和所不当为者，亦即区分正当与不正当的标准和依据，最终都是以理或者说以是否合理为准。[③] 这表明在丘濬看来，理财、正辞、禁民为非即为义，而义的标准和依据就是理。这意味着理与义的内涵相通，否则，理不可能成为义的标准和依据，难怪荀子说“义者，理也，故行”。[④] 所以，在

---

① 《四书五经》，陈戍国点校，岳麓书社 1991 年版，第 201 页。

② 参见〔唐〕长孙无忌等撰：《唐律疏议》，刘俊文点校，中华书局 1983 年版，第 1-2 页。

③ 邱浚曰：“臣按：《大易》有云：‘理财，正辞，禁民为非，曰义。’所谓理财，则分别各人之所当有者；正辞，则明正各人之所当言者；禁民为非，则禁革各人之所不当为者——此三者守宝位之义也，而治争之大柄在焉。夫守位固在乎仁，而所以行仁而使之各得其宜者，则在乎义。反乎义则不仁，而刑法之所以必加也。刑生于狱，狱起于讼，讼之所以起者，由乎财之不均，言之不顺，为之不当乎理也。”（〔明〕邱浚：《大学衍义补》，林冠群、周济夫校点，京华出版社 1999 年版，第 906-907 页）笔者认为，在中国传统社会和语境中，不均、不顺与不当为一样，都是不当乎理。因为理是当，不均是不当有，不顺是不当言，所以，不均、不顺与不当为一样都是不合理。

④ 《荀子·大略》（张觉校注：《荀子校注》，岳麓书社 2006 年版，第 352 页）；又如《孟子·告子上》亦说：“心之所同然者何也？谓理也，义也。”（《四书五经》，陈戍国点校，岳麓书社 1991 年版，第 118 页）此外，《北溪字义》对义、宜、理三者作了贯通的解释：“义就心上论，则是心裁制决断处。宜字乃裁断后字。裁断当理，然后得宜。”（〔宋〕陈淳：《北溪字义》，中华书局 1983 年版，第 19 页）

中国传统的语境和法律中，理是当然之则，而这当然之则中就含有义的适宜、恰当、正当、应当、公平之类的含义。[①] 此外，理在中国传统的语境和法律中，还可以解读为与它相通的纲常礼教，亦即道德、仁义、情理、礼法与理相通。[②] 故而，综上所说，中国传统法律中的义，或者说它的正义观念，就其基本内涵而言，可以说是一种适宜、恰当、正当、应当、公平、合理之类的观念；亦可以说是一种与纲常礼教，亦即与道德、仁义、情理、礼法相通的观念；还可以说就是一种合理的观念。虽然这几种观念的表述措词不同，但所表达的基本内涵却是相通相同的，即在中国传统的语境和法律中，适宜、恰当、正当、应当、公平之类与纲常礼教以及合理都是对义的基本内涵的表达。如果要对这种措辞不同而内涵相通相同的表述做一个概括性的选择，那么"合理"一词应该是最恰当的选项。因为如上所述，理是义

---

① 如陈淳对"理"字解释说："理无形状，如何见得？只是事物上一个当然之则便是理。……只是事物上正当合做处便是'当然'，即这恰好，无过些，亦无不及些，便是'则'。……古人格物穷理，要就事物上穷个当然之则，亦不过只是穷到那合做处、恰好处而已。"（〔宋〕陈淳：《北溪字义》，中华书局1983年版，第42页）又如，高明士先生在对唐律和判例集中的理研究后认为："唐律中的理，简单说就是义理。……理或义理，讲求事情的正当性，正如《礼记·中庸》引孔子说'义者，宜也。'判集中常以'宜'字作论断，其实亦是义理之意。"（高明士：《律令法与天下法》，上海古籍出版社2013年版，第184页）

② 在当时，理之所以能与纲常礼教相通，一方面是因为当时的纲常礼教，亦即道德、仁义、情理、礼法中本身就含有义，如仁义之义，以及对应于仁义之义的道德之道、情理之理和礼法之法等，所以，两者不仅能够相通甚或相同；另一方面是在传统中国的语境中，义的基本内涵虽是独立的，但它在精神上受到了仁的支配和影响，两者之间形成了一种对立统一的辩证关系，即仁中有义、义中有仁、内仁外义，仁在其中居主导地位，亦即《礼记·礼运》中所说的"仁者，义之本也。"（《四书五经》，陈戌国点校，岳麓书社1991年版，第518页）因此，在中国传统社会，包括在中国传统法律中，义是仁之义而不是不仁之义。既然是仁之义，自然在精神上与具有仁爱精神的纲常礼教相通甚或相同。这亦意味着中国传统法律中的义，是具有仁爱精神的正义。这点特别重要，后面会论及。另参见高明士：《律令法与天下法》，上海古籍出版社2013年版，第152-186页；刘晓林：《〈唐律疏议〉中的"理"考辨》，载《法律科学》2015年第4期。

的标准和依据，[①]所以，“合理”一词已然涵括了上述义的多重含义以及与义相通的诸义。因此，从这个意义上说，中国传统法律中的义，或者说它的正义观念是合理，简称为合理的正义观。

正义和正义观都是有原则的，那么，作为合理的正义观，它的原则又是什么呢？如果我们把它与现代法律正义观稍作比较，便可以发现，现代法律正义观是以平等为原则的，[②]而中国传统法律的合理正义观，既是适宜、恰当、正当、应当、公平之类，又与纲常礼教相通，所以，在它的基本内涵中，既含有平等又含有不平等，可以说是等与不等，或者说是等者同等、不等者不等、等与不等辩证变动的有机统一，其等与不等、变与不变的正当性都在于合理。对此，我把它概括为三项原则：其一是等者同等，其二是不等者不等，其三是等与不等辩证变动。[③] 这三项原则的核心是等与不等，所谓等就是同理者同等；所谓不等就是不同理者不同等，而是依理之大小排序。这样，无论是等还是不等，都是建立在理上，所以称之为合理。而且，这种合理本身亦要合理地或者说辩证地来理解，即它是动态的，其等与不

---

① 这里还可以补充理据，如《管子·心术上》曰：“义出乎理”（黎翔凤撰：《管子校注》，中华书局 2004 年版，第 770 页）；《荀子·议兵》曰“义者循理。”（张觉校注：《荀子校注》，岳麓书社 2006 年版，第 180 页）；宋儒陈淳说：“理与义对说，则理是体，义是用。”（〔宋〕陈淳：《北溪字义》，中华书局 1983 年版，第 42 页）

② 参见［美］约翰·罗尔斯：《正义论》，何怀宏、何包钢、廖申白译，中国社会科学出版社 2001 年版；［德］古斯塔夫·拉德布鲁赫：《法哲学》，王朴译，法律出版社 2013 年版，第 68 页；张中秋：《中西法律文化比较研究》（第 5 版），法律出版社 2019 年版，第 8 章第 2 节相关论述。其实，现代法律的平等正义观亦是从等者同等、不等者不等的分配正义发展而来的，后经矫正正义的矫正才逐渐发展成为现代的平等正义观。

③ 黄玉顺教授在他的研究中，提出了中国正义论的两条原则，即正当性原则与适宜性原则，而且做了相应的阐释。（参见黄玉顺：《中国正义论的形成——周孔孟荀的制度伦理学传统》，东方出版社 2015 年版，第 26 页及以下）这里我从法律正义观的角度提出三项原则，在某种程度上可以说是相通的，其中等者同等、不等者不等是正当性原则的体现，等与不等辩证变动是适宜性原则的体现。

等不是绝对的固定的，而是相对的变动的，所以又可以称之为动态的合理正义观。这种动态的合理正义观正是中国人固有的法律正义观。譬如，在中国传统观念中，人生来是一样的，亦即人生来都是一条命，人的自然生命有同等价值，这是天然的理，亦即天理，所以，法律依据这个理，在原则上规定，人命关天，杀人者死、伤人者刑，不分高低，这可以说是一种原则性的或者说理念上的合理正义观。[①] 但实际上，人生来是一样的，后来发展不一样，集中体现在人的德和能的不同，亦即人的精神生命和社会生命的价值有高低差别，这是实际的理或者说理的现实，所以，法律又依据这个理，亦即人的德与能的不同这个现实的理，来具体分配权利义务和定罪量刑，高者高、低者低，等者同等、不等者不等、等与不等辩证变动。这样，在理的支点上又形成了可上下移动的阶梯结构，其结果即是我们所看到的礼法结合所形成的差序格局。[②] 因此，这又可以说是一种现实的或者说动态的合理正义观，这种动态的合理正义观在身份法中表现得更为明显。我们知道，中国传统身份法的规定是等者同等、不等者不等，即同辈分的同等、不同辈分的不同等，这是合理正义观的体现。[③] 但这是在正常情况下的一般规定，如果情况有了变化，或者说

---

① 如《汉书·刑法志》记载："汉兴，高祖初入关，约法三章曰：'杀人者死，伤人及盗抵罪。'"（《历代刑法志》，群众出版社 1988 年版，第 14 页）即是其例。

② 差序格局是费孝通先生的发明[参见胡晓明、王元化主编：《释中国》（第 1 卷），上海文艺出版社 1998 年版，第 608-616 页]。差序格局在法律中的表现是，纵向上看是差序的，横向上看是等序的。这里所谓的差序，是指按中国传统法律规定，人的身份是一个上下不等的阶梯结构，从上到下的排序是帝皇、官僚、贵族、平民、贱民、奴婢，除去奴婢在权利主体之外，这些不同等级主体之间的权利与义务是不相等的，向上权利愈大，向下义务愈多，形成纵向上的差序。但法律同时又规定，同一等级内主体的权利与义务是相等的，从而形成横向上的等序。有关传统中国法律中差序格局制度的设置与实施，主要参见古代法典《名例》篇中有关身份的规定，以及现代《中国法制史》著作中的身份法部分。

③ 这在后面的论证中将得到说明。此外，《大明律》和《大清律例》前所附的服制图中所规定的，亲族之间的身份与权利义务关系最能说明这一点。

在某种具体情形下,身份法中的等和不等又是相对的和变动的。如法律规定,在家庭关系中,相对于子女,父母同称,享有同等的权利;[①]但作为子女的父母,作为夫妻时,却又是不等的,即"夫为妻之天"。[②] 同样,相对于父母,子女或儿女同称,兄弟姊妹可以同样获得父母的关爱;[③]但作为兄弟姊妹时,他们之间,特别是嫡长子与其他庶子之间的地位是不等的。[④] 这种等者中有不等、不等者中又有等、等与不等辩证变动的情况,正是动态的合理正义观的体现。[⑤] 对于这三项原则,我们在理解和表述上可以分开,但实际上它们是一个有机整体。这三项原则不仅不可分割地存在于中国传统法律的正义观中,亦同样不可分割地存在于依这种正义观而确立的制度与实践中,可以说它们贯穿中国传统法律的全过程和各方面。

正如人们所知,正义是法律的核心价值所在,所以正义观对法律的影响,在精神上必然是支配,在内容上自然普遍体现。对此,中国传统法律亦不例外。这里,我们再以《唐律疏议》为例予以说明。"义"或者说正义观,在《唐律疏议》中体现为精神支配,就是前引《名例》"疏议"中所说的"依义制律",亦即依据理财、正辞、禁民为

---

① 在中国传统法律中父母同称,并赋予父母同等的教令权。如唐律规定:"祖父母、父母有所教令,于事合宜,即须奉以周旋,子孙不得违犯。……若教令违法……皆须祖父母、父母告,乃坐。"(〔唐〕长孙无忌等撰:《唐律疏议》,刘俊文点校,中华书局 1983 年版,第 437-438 页)

② 如《唐律疏议・户婚》曰:"夫为妇天,尚无再醮。"(〔唐〕长孙无忌等撰:《唐律疏议》,刘俊文点校,中华书局 1983 年版,第 257 页)

③ 父母对于子女的这种同等关爱,可以通过"手心手背都是肉"的民谚来体察。这民谚一直为礼法所认可,而礼法正是中国传统法的重要内容。

④ 在兄弟姊妹之间,首先遵循的是长幼有序的礼法,其次不能违犯的是嫡庶有别的规定。如唐律规定:"诸立嫡违法者,徒一年。"(〔唐〕长孙无忌等撰:《唐律疏议》,刘俊文点校,中华书局 1983 年版,第 238 页)

⑤ 有关这类案例及分析,参见[英]马若斐:《传统中国法的精神》,陈煜译,中国政法大学出版社 2013 年版,第 56 页、第 81 页、第 86-88 页。

非的正义观来制定法律。这种正义观在《唐律疏议》内容上的普遍体现,主要体现在它的三项原则上,亦即对等者同等、不等者不等、等与不等辩证变动的法律规定上。现分述如下。

首先是体现“等者同等”的法律规定。这主要表现在两个方面:一方面是部分罪名不区分犯罪主体的身份,依据所犯罪行,纳入同一法律规制。如《户婚律》规定,凡是不以嫡妻的长子为嫡子的,均被视为立嫡违法,不区分犯罪者是贵族、官员,还是一般老百姓,均科以徒一年的刑罚处罚,只有“嫡妻年五十以上无子者,得立嫡以长”。[①] 另一方面是同一阶层的主体之间享有相同的法律权利,这又主要表现为两类:一是同一层级的特权阶层享有的权利是相等的,如对于“议”“请”“减”“赎”等特权的适用主体而言,他们之间有高低贵贱之分,然而对于同样享有某一特权的人来说,他们之间却是平等的。譬如,“七品以上之官及官爵得请者之祖父母、父母、兄弟、姊妹、妻、子孙”在触犯流罪及其以下刑罚时,都享有“减一等”处罚的司法特权。[②] 二是贱民阶层的权利虽受到法律的限制,但同一层级的贱民阶层之间享有的权利却是相等的。例如,法律明确规定良贱之间不得为婚,否则将受到刑罚处罚。然而,贱民与贱民之间成婚的权利却是法律所允许的。因此,就贱民阶层内部而言,他们之间所享有的权利亦是平等的。[③]

---

① 参见〔唐〕长孙无忌等撰:《唐律疏议》,刘俊文点校,中华书局 1983 年版,第 238 页。同样,在《户婚律》中不区分犯罪主体身份的法条,还有“私入道”“子孙别籍异财”“居父母丧生子”“养子舍去”“相冒合户”“同居卑幼私辄用财”“卖口分田”“占田过限”“盗耕种公私田”“妄认盗卖公私田”“盗耕人墓田”“许嫁女辄悔”“为婚妄冒”“有妻更娶”“以妻为妾”“居父母夫丧嫁娶”“父母被囚禁嫁娶”“居父母丧主婚”“同姓为婚”“尝为袒免妻而嫁娶”“娶逃亡妇女”“和娶人妻”“妻无七出而出之”“义绝离之”“嫁娶违律”等条。

② 参见〔唐〕长孙无忌等撰:《唐律疏议》,刘俊文点校,中华书局 1983 年版,第 34 页。

③ 参见〔唐〕长孙无忌等撰:《唐律疏议》,刘俊文点校,中华书局 1983 年版,第 269-271 页。

其次是体现“不等者不等”的法律规定。这亦表现在两个方面：一方面是规定不同的社会阶层享有不同的司法权利。如《唐律疏议》规定，官僚贵族等特权阶层都享有一定的司法特权，最明显的是《名例律》中规定了一定范围内的官僚贵族阶层享有“八议”“上请”“减免”“官当”等司法特权；[①]而部曲、奴婢等贱民阶层的司法权利受到限制，如《名例律》中规定了官户、部曲、奴婢犯罪不同于良人的处罚方式，即“诸官户、部曲（称部曲者，部曲妻及客女亦同）官私奴婢有犯……若犯流、徒者，加杖，免居作”。[②] 此外，还规定不同阶层之间互相侵犯时轻重不一的法律责任，如《斗讼律》通过“殴制使府主刺史县令”[③]等条，明确规定不同阶层之间相互侵犯的处刑原则是：贵犯贱，处刑较常人为轻；贱犯贵，处刑较常人为重。[④] 另一方面是依据服制、尊卑等原则厘定亲属之间的法律责任。依据《唐律疏议》的规定，相对于尊亲属而言，卑亲属承担更多的法律义务。例如，祖父母父母在，子孙不得别籍异财，等等。[⑤]

---

① 参见〔唐〕长孙无忌等撰：《唐律疏议》，刘俊文点校，中华书局 1983 年版，第 16-38 页、第 44-45 页。

② 参见〔唐〕长孙无忌等撰：《唐律疏议》，刘俊文点校，中华书局 1983 年版，第 131-132 页。

③ 参见〔唐〕长孙无忌等撰：《唐律疏议》，刘俊文点校，中华书局 1983 年版，第 395-396 页。相关条文还有“殴制使府主刺史县令”“佐职统属殴官长”“殴府主刺史县令祖父母”“殴皇家袒免以上亲”“流外官以下殴议贵”“九品以上殴议贵”“监临官司殴统属”“拒殴州县以上使”“部曲奴婢良人相殴”“主杀有罪奴婢”“主殴部曲死”“部曲奴婢杀伤主”“殴缌麻小功部曲奴婢”“部曲奴婢詈殴旧主”等。

④ 即使部曲、奴婢和与自己没有主仆关系的良人互相侵犯时，亦要贯彻上述原则，即部曲、奴婢科刑较常人相侵为重，良人科刑较常人相犯为轻。如“部曲奴婢良人相殴”条规定：“诸部曲殴伤良人者，（官户与部曲同。）加凡人一等。（加者，加入于死。）奴婢，又加一等。若奴婢殴良人折跌支体及瞎其一目者，绞；死者，各斩。其良人殴杀他人部曲者，减凡人一等；奴婢，又减一等。若故杀部曲者，绞；奴婢，流三千里。”（参见〔唐〕长孙无忌等撰：《唐律疏议》，刘俊文点校，中华书局 1983 年版，第 404-406 页）

⑤ 参见〔唐〕长孙无忌等撰：《唐律疏议》，刘俊文点校，中华书局 1983 年版，第 236-237 页。相关条文还有“匿不举哀”“府号官称犯父祖名”“同居卑幼私辄用财”“居父母夫丧嫁娶”“父母被囚禁嫁娶”“居父母丧主婚”等。

最后是体现“等与不等辩证变动”的法律规定。这主要有三个方面:一是体现在时间上,如唐律令规定,国家分配土地和征收赋税以丁为准,其余的人依丁递减,成丁一般是18岁以上至60岁以下的男子(有时16岁的中男亦同于丁)。[①] 这表明在土地授受(权利)和赋税负担(义务)上,成丁者相等,未成丁者亦相等,但成丁与未成丁者之间不等。然而,随着未成丁者达到成丁年龄,他们之间原来的不等就变为相等。二是体现在空间上,如《户婚律》规定,男女卑幼自己没有主婚权,主婚权由尊长行使,但这是在正常情况下的一般规定。[②] 如果卑幼在外自娶妻,其尊长后为定婚,以及娶妻已成者,这两类婚姻都合法有效。[③] 这亦表明同一主体,随着空间的变化,其法律地位中的等与不等,或者说他的权利义务,亦不是一成不变,而是辩证变动的。三是体现在主体身份和客体上,如前引《名例律》规定,特权阶层都享有“议”“请”“减”“赎”等司法特权,但不同的特权阶层所享有的特权是不同的,这是由主体身份变化所引起的特权中等与不等的变化。还有,《名例律》规定,特权阶层所享有的这些特权,一概不适用于“十恶”犯罪,即“其犯十恶者,不用此律。”[④]这是由“十恶”犯罪所侵犯的客体变化所引起的不同特权和同一特权中等与不等的变化,表明在最高政治权力和根本利害面前,所有的特权都不存在。

以上所举《唐律疏议》中的诸种情形,其实并不仅限于唐律,而且亦并不仅限于单纯的制度规定。因为《唐律疏议》是中国传统法律的代表,而且它与其他历代基本法典一样,都是当朝司法的基本

---

① 参见[日]仁井田升:《唐令拾遗》,栗劲等编译,长春出版社1989年版,第542页及以下、第588页及以下;〔唐〕长孙无忌等撰:《唐律疏议》,刘俊文点校,中华书局1983年版,第249页、第251-252页。

② 参见〔唐〕长孙无忌等撰:《唐律疏议》,刘俊文点校,中华书局1983年版,第272页。

③ 参见〔唐〕长孙无忌等撰:《唐律疏议》,刘俊文点校,中华书局1983年版,第267页。

④ 参见〔唐〕长孙无忌等撰:《唐律疏议》,刘俊文点校,中华书局1983年版,第32页。

依据，所以，上述《唐律疏议》中的相关规定，还有其他历代基本法典中的相关规定，都不仅仅是单纯的制度上的规定，正常情况下亦基本能落实到司法实践中去。所以，我们可以说，以上所述实则是以《唐律疏议》为代表的中国传统法律正义观的体现。①

总之，中国传统法律正义观的基本内涵，可以说是适宜、恰当、正当、应当、公平、合理之类，以及与此相通的纲常礼教，亦即道德、仁义、情理、礼法等，归结为合理；合理的原则是等者同等、不等者不等、等与不等辩证变动。对此，我们还可以作进一步的分层理解，以揭示它们之间内在的逻辑关系。就中国传统法律正义观的基本内涵而言，其最直接的层面是体现三纲五常的礼法，亦即当时主流的伦理规范和居统治地位的法律规范。其第二层面是支撑这些规范或者说礼法的伦理法理，亦即道德、仁义、情理。其第三层面是支持和支配这些伦理法理的道理，亦即这些伦理法理的正当性根据，就是适宜、恰当、正当、应当、公平之类，而适宜、恰当、正当、应当、公平之类的正当性所在，即理或者说合理。这是它更为深层但还不是最为深层的内涵，因为还有理或者说合理的正当性所在，那就是等者同等、不等者不等、等与不等辩证变动这个自然之理，或者说万物之理。这个自然之理或者说万物之理的正当性，就是万物生生不息与

① 当然，这主要体现在立法的制度化方面，司法方面因不是本书的重点，在此不多赘述。但我们对此已有初步研究，基本的观点是中国传统法律动态的合理正义观，在司法实践中具体表现为对“平”，亦即对公平的司法理念的落实与追求上。除了“平”以外，还可以说是“公”，即公正、公允、公道；中，即适中、得中；当，即适当、恰当、得当；“和”，即中和、中允、和谐；等等。其实，这些称谓所蕴含和表达的司法理念，最后都可以归结为公平。为此，在古代司法实践中出现了两种倾向和观点：一是主张依法断案，司法审判不应再求曲当尽善，实质是追求蕴含在法中的义的正当性，亦即义之正；二是主张在审理个案时，司法者应注重曲法以伸情，实质是追求蕴含在法中的义的仁爱性，亦即义之仁；但这两种看似对立的倾向和观点，最后都统一在了中国传统法律的正义观上，亦即以仁为本的仁之义上，实质仍是对动态的合理正义观的追求，内中仍然体现着等者同等、不等者不等、等与不等辩证变动的有机统一。

井然有序的有机统一;生生不息是生,井然有序是序,生生不息与井然有序的有机统一就是生而有序;生而有序既是万物的自然状态,又是万物的自然法则,两者结合即是世界存在这个事实本身。这个事实本身就是中国人所说的天理或天道[①],而天理或天道的正当性,则来自天的至高广大和至公无私,实际就是人心所服的天地的大爱和无私,亦即仁(大爱)义(无私)这个公理,所谓“天者,理也”。[②]通过以上这种层层递进而相互贯通的内在逻辑,我们可以发现,这正是生命体或者说有机世界的内在法则(本章将在下述原理部分作进一步的说明),所以,可以说中国传统法律正义观实际上是一种类于有机生命体的有机正义观。正如研究所揭示,等级结构性和动态平衡性是有机系统的内在机能和固有特征。[③] 如果以此来对照中国传统法律动态的合理正义观,我们会惊讶于两者的等级结构性是相通的,即等与不等的差而有序;而中国传统法律合理正义观的动态性亦就是有机体动态平衡性的表现,即等与不等的辩证变动。所以,我们不妨把中国传统法律正义观看成是一种类于有机生命体的有机正义观。

① 这里所说的“天理”或“天道”是一个意思,即朱熹所说的“天道者,天理自然之本体,其实一理也”。(〔宋〕朱熹撰:《四书章句集注》,中华书局 1983 年版,第 79 页)所以,本文用“天理/天道”和“天理·天道”这样的表述亦是同一个意思。

② 〔宋〕程颢、程颐:《二程集》,中华书局 1981 年版,第 132 页。此亦即《论语·泰伯》记载孔子所说的“唯天为大”。(杨伯峻译注:《论语译注》,中华书局 1980 年版,第 83 页)对此,董仲舒在回答汉武帝的对策中说得更明白:“臣闻天者群物之祖也,故遍覆包函而无所殊,建日月风雨以和之,经阴阳寒暑以成之。故圣人法天而立道,亦溥爱而无私,布德施仁以厚之,设谊(按:谊即义)立礼以导之。”(袁长江主编:《董仲舒集》,学苑出版社 2003 年版,第 24 页)

③ 系统论研究者认为,等级结构性和动态平衡性,是有机系统的内在机能和特征。参见魏宏森、曾国屏的《系统论——系统科学哲学》(世界图书出版公司 2009 年版)和苗东升的《系统科学精要》(第 3 版,中国人民大学出版社 2010 年版)相关部分。

第二节　中国传统法律正义观的理论结构及其原理

如果我们把中国传统法律正义观看成是一种有机正义观，那么，这种正义观的理论又是什么呢？我们知道，正义观是法律的价值观，价值观自然有它的理论。这个理论不仅有结构，而且背后还有原理。所以，在这一部分，我们通过对中国传统法律正义观的理论结构及其原理的探讨，以期最终能揭示和阐释它的法理与哲理，亦即这种动态的合理正义观，或者说这种有机正义观的正当性所在，进而把我们对中国传统法律正义观的认识，从内涵和原则推至结构与原理，从而在理论逻辑和文化根源上，获得对它更完整深入的理解与把握。

关于中国传统法律正义观的理论结构，或有不同的认识和分类，我根据自己的整理和研究，初步把它分为三类。这三类由简到全依次递进地呈现了中国传统法律正义观的理论结构；同时，通过这个结构我们亦可以由简到全依次递进地看到它的法理与哲理，亦即它真正的合理或者说正当性所在。这三类中的第一类是依义制律，或者说依礼制律或以理制律。如前所述，依义制律是《唐律疏议·名例》"疏议"所确定的立法原则，这个原则内含的理论结构是：义→律。义的内涵和原则即是前面所揭示的适宜、恰当、正当、应当、公平之类，以及与此相通的纲常礼教和等者同等、不等者不等、等与不等辩证变动的有机统一，最后归结为合理。依照现代术语，这就是中国传统法律的正义理论。具体来说，律是律条，亦就是法律规范和法律制度，在唐代它主要表现为《唐律疏议》，所以，依义制律是《唐律疏议》以及以它为代表的中国传统法律正义观中最直接的从原则到制度的理论结构表述。除了依义制律这个经典的法定表述外，在中国传统法律文化中，表述这一理论结构的还有依礼制律或以理制律。恰如管子和孔子所说："礼出乎义，义出乎理。"[①]"礼也者，理也。"[②]这说明在中国传统的语境中，理、义、礼相通，所以，依义制律向上延伸可以说是以理制律，向下延伸可以说是依礼制律，无论是依礼制律还是依义制律，最后都可以归结到以理制律，亦即本质上都是合理制律，依此而制成的律自然是合理正义观的表达。

同样，在中国传统的语境中，不仅理、义、礼相通，仁、义、礼亦是相通的，而且仁是义、礼的上位概念，涵括并支配着义、礼，即孔子所说的"义以为质，礼以行之"。[③] 所以，有学者提出"以仁行义，以义制礼"是中国正义论的传统与结构。[④] 对此，笔者深为赞同，其间的逻辑即是仁→义/礼。这个逻辑在中国传统法律中同样有体现，如《唐律疏议 · 名例》在"平其徽纆而存乎博爱"[⑤]之后才有"依义制律"[⑥]之说，亦即博爱之仁先于制律之义。如果考虑上面所指出的理、义、礼相通，那么，这个逻辑自然可以延伸为仁→理/义/礼。这样，我们在上述依义制律的基础上，可以很自然地把中国传统法律正义观的理论结构扩展为：以仁行义（义出乎理）、以义制礼、依礼制律，其内含的理论结构是：依仁→理/义/礼→制律。即如韩非在《解

---

① 《管子 · 心术上》（黎翔凤撰：《管子校注》，中华书局2004年版，第770页）。

② 《礼记 · 仲尼燕居》（《四书五经》，陈戍国点校，岳麓书社1991年版，第622页）。

③ 众所周知，孔子的思想以仁为核心，《论语 · 卫灵公》中孔子提出："君子义以为质，礼以行之，孙以出之，信以成之。君子哉！"（杨伯峻译注：《论语译注》，中华书局1980年版，第166页），其中"义以为质"便是仁，所以，在孔子那里，仁为义之质，礼为义之行，仁、义、礼是相通的。不仅如此，在中国传统文化中，仁、义、礼、智、信都是相通的（参见〔宋〕陈淳：《北溪字义》，中华书局1983年版，第18-26页）。

④ 参见黄玉顺：《中国正义论的形成——周孔孟荀的制度伦理学传统》，东方出版社2015年版，"自序"及以下。

⑤ 参见〔唐〕长孙无忌等撰：《唐律疏议》，刘俊文点校，中华书局1983年版，第1页。

⑥ 参见〔唐〕长孙无忌等撰：《唐律疏议》，刘俊文点校，中华书局1983年版，第1-2页。

老》中所说:"义者,仁之事也。……礼者,义之文也。"①相对于第一类结构,这个结构的不同之处在于,它在义的基点上向前延伸到了理和仁。② 这意味着依此而制定的法律,不仅是合理正义观的表达,亦是含有仁爱的合理正义观的表达。因为此中的义是仁之义,已蕴含和体现了仁爱的精神。这是中国传统法律正义观理论结构的第二类。

第三类是在这个基础上的再延伸和扩展,即依据《唐律疏议·名例》"夫三才肇位,万象斯分。……〈易〉曰'天垂象,圣人则之。'观雷电而制威刑,睹秋霜而有肃杀,惩其未犯而防其未然,平其徽纆而存乎博爱……依义制律……德礼为政教之本,刑罚为政教之用,犹昏晓阳秋相须而成者也"③所提供的指导,在立法思路上可形成:依天地→阴阳→道德→仁义→德礼→制律/刑罚的理论结构,亦即"天垂象,圣人则之"的理路。这个结构的逻辑是,刑罚出自德礼,德礼出自义/理,义/理出于仁义,仁义合于道德,道德出于阴阳,阴阳归于天地。④ 相对于第二类结构,这个结构的不同之处在于,它在仁

① 《韩非子》校注组编写、周勋初修订:《韩非子校注》(修订本),凤凰出版社2009年版,第152页。

② 仁有三义,宇宙论上是生意,伦理上是爱人,政治上是德政、爱民。总之,仁爱是根本。(参见韦政通:《中国哲学辞典》,吉林出版集团有限责任公司2009年版,第159-164页)

③ 参见〔唐〕长孙无忌等撰:《唐律疏议》,刘俊文点校,中华书局1983年版,第1-3页。

④ 依据以下所引资料中画线的关键字词,在逻辑上完全可以形成这样的推理结构。如朱元璋在《御制大明律序》中说:"朕仿古为治,明礼以导民,定律以绳顽,刊著为令,行之已久。"(《大明律》,怀效峰点校,辽沈书社1990年版,第1页)又如朱熹在释《论语》"成于乐"中说:"所以至于义精仁熟,而自和顺于道德者,必于此而得之,是学之成也"(〔宋〕朱熹撰:《四书章句集注》,中华书局1983年版,第105页);邱浚曰:"臣按:《易》之作以道阴阳,而于天下之事无不备。……是知天下之物,人世之用,无一不出于阴阳之理。"(〔明〕邱浚:《大学衍义补》,林冠群、周济夫点校,京华出版社1999年版,第889页);董仲舒说:"是故仁义制度之数,尽取之天。"(袁长江主编:《董仲舒集》,学苑出版社2003年版,第277页)其实,《周易·说卦》有近乎完整的阐述:"昔者圣人之作《易》也,幽赞于神明而生蓍,参天两地而倚数,观变于阴阳而立卦,发挥于刚柔而生爻,和顺于道德而理于义,穷理尽性以至于命。"(《四书五经》,陈戌国点校,岳麓书社1991年版,第206页)

的基点上又向前延伸到了道德、阴阳、天地。这意味着依此而制定的法律，不仅是合理正义观的表达，亦不仅是含有仁爱的合理正义观的表达，而且还是这种正义观的动态或者说有机的表达。因为此中的天地、阴阳、道德本身就蕴含和体现了中国人活的、有机的生命世界观，因此这是一个从原理到制度的完整结构。如果我们要完整地理解这个结构，找到这种动态的合理正义观的法理与哲理，亦即它真正的合理或者说正当性所在，那就有必要从原理入手。

“原理”是来自西方的概念，在中国传统文化中可与之对应的是“道”，所以，可以说“道”是中国传统文化的原理。[①] 因此，中国传统法律的原理，可以理解为中国传统法律之道。如何认识这个道，我们先看前引的《唐律疏议·名例》所说的：“德礼为政教之本，刑罚为政教之用，犹昏晓阳秋相须而成者也。”[②]这句话的意思是说，德礼是政教的根本，刑罚是政教的辅从，两者的关系犹如黄昏与早晨（相续为一天）、春天与秋天（相续为一年），只有相互结合才能构成完美的整体。这是对律文的直译，如果仔细分析，就会发现它的内涵远不止这么简单。首先，它融合了儒、法、道三家的思想。从概念的倾向上讲，“德礼”是儒家的，“刑罚”是法家的，“昏晓阳秋”是道家的。儒、法、道三家的思想在国家法典中融为一体，这是西汉以来中国法律发展到唐代臻于完善的表现，唐律由此成为中国传统法律的象征和代表。其次，它贯彻了中国传统文化之道，体现出从阴阳合一、阳主阴从到礼法结合、德主刑辅的道德原理结构。为了更直观地阐明这一点，我们先看下面的图 4-1：

↗ 德礼— 本 — 晓（早晨）— 阳（春天）—（主）阳 ↖
政教　　　　　　　　　　　　　　　　　　　　　道
↘ 刑罚— 用 — 昏（黄昏）— 秋（秋天）—（从）阴 ↙

图 4-1　《唐律疏议·名例》所示道德原理结构

① 参见冯友兰：《中国哲学简史》，北京大学出版社 1996 年版，第 144-149 页。

② 〔唐〕长孙无忌等撰：《唐律疏议》，刘俊文点校，中华书局 1983 年版，第 1 页。

图 4-1 是把上述《唐律疏议·名例》的表述结构化了，其中，括号和括号内的文字以及“阳秋”之后是笔者加上的，但符合律文和道的构成。通过该图，我们可以看到作为政教两翼的德礼与刑罚与作为道之两仪的阳与阴的对应关系。我们知道，政教是传统中国政治文化的统称，法律亦被包含在内。因此，作为政教两翼的德礼与刑罚，实际上就是中国传统法律的基本内容，亦即儒、法、道三家法思想合流后所形成的礼法结构。正如上述《唐律疏议·名例》所示，在这个结构中，德礼为本、刑罚为用。对此，人们把它概括为礼法结合、德主刑辅。礼法结合、德主刑辅是以唐律为代表的中国传统法律的基本结构。由图 4-1 可见，礼法结合、德主刑辅的哲学基础或者说法理依据是阴阳合一、阳主阴从的中华文化之道。

依据中国经典，道的基本构成是阴与阳，亦即太极的两仪或二元。[①] 阴与阳的关系是对立统一的辩证关系，其中对立中有相涵相摄，相涵相摄中又有支配，阳在其中起主导和支配作用，形成阴阳合一、阳主阴从的结构。[②] 按照中国传统思维，阳代表德性，阳主意味着事物的属性依德。[③] 因此，虽然在通常情况下，人们习惯于用道或理来指称事物的原理，但在这种情况下，道或理实际上已经含有了德。[④]

---

① 《周易·系辞传上》曰：“是故易有太极，是生两仪。”(《四书五经》，陈戍国点校，岳麓书社 1991 年版，第 199-200 页)

② 汉代大儒董仲舒在《春秋繁露·基义》中说的一段话可堪经典。他说：“凡物必有合。……阴者阳之合，妻者夫之合，子者父之合，臣者君之合。物莫无合，而合各有阴阳。阳兼于阴，阴兼于阳。夫兼于妻，妻兼于夫。父兼于子，子兼于父。君兼于臣，臣兼于君。君臣父子夫妇之义，皆取诸阴阳之道。……是故……德礼之于刑罚，犹此也。故圣人多其爱而少其严，厚其德而简其刑，以此配天。”(袁长江主编：《董仲舒集》，学苑出版社 2003 年版，第 277-278 页)

③ 参见〔宋〕周敦颐撰：《周子通书》，徐洪兴导读，上海古籍出版社 2000 年版，第 79 页前后。

④ 如《周易·系辞上》曰：“一阴一阳之谓道，继之者善也，成之者性也。”说的就是这个意思。但要明白这句话的意思，先要明白“一阴一阳之谓道”的“道”是原理之道，而非与德对应以表示事物形式或结构的道。首先，从“一阴一阳之谓道”的“道”来看，此

因为道或理原本所表达的只是事物的秩序结构，而德所表达的才是事物的内在属性。① 这表明在事物构成的原初意义上，德是道的存在依据，道是德的表现形式，德生道成，道与德共同构成了事物的统一性，亦即道德是事物的统一原理。我把这种文化构成理论称为道德文化原理，简称为道德原理。② 道德原理的内在结构是，德是阳是生是体是内是质是主，道是阴是成是用是外是式是辅，两者对立统一于一体。所以，道的有序之理建立在德的生生之理上，德的生生之理经由道的有序之理来体现，这样，道与德有机结合形成了生生不息与井然有序相统一的世界，亦即万物生而有序的合理世界，或者说德生道成的道德世界。这就是道德的正当性，或者说道德的合理所在。道德的合理有两层含义，即绝对的合理与相对的合理。绝对的合理为万物有理，亦即理一；相对的合理为物各其理，亦即分殊；两者对立统一为理一分殊。理一分殊是万物原理，亦即天理、天道。理一意味着事物本质抽象上的同一，亦即形而上的“齐”。

“道”已经包含了阴与阳，而道属阴、德属阳，所以，一阴一阳之道的“道”是已经包含了道与德的“道”。其次，“一阴一阳”是指阴阳变化的规律、法则或者说原理，所以，一阴一阳之道的“道”不仅包含了道与德的“道”，亦是指阴阳变化的规律、法则或者说原理。因此，所谓“继之者善也”，是指顺阴阳变化之原理而生生不息者谓之善，亦即德，因为德曰生曰善。所谓“成之者性也”，是指受阴阳变化之原理而成形定型者谓之性，亦即道，因为道曰成为性(型)。所以，一阴一阳就是德生道成，一阴一阳之道异，曰道曰德就是德生道成原理，亦即万物生成的原理。如《周子通书·顺化》曰：“天以阳生万物，以阴成万物。”(〔宋〕周敦颐撰：《周子通书》，徐洪兴导读，上海古籍出版社2000年版，第36页)又如江袤说：“道、德实同而名异，曰道曰德，亦何所不可也。”(〔明〕焦竑：《老子翼》，黄曙辉点校，华东师范大学出版社2011年版，第229页)

① 如《管子·心术上》：“德者，道之舍，物得以生……”(黎翔凤撰：《管子校注》，中华书局2004年版，第770页)；《庄子·天地》：“通于天地者，德也；行于万物者，道也。”(陈鼓应注译：《庄子今注今译》，中华书局1983年版，第295页)又如《大戴礼记·主言》引孔子对曾子曰：“吾语汝，道者所以明德也，德者所以尊道也，是故非德不尊，非道不明。”(方向东撰：《大戴礼记汇校集解》，中华书局2008年版，第6页)

② 有关“道德原理”中的内涵和进一步的讨论，参见本书第六章《中国传统法的道德原理及其价值》。

分殊意味着事物本质现象上的不一，亦即形而下的“差”。“齐”要求同等对待，即等者同等；“差”要求区别对待，即不等者不等；但无论是等还是不等，两者都是合理的；同时，由于两者是对立统一的辩证变动体，所以，等与不等的辩证变动亦是合理的。道德所固有的这种合理性结构，表现在自然世界即是万物生而有序，表现在礼法世界即是差序格局。这表明传统中国法律的构成原理，形式上是道，实质上是德。如果对照上述《唐律疏议·名例》的表述和图示，我们可以发现，中国传统法律原理不过是中国文化原理在法律上的表达，只是这个原理的内涵有了变化，由阴阳合一、阳主阴从的哲学概念转换成了礼法结合、德主刑辅的法律概念。因此，从法哲学上说，中国传统法律原理可被称为道德原理。这意味着道德是传统中国人视法之为法，亦即法律正当性的理据所在，自然亦是中国传统法律正义观的正当性所在。那么，这种道德的正当性又是如何从天理、天道转化为动态的合理正义观的呢？要弄清这个问题，我们先看图4-2：

↗地/阴→静→井然有序→道→成→成型/得当/宜→义→伦之理→尊尊亲亲→爱有等差→不等者不等↘

天理/天道：德生道成→生而有序→中和·有机一体·和谐←合理有序←等与不等辩证变动：合理正义观

↘天/阳→动→生生不息→德→生→生长/生意/爱→仁→情之理→民胞物与→一体之仁→等者同等↗

图4-2　从天理·天道到动态的合理正义观贯通示意

从图4-2中，我们可以清楚、直观地看到，从天理、天道到动态的合理正义观的贯通。具体来说，天理、天道为一阴一阳。其中，地为阴，阴为静，表示万物的井然有序，有序谓之道；天为阳，阳为动，表示万物的生生不息，生生谓之德。一阴一阳表示世界是井然有序与生生不息的有机统一，亦即万物生而有序，或者说德生道成。这就是万物之理，亦即天理、天道，或者说道德原理。由于中国传统文化把天、地、人共一体的世界看成是一个大生命体。[①] 所以，这万物之理，亦即天理、天道，或者说道德原理，就是天、地、人的共理。这共理在天为阴阳、在地为刚柔、在人为仁义。[②] 同样，这共理亦适用于法，因为在传统中国人看来，法亦是大化流行的生命世界的一部分，[③]所以，法表现为前引《唐律疏议·名例》所说的德礼刑罚，亦即礼法。实际上，无论是阴阳、刚柔，还是仁义、礼法，本质上都是植根于天地的道德，所以，在中国人的观念中，"天地间至尊者道，至贵者德而已矣"。[④] 总之，天地万物中道德最高贵。这是因为天地的法则或者说万物之理是德生道成，所以，世界是道德的世界，道德的世界就是理和合理的世界，亦即自然和合自然法则的世界。[⑤] 因此，如

---

① 如北宋理学家张载在《横渠易说·说卦》中说："一物而两体（者），其太极之谓欤！阴阳天道，象之成也；刚柔地道，法之效也；仁义人道，性之立也。三才两之，莫不有乾坤之道也。易一物而合三才，天（地）人一。"（〔宋〕张载：《张载集》，中华书局 1978 年版，第 235 页）

② 如《周易·说卦》曰："是以立天之道曰阴与阳，立地之道曰柔与刚，立人之道曰仁与义。"（《四书五经》，陈戍国点校，岳麓书社 1991 年版，第 206 页）宋儒周敦颐在《太极图说》中亦如是说，参见〔宋〕周敦颐撰：《周子通书》，徐洪兴导读，上海古籍出版社 2000 年版，第 48 页。

③ 例如，我们所熟悉的《尚书·皋陶谟》："天叙有典""天秩有礼""天讨有罪"（《四书五经》，陈戍国点校，岳麓书社 1991 年版，第 221-222 页），以及《老子》所说的"人法地，地法天，天法道，道法自然"（陈鼓应：《老子注译及评介》，中华书局 1984 年版，第 163 页）等，都表达了这种天地生法的有机论法思想。天地生法的有机论法思想，在中国古籍中不胜枚举，其中《汉书·刑法志》值得一读。另参见杨鸿烈：《中国法律思想史》，中国政法大学出版社 2004 年版，第 97-110 页。实际上，这亦就是李约瑟所说的"中国人把法律和'自然法则'作类比的态度"。（［英］李约瑟：《中国科学技术史：第二卷　科学思想史》，何兆武等译，科学出版社、上海古籍出版社 1990 年版，"作者的话"以及第 551-620 页；结合法律规定和案例的讨论，参见［美］D. 布迪、C. 莫里斯：《中华帝国的法律》，朱勇译，江苏人民出版社 1993 年版，第 31-35 页及以下）

④ 〔宋〕周敦颐撰：《周子通书》，徐洪兴导读，上海古籍出版社 2000 年版，第 39 页。

⑤ 如朱熹说："宇宙之间，一理而已。天得之而为天，地得之而为地，而凡生于天地之间者，又各得之而为性。其张之为三纲，其纪之为五常，盖皆此理之流行，无所适而不在。"（〔宋〕朱熹撰：《晦庵先生朱文公文集》，刘永翔、朱幼文点校，载〔宋〕朱熹撰：《朱子

果再对照图 4-2,我们又可以看到,从图示左端天理、天道的阴与阳、道与德的展开至图示右端的不等者不等、等者同等这两者之间前后的内在逻辑和贯通理路;还有从图示左端中间天理、天道的德生道成到中和·有机一体与从图示右端中间合理正义观的等与不等辩证变动到和谐·有机一体相向对应的内在逻辑和贯通理路。在上述两个逻辑和贯通的理路中,前者是从天理、天道的阴与阳、道与德到等者同等、不等者不等的合理正义观的体现;后者是从天理、天道的德生道成到等与不等辩证变动的合理正义观的体现。前者是相对确定的,确定的原因在于阴静道成的理与阳动德生的理的各自确定性,即不变之理与变之理,或者说理的不变与变都是分别明确的,所以,不等与等可以确定,如示意图中尊尊亲亲的爱有等差(不等)与民胞物与的一体之仁(等)都是明确的,实例有如前面所讨论的唐律中等者同等、不等者不等的规定,这就是合理正义观的体现。后者是相对变动的,变动的原因在于阴静道成的理与阳动德生的理结合在一起后所引起的不确定性,即不变之理与变之理纠合在一起后,理的不变与变分别都不明确了,所以,等与不等亦不能确

全书》,朱杰人、严佐之、刘永翔主编,上海古籍出版社、安徽教育出版社 2002 年版,第 3376 页)李约瑟先生对朱熹的这个思想给予了高度的评价,他说:"……在朱熹的身上达到登峰造极的那条理学家所走的道路,即通过哲学的洞察和想象的惊人努力,而把人的最高伦理价值放在以非人类的自然界为背景。或者(不如说)放在自然界整体的宏大结构(或像朱熹本人所称的万物之理)之内的恰当位置上。根据这一观点,宇宙的本性从某种意义上说,乃是道德的,并不是因为在空间与时间之外的某处还存在一个指导一切的道德人格神,而是因为宇宙就具有导致产生道德价值和道德行为的特性,当达到了那种组织层次时,精神价值和精神行为有可能自行显示出来。"([英]李约瑟:《中国科学技术史:第二卷　科学思想史》,何兆武等译,科学出版社、上海古籍出版社 1990 年版,第 485 页)对此,或许有人会问:这个作为宇宙本性的道德又是如何从自然或者说宇宙秩序中导出的呢?我以为,中国人的生命世界观或者说有机宇宙论是根本,反映在《易传》和《中庸》上是感与应的类与通,其后董仲舒以"类比"导出,朱熹理学以"理一"导出,其内在的理路就是天地人的贯通,亦即人法地、地法天、天法道、道法自然的有机世界观内在贯通。

定,只能是辩证地对待,如图 4-2 中等与不等辩证变动所引起的合理有序中的合理与有序都是动态的,实例有如前面所讨论的唐律中等与不等辩证变动的规定,这就是动态的合理正义观的体现。笔者以为,理的这种确定性和变动性源于生命体固有的机能,即有机事物存在的固有机理,亦即万物生而有序的自然法则,对此,我们的先贤把它概括为一阴一阳之道,或者说德生道成的道德,或者说天理/天道等,实际上就是世界存在和之所以存在的这个事实本身。这就是我们把中国传统法律正义观看成是一种有机正义观的原因所在。由此,我们从上述几个图示和说明中可以看到,中国传统法律动态的合理正义观的法理与哲理,即其法理是植根于仁义、德礼、情理(这三者归于伦之理与情之理,合称为伦理与情理)之中的合理,合理的基本内涵是正当、恰当、应当、适宜、公平之类;其原则为等者同等、不等者不等、等与不等辩证变动的有机统一;其哲理就是体现在天理、天道中的生而有序这个自然法则,或者说一阴一阳之道,亦即德生道成的道德原理。到此,我们可以说,这即是中国传统法律动态的合理正义观,或者说这种有机正义观的内涵、原则及其理论结构和原理的正当性所在。如此,我们才可以说,我们已在理论逻辑和文化根源上,对中国传统法律动态的合理正义观获得了更完整深入的理解与把握。当然,若要深究下去,那么可以说,虽然这种动态的合理正义观在理论逻辑和文化源头上可以溯源到天理、天道,但实际上它的具体内容、原则和制度都植根于传统中国人的生活本身,亦就是说它是传统中国社会内生的一种法律正义观,具体说是从传统中国社会这个特定的时空环境,亦即由特定的自然环境、社会环境和文化环境所构成的历史性场域中生长起来的。所以,它既然植根于传统中国社会特别是民众的日常生活,就必然与这个社会所拥有的主流世界观,亦即以天理、天道名义出现的道德世界观相一致。[①] 这意味着在观念上，动态源于中国人的生命观。因为生命观中的生命是生生不息的，这种生生不息的状态和结果自然是动态的。然而，这种动态的生命观是来自生活本身的。因为人们的生活是川流不息的，所以社会必然呈现动态状。这样，这种为生活所决定而由观念所反映的合理正义观就是动态的合理正义观，或者说这种动态的合理正义观的动态正是为生命观所反映了的中国人的生活本身。

第三节　中国传统法律正义观的内在价值及其现代问题

正如大家所知，正义观是法律的价值观，那么，中国传统法律动态的合理正义观的价值又是什么呢？前文揭示和阐释了这种正义观的内涵、原则及其理论结构和原理；在这一部分，我将在上述基础上，深入探讨它的价值。这里要说明一下，既然是价值探讨，自然是指积极的方面，否则就不能称为价值，但这不等于说它没有消极的方面，只是说消极的方面不在价值讨论的范围内。即使如此，笔者亦不回避它在现代社会所面临的问题，这种问题已在一定程度上凸显这种正义价值观的局限。此外，还要说明的是，本章重在探讨这种正义观所固有的内在价值，亦即这种正义观的价值蕴含与追求，至于这种正义价值观的实践和结果，亦即这个内在价值的外在化，其实就在中国传统法律的历史实践中，其利弊得失已是为我们所知

---

① 中国正义论根源于中国人的生活本身，黄玉顺教授对此已经有了阐释。虽然中国传统法律正义观与中国正义论有所不同，但它们都根源于中国人的生活这个大本大源，所以，本章不再展开，阅者可以参见黄玉顺：《中国正义论的形成——周孔孟荀的制度伦理学传统》，东方出版社 2015 年版，第 22-27 页及以下。

的历史事实;而且有关中国传统法律作用/价值之类的研究亦不少见,其中已有可资参阅的方面。[①] 所以,本章所要探讨的价值不是从历史实践上来说明这个问题,而是从学理上来揭示和阐释这个问题。一是因为这方面长期为学者所忽视或因无力进入以致目前还处于空白状态;二是因为这对于我们从法哲学的高度来完整深入地理解与把握中国传统法律正义观的价值至关重要。当然,这两者之间是有关联的。

从笔者的观察和研究来看,中国传统法律正义观所固有的内在价值,亦即这种动态的合理正义观的价值蕴含与追求,分而言之是求真、求善、求和,总而言之是真、善、美的有机统一。其中,求真意指它是蕴含与追求真实的正义观;求善意指它是蕴含与追求仁爱的正义观;求和意指它是蕴含与追求和谐的正义观。从求真来说,即如图 4-2 所示,中国传统法律正义观是立足于真实世界并从真实世界的真实出发,这个真实世界的真实就是由天地组成的自然状态,这个真实世界的自然状态是万物生生不息与井然有序的有机统一,亦即生而有序这个自然法则的呈现。对此,先贤们把它上升为一阴一阳之道,表达为德生道成原理,概括为礼法结合、德主刑辅的法理,我把它转化为等者同等、不等者不等、等与不等辩证变动的合理正义观。由此可见,在理论体系上,真实是中国传统法律正义观的逻辑起点和支点;在价值取向上,求真是它内在的蕴含与追求。与此同时,从图 4-2 上下两行的文字中可以看到,从真实世界的天地阴阳到合理正义观有两方面构成:一方面是从生生不息到一体之仁、等者同等,这些都是仁或者说仁的体现;另一方面是从井然有序到爱有等差、不等者不等,这些都是义或者说义的体现。依据天理、

① 参见瞿同祖:《法律在中国社会中的作用》,载瞿同祖:《瞿同祖法学论著集》,中国政法大学出版社 1998 年版,第 393-416 页。

天道,在这相互对应的结构中,前者是内是质是主,后者是外是式是辅。质言之,“仁者,义之本也”。[①]这表明这种合理正义观的正义是以仁为本的正义,而仁原本就是善,所以,以仁为本的义亦是善。[②]因此,我们可以说,在理论构成上,仁与义是中国传统法律正义观的两翼;但在价值取向上,求善则是它内在的蕴含与追求。同样,图4-2中间一行是对立的,是上下两行的有机结合,从这一行的文字中可以看到,一边是从天理/天道的德生道成趋向生而有序的中和·有机一体,另一边是从合理正义观的等与不等辩证变动趋向合理有序的和谐·有机一体,这相互对应又相向而行的两端都趋向有机一体的“和”。所谓有机一体的“和”,就是像有机生命体那样浑然一体的中和或和谐。在中国文化中,和就是美,中和或和谐是大美。[③]这意味着这种根植于德生道成、趋向于和、表现为等与不等辩证变动的合理正义观,其价值取向,亦即它的内在蕴含与追求是和,或者说是求和之美。现在,我们可以总结起来,在中国传统的语境中,真实世界是生而有序的有机一体,有机一体是和、中和、和谐,和、中和、和谐就是美;和、中和、和谐之所以美,是因为它们拥有了真与善,真与善的有机结合就是和,亦即美。所以,我们不仅可以这样说,和、中和、和谐是真、善、美的有机统一;而且还可以这样说,中国传统法律正义观所固有的内在价值,亦即这种动态的合理正义观

---

① 《礼记·礼运》(《四书五经》,陈戍国点校,岳麓书社1991年版,第518页)。

② 如宋儒程颐说:“自性而行,皆善也。圣人因其善也,则为仁义礼智信以名之;以其施之不同也,故为五者以别之。”(〔宋〕程颢、程颐:《二程集》,中华书局1981年版,第318页)

③ 因为美是一种赏心悦目的均衡有序感,亦可以说是一种气韵生动的均衡有序感,这均衡有序或者说气韵生动的均衡有序实际就是和的特征。参见宗白华:《中国艺术意境之诞生》,载王元化、胡晓明主编:《释中国》(第4卷),上海文艺出版社1998年版,第2783-2804页;宗白华:《美学散步》,上海人民出版社1981年版,第14-22页、第231-241页。

的价值蕴含与追求，分而言之是求真、求善、求和，总而言之是真、善、美的有机统一。

把中国传统法律正义观的价值蕴含与追求，说成是真、善、美的有机统一。读者对此可能会有疑惑，认为这样的说法是不是拔高了？它真的有那么完美吗？对此，我想说的是，从上述对它的内在逻辑和学理分析来看，事实就是这样。这是其一。其二，正义是真、善、美的统一，追求正义是人类法律的最高理想。正如吴经熊先生所说："吾人研习法律，应当知道'正义'是以真为基础，以善为目的，而以美为本质。因此，我们可以说，法律乃是非常高贵的学问。"①所以，不独中国传统法律如此，其他以正义为价值追求的法律亦应是这样。其三，特别需要指出的是，凡是内在价值都是理想类型，表达的只是某种价值蕴含与追求，并不能与事实等同，这一点中国传统法律亦不例外。当然，毫无疑问，从现实往深处观察，尤其是从实践上来说，任何法律正义观都是社会上各种利益诉求和博弈的结果，所以，再理想的法律正义观的背后亦都隐藏和潜伏着各种利益的冲突，冲突的结果往往以妥协的方式表现为不甚理想的现状甚至残酷的现实，而这正是理想与现实之间不可避免的差距与张力，但这并不妨碍人们对法律正义理想的追求，更不妨碍我们对法律正义理想的探讨。只是要清醒地认识到，法律正义价值观的实践及结果，亦即它的内在价值的外在化，虽然与价值蕴含与追求有关，但本质上不是同一个问题，自不能相互混淆、替代和否定，可是事实上人们总是习惯于以结果来评判一切，以致学理与理想往往被忽略。所以，从学理上揭示和阐释中国传统法律正义观的内在价值，与从实践上来探讨这种正义观内在价值的实际状况，对于我们来说都是不可缺失的。前者让我们知道它的理想类型和目标原型以及

---

① 吴经熊：《法律哲学研究》，清华大学出版社2005年版，第25页。

会如何给予实践上的指导与激励，后者让我们获知前人是如何把理想和目标付诸实践并在实践中予以落实与校正的，最终的结果必然是两者共存于理想与实践的交织中，所以，它们对于我们完整的理解和把握中国传统法律正义观的价值——内在价值与内在价值的外在化——可谓缺一不可。但诚如前说，笔者是尽量从学理上来揭示和阐释它的内在价值，而不是从历史和实践上来研究这个内在价值的外在化问题，所以，做了以上的探讨。然而，尽管如此，为了对这两者之间的关联有所提示，亦有必要在此稍予点拨。

如果说真、善、美的有机统一是对中国传统法律正义观的价值蕴含与追求的一种法哲学表达，那么，这种表达在中国传统的法理和立法、司法层面，就是天理、国法、人情或者说情、理、法的统一。对于这两种表达之间的对应关系，简单来说，就是法和国法通真，情和人情通善，理和天理通和通美。但问题是这种表达不同而实质相通的内在逻辑又是什么呢？如上所说，真、善、美的有机统一为和；但和是事物理想的一种自然状态，事物之所以有这种状态，不是因为和，而是因为和之理；和之理是使事物处于理想的自然状态的法则，亦即事物之理，所以，合理的事物就处于和的状态。这表明理是贯通真、善、美有机统一为和的真正原因。同样，天理、国法、人情或者说情、理、法相统一的真正原因，亦是贯通在一个“理”字上，即天理对应哲理，国法对应法理，人情对应情理，哲理、法理、情理共为理。按照中国人的理解，理意味着通。[①] 所以，哲理、法理、情理因理而相通，天理、国法、人情或者说情、理、法亦因理而相通。这意味着，真、善、美的有机统一，其对应并相通于天理、国法、人情，或者说情、理、法的统一，实际上就是理与理的对应与相通的统一，所以，才

---

① 理原本指树木的纹路，沿着纹路就通顺，所以，理引申意为通。参见编写组：《现代汉语词典》，商务印书馆 2004 年版，第 774 页“理”字条。

出现前面提出的真、善、美与天理、国法、人情，或者说与情、理、法这些表达不同而实质相通的情况。对于这种表达不同而实质相通的情况，笔者之所以要作这样的法哲学解读，主要是因为世人对于中国传统法律的理想早已形成某种固定的印象和认识，即认为中国传统法律的理想就是天理、国法、人情或者说情、理、法的统一。这虽然不能说错，但其实还是很表面化的认识。如上所述，这只是它内在价值外在化的体现而已。具体来说，天理、国法、人情或者说情、理、法的统一之所以理想，是因为它承载和体现了中国传统法律正义观的价值蕴含与追求，亦即对真、善、美有机统一这个人类共同价值和最高理想的蕴含与追求。虽然中国传统法律的价值蕴含与追求的具体内涵不同于其它法律文明，其表达更是中国特有的天理、国法、人情或者说情、理、法的统一，但它的最高理想和根本价值指向同样是真、善、美的有机统一。这使得中国传统法律正义观的价值既有自己的特性，又内含人类法律的共同理想和价值追求，对此我们应该要有坚定的主体自觉和文化自信。还有，如前所述，在价值蕴含与追求上，天理、国法、人情或者说情、理、法的统一来自真、善、美的有机统一，真、善、美的有机统一来自生而有序的自然现象与自然法则这个天理，进而表达为德生道成的道德原理。这表明遵循生而有序的自然法则，或者说德生道成的道德原理，才是中国传统法律正义价值观真正的思想根源、内涵特质和正当性所在，这亦是它区别于任何其它法律正义价值观的地方。所以，我们只有从法哲学的抽象思维这个高度，才能发现和认识中国传统法律正义观的表达虽然是独特的，即中国特有的天理、国法、人情或者说情、理、法的统一，但它同样蕴含并追求着人类法的共同价值和最高理想，即通过正义表达出来的真、善、美的统一；这样才能深度理解和恰当评价天理、国法、人情或者说情、理、法相统一的理想性；亦才能更好地理解和把握中国传统法律动态的合理正义观，亦即等者同等、不等者不等、等与不等辩证变动的哲理意蕴，从而在法的领域能真正确立起主体自觉和文化自信。这就是本章尽量从学理上来揭示和阐释这个问题的一个重要原因。如果不进入法哲学层面对此作精深通透的学理探讨，而是重复以往那种只是停留在一般的法理和立法司法层面，那么，对于我们要想完整深入地理解和把握中国传统法律正义观的价值显然是不够的。

在作了上述探讨后，我们还可以在现代视野下，对中国传统法律正义观的内在价值再做一些观察。因为上述探讨是纵向性的学理追问，它向我们展现了这种内在价值是什么，但这种内在价值在今天会是怎样，这是上述探讨所无法回答的。我们只有通过横向比较和现代观照，或有可能找到某种答案或答案线索。当然，笔者只是发现和提出问题，要真正找到答案或线索那还有待深入研究和大家的指点。如果我们把中国传统法律正义价值观与现代法律正义价值观细作比较，可以发现它存在两个问题：一是在理论上如何来理解人的平等与不平等的悖论问题；二是在实践上如何来确认并作出合理与不合理的判断问题。从理论上说，如前所述，中国传统法律正义观是遵循自然、符合实际、实事求是的正义观，这就是说它承认并规定人之间的等与不等，具体说是等者同等、不等者不等、等与不等辩证变动，这是遵循自然、符合实际、实事求是的，所以，在中国传统文化语境中，这样的规定合理、合情、合法。可是，在现代法律正义观中，人是平等的。然而，我们都知道，这样的平等亦只是法律所设定的人格平等、规则平等和机会平等，而且即使有这样的法律设定，亦无法改变社会生活中人在事实上的不平等。无论造成这种不平等的原因是什么，这种不平等的事实都客观存在。所以，我们只要把这两种法律正义观作一比较，就会发现这样一个问题，即人在法律上的等与不等是遵循自然、符合实际、实事求是的，而在法律上的一律平等却不是实事求是而是人为拟制的。那么，在当下的语境中,我们又如何来理解这种悖论呢?这个问题我还一时无法准确回答,现在所能想到的是,其实这是人类长期以来的悖论,是事实、理性与价值的矛盾在法律上的反映。从人类历史来看,当合理的不平等既符合事实,又与其时人们的理性追求与价值取向一致时,法律承认并规定人之间的等与不等是正当的亦是理想的,中国传统法律正义观就属于这一类型。而当合理的不平等虽符合事实,但与其时人们的理性追求与价值取向不一致时,譬如,人在事实上是不平等的,但人们的理性追求与价值取向是平等,人们就可以把人在法律上拟制为平等,现代法律正义观就属于这一类型。毫无疑问,这个类型体现了人类理性追求和时代进步,这个成果自然要接受。问题是:一方面我们说理性与价值不能违背事实,坚持法律以事实为依据;但另一方面这种与事实相悖的理性追求与价值取向,或者说这种反自然的人为拟制,它们真正的依据和正当性到底又何在呢?如果这个悖论不能得到回答,不仅理论上有矛盾,实践中亦会有困惑。如果这个悖论能得到回答,那么,中国传统法律正义观关于人的等与不等的价值在今天会怎样,就有可能找到某种答案或答案线索。

很显然,上述追问主要是一种理论探讨,但现在我们要面对一个实际问题,即人们又如何在实践上确认并作出合理与不合理的判断问题。这就是说中国传统法律动态的合理正义观在今天是否还有价值?如果有价值,实践中又如何来作出合理与不合理的判断?对于第一个问号,实际上通过前面的探讨,我们已经有了答案,即这种动态的合理正义观的哲理意蕴是有助于我们今天真正确立起主体自觉和自信的。这是文化价值上的一个确认,除此之外,这种动态的合理正义观对我们今天的法律特别是司法实践是有实际意义的。简言之,这种动态的合理正义观背靠的是真、善、美的有机统一,对应的是天理、国法、人情或者说情、理、法的统一。天理、国法、人情或者说情、理、法的统一,虽说是中国传统法律特别是传统司法方面的理想与目标,但其实它对我们今天的法律实践特别是司法政策和司法审判仍有意义。首先,在中国语境中,它仍然是我们今天很多人对法律特别是对司法理想的中国式期待与表达;其次,它是我们今天追求和通向真、善、美有机统一这个人类法律理想的中国途径和中文表达;最后,它为我们今天司法中要如何面对和处理社会正义与法律正义、法律正义与个案正义的平衡协调提供了先例和借鉴。囿于古今话语的隔阂,有时我们可能会忽略,人类在不同时空中所面临的同一问题却有不同的表述。譬如,天理、国法、人情或者说情、理、法的统一,其实际面对和所要解决的问题,正是当时的社会正义与法律正义、法律正义与个案正义的平衡协调问题。可以这样说,天理和理通社会正义,国法和法通法律正义,人情和情通个案正义,这三者的有机统一就是最理想的平衡协调。为了使这三者有机统一,亦即努力使动态的合理正义观得以实施和实现,中国传统法律为我们今天解决这个问题,不仅能提供有相对成功的先例,而且还提供了有可资借鉴的经验。鉴于前者有相当文献和研究成果可资参阅,[①]在此不再赘述;后者因未有明确关注,在此略作说明。根据笔者的初步观察,可资借鉴的至少有这样几个方面:首先,在立

① 可资参阅的文献如《名公书判清明集》和《刑案汇览》等;研究成果如陈锐教授的《宋代的法律方法论——以〈名公书判清明集〉为中心的考察》(载《现代法学》2011年第2期),英国学者马若斐教授的《南宋时期的司法推理》(载张中秋主编:《道与法:中国传统法哲学新探》,中国政法大学出版社2016年版)。此外,还有何勤华教授的《宋代的判例法研究及其法学价值》(载《华东政法大学学报》2000年第1期);王志强教授的《清代成案的效力和其运用中的论证方式——以〈刑案汇览〉为中心》(载《法学研究》2006年第3期);陈新宇博士的《比附与类推之辨:从"比引律条"出发》(载《政法论坛》2011年第2期);胡兴东教授的《中国古代判例法运作机制研究:以元朝和清朝为比较的考察》(北京大学出版社2010年版)。

法的价值取向上，中国传统法律始终追求天理、国法、人情或者说情、理、法的统一，这在中国传统法典编纂中有明确的要求和记录。[①]换言之，这使社会正义与法律正义、法律正义与个案正义的平衡协调在法的宗旨和原则上得到了确认和贯彻。其次，在制度的具体设置上，形成了以援引法条正文为主，以类推、比附和兜底条款为辅，两者结合构成较为完整系统的同时又有条件的、相对开放的司法依据体系。[②] 这使立法的价值取向在法律的实施和实践中，既得到了基本的制度保障，又不会为法条所拘以致失去补救法律漏洞而寻求情、理、法统一的可能。最后，在实际的司法审判中，司法官、当事人和社会民意这三方，对于什么是天理、国法、人情，或者说情、理、法是什么，以及它们最终都统一在理上，存在以社会主流和基本观念为背景的某种共识，即使有分歧亦不会动摇社会主流和基本观念的权威性，所以，唐律的兜底条款是，"诸不应得为而为之者，笞四十；(谓律令无条，理不可为者)。事理重者，杖八十"。[③] 这表明立法者已认为，当时人们在何者为不应得为，亦即什么是理或者说理是什么这一点上是有共识的。所以，在司法实践中，若法无正条，则有类推、比附；若不能类推、比附，则有兜底条款；而对于兜底条款，人们则存有主流和基本的共识。这样，立法的价值取向不仅在制度的具

---

① 如明臣刘惟谦等人在所上的《进明律表》中说："陛下圣虑渊深，上稽天理，下揆人情，成此百代之准绳。"(《大明律》，怀效锋点校，辽沈书社 1990 年版，第 228 页）又如乾隆皇帝在为重修后的《大清律例》所作的"序"中说："简命大臣取律文及递年奏定成例，详悉参定，重加编辑。揆诸天理，准诸人情，一本于至公而归于至当。"（马建石、杨育棠主编：《大清律例通考校注》，中国政法大学出版社 1992 年版，第 5-6 页）

② 参见张中秋、金眉：《试论唐朝司法审判的法律依据》，载《史林》1987 年第 4 期。

③ 参见〔唐〕长孙无忌等撰：《唐律疏议》，刘俊文点校，中华书局 1983 年版，第 522 页。

体设置上得到了安排,亦在司法实践中能得到相当的落实。[①] 虽然真实的司法情况极为复杂,难保天理、国法、人情或者说情、理、法总是能统一,个案正义甚至法律正义抑或社会正义不总是能平衡协调,但可以肯定的是少数史实不能否定上述价值、制度和实践的基本有效,否则,中国法律就不会有这样悠久的历史和发达的传统。如果以此来对照今天中国的法律实践,可以说,中国传统法律动态的合理正义观不乏启发和参考价值,但问题是在实践中人们又如何来作出合理与不合理的判断呢?坦率地说,这是个难题。首先,在立法的价值取向上,我们的法律能否始终全面追求社会正义与法律正义、法律正义与个案正义的平衡协调。其次,在制度的具体设置上,我们的民事法有类似兜底条款的规定;[②]但我们的刑事法遵循"罪刑法定"原则,禁止类推,亦无兜底条款。所以,实践中对于法律漏洞的补救只能依赖解释。但这又引起了另一个问题,即这种解释如何能在司法官、当事人和社会民意之间达成共识。要知道只有在他们之间达成共识,社会正义与法律正义、法律正义与个案正义的平衡协调才有可能。但要在他们之间达成共识,相对于传统中国来说,在今天的中国要难得多。因为这种共识在很大程度上是以人们的价值共识为前提的,而这种价值共识又是以思想、制度、社会具有

① 笔者曾仔细研读《名公书判清明集》,发现其中绝大部分判决,都是先围绕着情、理、法进行辨析和推导,但最后的判决亦都是依法或据律酌情作出的,其判决体现了法、理、情,或者说法意与人情的辩证统一,其中较典型的这类判词,参见《名公书判清明集》,中国社会科学院历史研究所宋辽金元史研究室点校,中华书局 1987 年版,第 100-102 页、第 124-126 页、第 175-176 页、第 215-216 页、第 348-349 页、第 501 页、第 602-603 页。当然,亦有法、理、情不能协调的,如第 164-165 页的判词(对其分析见该书第 664-668 页),但总体上这种情况较为少见。

② 参见我国《民法典》第 10 条:"处理民事纠纷,应当依照法律;法律没有规定的,可以适用习惯,但是不得违背公序良俗。"这条规定可以说是处理民事纠纷法律适用的兜底条款。

融贯性为前提的,这种融贯性表现到法律上即是法律的意义世界与规范世界和行为世界的内在贯通。传统中国的思想、制度、社会具有融贯性,所以,人们的价值观相对同一而易有共识。但近代以来,由于外力的介入和内生的矛盾,这种融贯性被打破,思想、制度、社会相背离,加之现代社会的复杂多样,以致以往人们价值多元而难以达成共识。具体来说,在某些难以达成价值共识而又有义利分歧的情况下,人们对于什么是合理就难以作出判断,这就使社会正义与法律正义、法律正义与个案正义平衡协调的难度加大。那么,到底如何来真正面对和有效解决这个问题呢?这不是笔者目前所能回答的,在这里只是提出这个问题,希望大家关注这个问题时亦能注意到中国传统法律动态的合理正义观有可资借鉴的方面。另外,对于我们正在进行的司法体制改革和司法文明建设,中国传统法律动态的合理正义观,特别是它在追求真、善、美或者说情、理、法相统一的法律理想与司法理念上;在以仁统义、仁义一体的仁爱正义观,亦即有机正义观的人文精神与司法正义上;以及在立足真实、遵循实事求是的整体观与动态均衡的辩证法相结合的司法态度与司法方法上,都蕴含着极大的智慧和经验可供我们来借鉴和创新。①

最后,还有必要指出的是,在中国历史上或者说在中国传统社会的整体场域和具体语境中,上述两个问题:其一是在理论上如何来理解人的平等与不平等的悖论问题,其二是在实践上如何来确认并作出合理与不合理的判断问题;应该说在本质上都是不存在的,即使存在亦不会像今天这么突出。只是因为文明属性和时代的变

---

① 显而易见,这几个方面都是从宏观上立说的。从具体方面来说,笔者通过对中国传统司法文明的研究,提出中国传统法律动态的合理正义观,尤其是它追求情、理、法相统一的道德文化原理,有助于今天养成现代型的法精、理通、情达的司法人员,从而使司法裁决既严格依法又合情合理,最终达到“案结事了”的效果。(参见张中秋:《传统中国司法文明及其借鉴》,载《法制与社会发展》2016 年第 4 期)

化，使原有社会氛围和语境的消失，进而导致与正义观紧密相联的价值观的改变。具体来说，文明属性和时代的变化导致第一个问题的产生，原有社会氛围和语境的消失导致第二个问题的产生。虽然这两者之间是互相关联、相互影响的，但文明属性和时代的变化显然是问题产生的根源。不过，当下虽有这两个问题存在，亦并不意味着中国传统法律动态的合理正义观行将消失，而只是表明它所面临的两个困境，若能克服或摆脱这两个困境，那它就有可能融入中国新的法律正义价值观，成为中国特色社会主义法律正义观的特色所在。

第五章

中国传统法的精神及其哲学

第五章　中国传统法的精神及其哲学

第一节　中国传统法的精神是道德人文

第二节　中国传统法道德人文精神的表征

第三节　中国传统法道德人文精神的哲学

第一节　中国传统法的精神是道德人文

精神反映事物的本质,但人们从不同的视角,对事物的精神和本质却有不同的认识。根据我的研究,对于中国传统法的精神,如果是从法的意志属性出发,亦即法所体现的政治意志,在本质上是民主类型或专制类型,那么,它的精神可归入专制类型。当然,这个专制并不是非理性的专横,而是有理性的人治。[①] 然而,如果是从法的文化属性出发,亦即法所蕴含的文化精神,在本质上是道德类型或宗教、科学类型,那么,它的精神又可归入道德人文类型。

道德人文是以道德为核心的一种文化类型,[②] 以中国传统文化为代表的古代东亚文化都属于这种类型。道德人文在本质上有别于以宗教或以科学为核心的其他文化类型,如古代印度的宗教文化和近代西方的科学文化。[③] 那么,什么是中国传统

---

① 参见张中秋:《中西法律文化比较研究》(第5版),法律出版社2019年版,第306-330页。

② 文化类型是由于自然环境和生存方式差异,以及观念、信仰、兴趣、行为、习惯、智力发展方向和心理性格不同而形成的具有相似文化特征或文化素质的地理单元。文化类型是各种文化形态体系中最有特色、最能体现一种文化本质属性的特征,而不是指它的全部特征的总和。(参见 http://dict.youdao.com/wiki/%E6%96%87%E5%8C%96%E7%B1%BB%E5%9E%8B/#,访问日期:2012年2月1日)

③ 参见梁漱溟讲演:《东西文化及其哲学》,陈政、罗常培编录,商务印书馆1987年影印版,第67-160页。

的道德人文呢？虽然这个问题在文史哲学界早有探讨，[①]但在法学界却未曾得到认真对待，即使有陈顾远这等前辈的相关研究，但在系统性和学理上依然存在不足。[②] 最近这些年，我通过对中国传统法文化理论的探索，认识到中国传统法内含了人文性和道德性，所以，从文化类型学上说，它是一种以道德为核心的文化类型。这意味着在法文化的本质上，亦即法的文化属性上，中国传统法的精神是道德人文。

中国传统法的道德人文精神，首先表现在它"人为称首"的人文性上。中国文化一向认为，人在万物之中，所以人与万物共生；[③]但人又是万物之灵，所以万物人为贵。这种万物人为贵的思想，在唐律上被表述为"人为称首"。其实，这个思想在中国不仅由来已久，而且根深蒂固。如早期经典《尚书・泰誓上》曰："惟天地万物父母，惟人万物之灵。"又如《荀子・王制》曰："水火有气而无生，草木有生而无知，禽兽有知而无义，人有气有生有知，亦且有义，故最为

① 参见梁漱溟：《以道德代宗教》，载王元化、胡晓明主编：《释中国》（第1卷），上海文艺出版社1998年版，第241-272页；金岳霖：《中国哲学》，载王元化、胡晓明主编：《释中国》（第2卷），上海文艺出版社1998年版，第645-659页；冯友兰：《儒家哲学之精神》，载王元化、胡晓明主编：《释中国》（第2卷），第668-675页；张岱年：《天人简论——天人五伦之五》，载王元化、胡晓明主编：《释中国》（第2卷），第1219-1235页；朱光潜：《乐的精神与礼的精神——儒家思想系统的基础》，载王元化、胡晓明主编：《释中国》（第2卷），第1236-1256页；王国维：《殷周制度论》，载王元化、胡晓明主编：《释中国》（第3卷），上海文艺出版社1998年版，第1711-1728页；宗白华：《中国艺术意境之诞生》，载王元化、胡晓明主编：《释中国》（第4卷），上海文艺出版社1998年版，第2783-2804页。

② 其实，陈顾远先生对这个问题并没有专门系统的研究，但他无疑是对与此相关问题研究最深、最有贡献的学者。他的这些成果主要收录在《中国文化与中国法系——陈顾远法律史论集》中。但在笔者看来，他的研究依然有意犹未尽、学理未通之处。如陈先生对天理、国法、人情三位一体，以及国法、人情都归于理的解读，可以说是正确的。（参见陈顾远：《中国文化与中国法系——陈顾远法律史论集》，中国政法大学出版社2006年版，第275-282页）但他通篇没有在哲学上说透，天理为何能支配国法、人情，亦没有在逻辑上说清天理、国法、人情是如何贯通的。

③ 如北宋理学家张载在《张子语录》中明确说："人但物中之一物耳。"又在《西铭》中说："天称父，地称母，予兹藐焉，乃混然中处。"

天下贵也。”这一思想不仅是中国文化的精髓，亦是中国传统法的精神特质。所以，《汉书·刑法志》开头说：“夫人宵天地之貌，怀五常之性，聪明精粹，有生之最灵者也。”汉光武帝亦有诏曰：“天地之性人为贵，其杀奴婢，不得减罪。”[①]但最有代表性的莫过于《唐律疏议》，《唐律疏议》在开篇《名例》篇首的“疏议”中说：“夫三才肇位，万象斯分。禀气含灵，人为称首。莫不凭黎元而树司宰，因政教而施刑法。”[②]“人为称首”就是以人为首的意思，相当于我们今天所说的以人为本。以人为本是人文性的根本，由此可见中国传统法的人文性。与此同时，中国传统法的道德人文精神，还表现在它“德礼为本”的道德性上。同样，在《唐律疏议》开篇《名例》的“疏议”中亦说到：“德礼为政教之本。”[③]德礼是中国传统的道德。在中国传统的观念中，德曰生，生为仁，仁即爱，所以，德体现了对生命的重视，可谓之重生。而礼就是讲理，即《礼记·乐记》所说的“礼也者，理之不可易者也”。讲理体现了道，亦即义；因为义为宜，宜为理，理为道。这样，重生就是由德而仁，讲礼就是由道而义，重生与讲礼合为道德仁义。道德仁义是中国传统道德性的根本体现，“以人为首”是中国传统人文性的根本体现，两者有机一体，形成了在“人为称首”的思想指导下，以道德仁义为内核的重生与讲礼的对立统一。这就是中国传统法的道德人文精神。

第二节　中国传统法道德人文精神的表征

对于中国传统法道德人文精神的表征，最好还是落实到它对三

---

① 《汉书·光武本纪》。

② 〔唐〕长孙无忌等撰：《唐律疏议》，刘俊文点校，中华书局1983年版，第1页。

③ 〔唐〕长孙无忌等撰：《唐律疏议》，刘俊文点校，中华书局1983年版，第3页。

纲五常的贯彻和实施上来,因为三纲五常是中国传统法的纲要和精神所系。

三纲,即君为臣纲、父为子纲、夫为妻纲,是传统中国特有的宗法伦理。它强调忠孝(但这不是绝对的而是相对的,因为君臣、父子、夫妇一体,所以,它要求君先要像君、父先要像父、夫先要像夫,然后才是君为臣纲、父为子纲、夫为妻纲),表现为上下、贵贱、尊卑、男女之间的等差,整体上是一种主从性的差序结构(但同等级中又有等差,如同贵贱中分尊卑,同尊卑中分长幼,同长幼中分男女)。这种结构在今天看来极不合理,但在传统中国却是合理的,因为它符合天地或者说自然世界的有序性法则。所以,三纲是天经地义之理,当然亦是讲究恰当有序或者说追求秩序文明的讲礼的重心所在。五常,即仁、义、礼、智、信,同样是中国传统的伦理,但按传统中国人的理解,五常是人之为人的基本德性。所以,它不同于三纲,虽然不免有某些宗法的属性,但更有超越宗法的普遍性,主要表现为人之为人的责任与担当。因此,比较三纲而言,五常建构的不是人之间主从性的差序关系结构,而是一种推己及人的对等关系结构。这种人际关系结构同样符合天地的自然法则,因为五常以仁义为首,仁又为五常之首,所以仁代表了五常①;而仁者爱人,爱人者重生。这表明以仁为首的五常,符合自然世界的创生性法则。所以,五常亦是天经地义之理,当然亦是重视生命或者说追求生命价值的重生的重心所在。三纲五常既是天经地义之理,自然亦就拥有无上的正当性和普遍性,正如朱熹所说:“宇宙之间,一理而已。天得之而为天,地得之而为地,而凡生于天地之间者,又各得之而为性。其

① 如北宋理学家程颢说:“学者须先识仁,仁者,浑然与物同体,义、礼、知、信皆仁也。”(〔宋〕程颢、程颐:《二程集》,中华书局 1981 年版,第 16 页)又如南宋理学家陈淳说:“仁者,心之全德,兼统四者。”(〔宋〕陈淳:《北溪字义》,中华书局 1983 年版,第 22 页)

张之为三纲,其纪之为五常,盖皆此理之流行,无所适而不在。"[①]由此可见,三纲五常既是"无所适而不在"之理,自然亦是人间的情理和法理。这样,天理、国法、人情才可以相通。事实上正是如此,如刘惟谦等人在《进明律表》中说:"陛下圣虑渊深,上稽天理,下揆人情,成此百代之准绳。"[②]作为中国传统的法理,三纲五常不仅是中国传统法的正当性所在,亦早已成为中国传统法的基本原则,所以指导和渗透到了法的各个方面,包括法的思想、制度和实践。但对于法律学人来说,这些都已经是熟知的事实。所以,有关三纲五常的贯彻和实施,我将着重从法哲学方面进行解读。

从法哲学上看,三纲五常在中国传统法中的贯彻和实施,主要体现为重生与讲礼的对立统一这样一种辩证关系。这是因为,从三纲五常到重生与讲礼,蕴含着中国传统哲学中道与德的辩证关系结构。依据中国传统哲学,道与德相对而言,道属阴,表示成、静、序、用、外、式、辅等;德属阳,表示生、动、长、体、内、质、主等,道与德犹如阴与阳,两者是对立统一的辩证关系。[③] 所以,道的有序建立在德的合理上,德的合理借由道的有序来展现。德的合理有两层含义,即绝对的合理与相对的合理。绝对的合理为万物有理,亦即理一;相对的合理为物各其理,亦即分殊;两者对立统一为理一分殊。理一分殊是万物原理。[④] 理一意味着事物本质抽象上的同一,亦即形而上的"齐";分殊意味着事物本质现象上的不一,亦即形而下的

---

① 《朱文公文集》卷七十《读大纪》。此外,现代学者贺麟先生亦对"五伦"特别是对"三纲",作了与众不同而富有哲理的解读。他认为,在传统中国,三纲之为纲有着自然、政治和道德上的合理性,对于大一统国家的存在和维护作用亦是明显的。参见贺麟:《五伦观念的新检讨》,载王元化、胡晓明主编:《释中国》(第2卷),上海文艺出版社1998年版,第1204-1218页。

② 《大明律》,怀效峰点校,辽沈书社1990年版,第228页。

③ 这思想源出《易》,后经诸子百家推衍阐释,到理学始集大成。可资参见的相关资料,笔者在此特别推荐周敦颐所撰的《周子通书》和王柏所撰《研几图》中的《稽类图》。

④ 参见蒙培元:《理学范畴系统》,人民出版社1989年版,第77-100页。

"差"。"齐"要求同等对待(一体、同一、共生共荣),"差"要求区别对待(不等、有序、不同而和),但这两者都是合理的。① 德所固有的这种合理性结构,内在地规定了道并通过道向外呈现,最后形成了有序与合理,亦即道(有序)与德(合理)的有机统一,实际上是道与德的一体化,结果是合理有序的构成。其结构形式是道,表现为一体(道与德合为一体)、两元(道与德各为一元)、主从式(德生道成)、多样化(德生道成/变化无穷)的构成;其本体性质是德,表现为生生不息的创生、仁爱、诚实、责任、本然等德性。在中国传统法中,三纲五常的道或者说重在秩序的讲礼,主要表现在纵向上的差序(三纲)与横向上的等序(五常)的结合上,形成一体(德礼与刑罚合为一体)、两元(德礼与刑罚各为一元)、主从式(德主刑辅)、多样化(德主刑辅,多种多样)的法秩序,其中最突出的是一系列差序格局制度的设置与实施。② 而三纲五常的德或者说关爱生命的重生,主要表现在贯穿三纲五常中的仁爱、忠孝、仁义上,亦即君仁臣忠、父慈子孝、夫正妇贤,以及五常中的仁义等,而且在这些人之为人的

---

① 这有法律上的例证。例如,传统中国法在理论和原则上都坚持:杀人者死,伤人者刑。这是基于人命同等、身体同样的理一原则;但同时在具体制度的规定上:杀人者有处死亦有不处死的,伤人者有同等刑亦有不同等刑的。这有两种情况:一是基于现实中人的身份有高低(不同德/质),因而身体有贵贱有不同(不同道/式);二是基于杀和伤有故意与过失等多种情形的区别,所以运用区别对待的分殊原则。但同一等级内(同德/质)的同样行为,则需负同样(同道/式)的责任,这又是贯彻理一原则。以上即是植根于道德原理的中国传统法,在对待和处理杀、伤行为时,基于有序与合理有机结合的原则与规则。

② 差序格局是费孝通先生的发明。参见费孝通:《差序格局》,载王元化、胡晓明主编:《释中国》(第1卷),第608-616页。差序格局在法律中的表现是,纵向上看是差序的,横向上看是等序的。这里所谓的差序,是指按传统中国法的规定,人的身份是一个上下不等的阶梯结构,从上到下的排序是帝皇、贵族、官僚、平民、贱民、奴婢,除去奴婢在权利主体之外,这些不同等级主体之间的权利和义务是不相等的,形成纵向上的差序。但法律同时又规定,同一等级内主体的权利与义务是相等的,从而形成横向上的等序。有关中国传统法中差序格局制度的设置与实施,主要参见古代法典《名例》中有关身份的规定,以及现代中国法制史著作中的身份法部分。

德性面前,人是平等至少是相对平等的,其中最突出的是一系列慎刑恤刑制度的设置与实施。[①] 所以,贯彻三纲五常、体现重生与讲礼的中国传统法,一方面表明它是中国传统社会合理有序的秩序构成;另一方面表明道德人文是它的精神和文化本质所在。

中国传统法的道德人文精神,还含有现实主义与理想主义的色彩,其文化因子亦是源于道与德的辩证关系结构。如上所述,道归属于阴性,阴性表示稳定、不动、成型、安静等性状,其对应的是井然有序的表象世界,所以,道是现实主义的根源。它表示对现实的认可和接受,而世界最大的现实是有序与稳定,所以,中国传统法中的三纲五常之道,或者说重在秩序的讲礼,就是对传统中国现实的认可和接受,其中最突出的是中国传统法中的差序性与宗法性。其实,这正是道德人文中的道,或者说道的现实主义一面的体现。同理,德归属于阳性,阳性表示变化、不息、成长、活动等性状,其对应的是生生不息的内在世界,所以,德是理想主义的根源。它表示对变动而成长世界的期待,意味着对未来可抱有希望,所以,中国传统法中的三纲五常之德,或者说关爱生命的重生,就是对生生不息世界的向往和追求,其中最突出的是中国传统法中具有普遍性的仁慈博爱。[②] 其实,这正是道德人文中的德,或者说德的理想主义一面的

---

① 有关内容包括死刑复奏、诸司会审、秋审朝审、秋冬行刑等慎刑制度,以及对老、弱、病、残、鳏、寡、孤、独和对妇女、儿童的恤刑制度,这里无法详解,有意者可参见中国传统法典的《名例》和《历代刑法志》中的相关部分,或浏览较好的《中国法制史》著作中司法制度部分。

② 仁的含义是仁慈博爱,它要求做人为政不仅要有仁爱之心,而且这仁爱之心还要"博",亦即要普遍地推广,所以,仁实际上是一项普遍伦理。例如,《论语·颜渊》记录:"樊迟问仁,子曰:'爱人'。"又如《孟子·离娄章句下》曰:"仁者爱人。"现代研究者认为,孔子提倡的"仁"这种做人的道理,可以说和世界各国的大思想家及大宗教家是相同的,它不仅可作中国人的行为标准,亦可以作世界大多数人的行为标准,因为它是近乎绝对的伦理,而不是相对的伦理(标准)。[参见芮逸夫:《中国儒家伦理思想的现代化(节录)》,载王元化、胡晓明主编:《释中国》(第 2 卷),第 864-865 页]传统中国法中的仁慈博爱,如《唐律疏议·名例》就其立法宗旨说:"《易》曰:'天垂象,圣人则之。'观雷电而制威

体现。最后,依据道与德的辩证关系结构,亦即道与德的对立统一,道德人文合现实主义与理想主义为一体,成为有理想的现实主义,其中理想主义具有引导和支配性。

为什么理想主义具有引导和支配性呢?因为道与德的内在结构是德生道成,或者说是德发动、道收成。德生道成是万物生成原理。① 它的核心是万物有道、道中有德、德贵在生。生是万物存在的第一条件,成是万物存在的第二条件,所以,根源于德的理想主义,具有引导和支配性。当然,这都是相对的。因为没有了道,德将生而不成;而没有德,道亦无可生成。因此,道与德即如阴与阳,始终是对立统一的辩证关系。联系中国传统法的道德人文精神,可以说重生意味着德,德是生生不息的创生性象征,内含了变以及对变的期待,表现为理想主义,具有超现实的普遍性,三纲五常之德即是

刑,睹秋霜而有肃杀,惩其未犯而防其未然,平其徽纆而存乎博爱,盖圣王不获已而用之。"这既说明圣人(代表国家)立法效法自然,所谓"'天垂象,圣人则之。'观雷电而制威刑,睹秋霜而有肃杀";又表明圣人(代表国家)立法的目的不是刑杀,而是"惩其未犯而防其未然,平其徽纆而存乎博爱"。即如朱熹所言:"教之不从,刑以督之,惩一人而天下人知所劝戒。所谓'辟以止辟'。虽曰杀之,而爱之实已行乎其中。"(〔宋〕黎靖德编:《朱子语类》,王星贤点校,中华书局 1994 年版,第 2009 页)元人柳赟在《唐律疏义》"序"中亦说:"盖姬周而下,文物仪章,莫备于唐。始太宗因魏徵一言,遂以宽仁制为出治之本,中书奏谳,常三覆五覆而后报可,其不欲以法禁胜德化之意,皦然与哀矜慎恤者同符。"(〔唐〕长孙无忌等撰:《唐律疏议》,刘俊文点校,中华书局 1983 年版,第 663 页)

① 如《周易·系辞上》曰:"一阴一阳之谓道,继之者善也,成之者性也。"说的就是这个意思。但要明白这句话的意思,先要明白"一阴一阳之谓道"的"道"是原理之道,而非与德对应以表示事物形式或结构的道。首先,从"一阴一阳之谓道"的"道"来看,此"道"已经包含了阴与阳,而道属阴、德属阳,所以,一阴一阳之道的"道"是已经包含了道与德的"道"。其次,"一阴一阳"是指阴阳变化的规律、法则或者说原理,所以,一阴一阳之道的"道"不止是已经包含了道与德的"道",亦是指阴阳变化的规律、法则或者说原理。因此,所谓"继之者善也",是指顺阴阳变化之原理而生生不息者谓之善,亦即德,因为德曰生曰善。所谓"成之者性也",是指受阴阳变化之原理而成形定型者谓之性,亦即道,因为道曰成为性(型)。所以,一阴一阳就是德生道成,一阴一阳之道就是德生道成原理,亦即万物生成的原理。如《周子通书·顺化》曰:"天以阳生万物,以阴成万物。"(〔宋〕周敦颐撰:《周子通书》,徐洪兴导读,上海古籍出版社 2000 年版,第 36 页)

它的体现。讲礼意味着道,道是井然有致的有序性象征,内含不变以及对不变的信念,表现为现实主义,具有实用的现世性,三纲五常之道即是它的体现。总结起来,从三纲五常到重生与讲礼,它们统一于中国传统法。这意味着道与德、现实主义与理想主义,在中国传统法中达到了辩证的统一。其中,理想主义因具有引导和支配性,从而能形成有理想的现实主义。这不仅反映在法律的表达上,亦同样体现在法律的实践上。[①] 这个精神正是中国传统法的道德人

---

① 无论是在表达还是实践上,这种反映在中国传统法中的道德主义,实际是理想主义与现实主义的统一,而本质上则是有理想的现实主义,并不是黄宗智先生所说的那种单一的实用道德主义。黄宗智先生说:"中国的法律实践其实并不符合双方任何一面的建构。现代以前的调解其实主要是在国家法律制度之外的社区中进行的。正规法庭的主要手段其实是断案,而不是调解。县令调解其实只是儒家的理念,不是其实践。这是我从相当大量的诉讼案件档案中得出的一个经验结论。过去许多学术研究都把官方的构造等同于历史实践,其实是歪曲了历史的真实。从实践上来说,法庭调解其实并不是儒家法庭的实际行为,只是它的表达,它的理想建构。中国前现代的法庭,从实践来说主要是一个进行判决而不是进行调解的法庭。……法庭这样的实践说明的是清代的法律和治理既有它道德性意识形态的一面,同时有它非常实际的一面。地方县官体现的其实是两者的结合,我曾称之为'实用道德主义'。结合道德高调的意识形态和十分实际的法庭实践其实是它未经明言的逻辑,亦是它之所以能够长期维持顽强的生命力的原因之一。"(黄宗智:《经验与理论:中国社会、经济与法律的实践历史研究》,中国人民大学出版社 2007 年版,第 448 页)

黄宗智先生的这个实用道德主义的认识,较以往的各种礼法之说有进步,但亦存在重大偏差,而且还容易引起误解和误导。偏差是:即如上述正文所论,道德有实用主义,亦有理想主义,还有有理想的现实主义。道德实用主义只是揭示了道德主义的一面,即偏于面对有序世界之破坏而求现实问题之解决以回到有序世界的方法这一面,亦即道(术)的一面,而忽略了或者说遮蔽了追求生生不息之理想的德的一面。这是重大的偏差。误解是:容易让人误解中国道德主义即为实用主义,或者将两者混淆甚至等同起来,这就在无意和无知中抽去了中国文化中的精髓,即生生不息的发展动力,亦即对理想的追求。没有理想的文化是没有前途的,因为专致实用必然昧于现实,埋头当下则必失前瞻。之所以如此,是因为缺乏向前的冲动和缺失支撑向上的主心骨,亦即抽去了文化的性与质。用中国概念,这就是德,因为德代表事物的性质。所以,缺德的人是没有前途的,文化亦是如此。误导是:道德实用主义在实践上,譬如,立法和司法,一旦被作为指导思想和原则来对待,就有可能引导(准确说诱导)大家走上一条单纯追求实用的现实主义路线,亦即日本式的"针对问题解决问题"的立法司法模式。但这样的追求与人类的向往和全面发展是相悖的,所以,我们既要走"针对问题解决问题"的现实主义路线,又要表达

文，亦即在“人为称首”的思想指导下，以仁义为内核的重生与讲礼对立统一的本质所在。当然，对此我们亦要辩证来理解。重生并不意味着不杀生，杀生亦不意味着不重生，而是杀生要有礼合理，亦即处罚要有程序和正当性。凡是有程序和正当性的，杀之则不谓之滥杀，处罚亦不谓之施暴，因为该杀而杀、该罚而罚，仁爱已行乎其中，传统中国正式的刑罚制度即是为此设置的；但在程序和正当性不充分，或有疑罪或可同情的情况下，则尽量从轻宽宥，传统中国的慎刑恤刑制度即是为此设置的。虽然在司法实践中，肯定有与设置相背离的现象，以致中国传统法给人留有残酷的印象，但这并不是中国传统法重生与讲礼自身的问题，而是社会中人的问题，甚至是古今中外都无法避免的理想、制度与实践相背离的问题。但我们不能因为有此背离，就否定理想与制度，因为世上没有与实践完全吻合的

人类的理想，两者结合起来即是有理想的现实主义。这是作为中国人的世界观，亦即含有理想主义与现实主义，其中理想主义具有引导和支配性的道德原理的内在使命。其实，这亦是我们不能和无法拒绝的主体意识、道德责任与文化传统的共同要求。

读者到此，可能会生出这样的疑问，即有理想的现实主义只是法律的一种表达，而黄宗智先生的实用道德主义是针对法律实践的，因此，是否可以说他的认识和判断并无重大偏差？我认为，即使在法律的实践上，亦不单纯是黄先生所说的实用道德主义，而是有理想的现实主义，这是我研读《名公书判清明集》之类的判例资料后所获得的一个认识。例如，在《名公书判清明集》开卷载有指导意义的《咨目呈两通判及职曹官》中，申儆并告示官吏说：“……盖闻为政之本，风化是先……至于听讼之际，尤当以正名分，厚风俗为主……”这里的“正名分”就是讲秩序，亦可以说是根源于道的现实主义要求；“厚风俗”就是弘德性，亦可以说是根源于德的理想主义追求；而“为政之本，风化是先”则表明，在司法实践中（听讼之际）要贯彻和追求的正是有理想的现实主义，而不是单一的实用道德主义。而且，在事实上，《名公书判清明集》中的判词，即使不是全部亦是绝大部分，实际所贯彻和体现的正是这个特征，亦即正名分与厚风俗，或者说道与德、情与理的辩证统一，读者不妨试作辨析。此外，我还认为，造成黄先生认识偏差的原因或许有二：一是过于重视经验，即他自己所说的“经验结论”，但凡经验结论最易忽视由人类理性所建构的理论，而理性建构却是人类文化精神的重要组成部分和发展动力；二是没有从文化原理上来把握和认识道德，只是将道德视为伦理，道德实则是中国文化的原理，或者说是中国人的哲学。哲学包括世界观和方法论，道德就是中国人的世界观和方法论，即世界在本质上是德，在形式亦即方法上是道，道与德贯通自然、社会和人类。因此，道德不仅是中国传统社会的伦理，而且是覆盖伦理的中国传统文化原理。

理想与制度。事实上，理想、制度与实践始终是紧张的对立统一关系，而且这亦恰是它们之间的正常关系。所以，在理想、制度与实践之间，人们所能做的只是缩小而不是消灭背离，因为背离是无法消灭的。这个认识不仅有助于我们从文化上正确理解中国传统法的精神，亦同样适用于我们对中国传统文化精神的理解。

第三节　中国传统法道德人文精神的哲学

《庄子·知北游》曰："精神生于道。"[①]那么，中国传统法的道德人文精神又生于何道呢？要回答这个问题，首先要了解何为道。道是中国传统文化的最高范畴，相当于我们今天所说的原理。[②] 根据中国经典，道的基本要素是阴与阳，其结构是阴阳一体、阳主阴从；其机能是阴阳转化、生生不息；其机理是一阴一阳之道，亦即对立统一的辩证法。[③] 这个一阴一阳之道就是中国文化的共通原理。如前

---

① 《庄子·知北游》："夫昭昭生于冥冥，有伦生于无形，精神生于道，形本生于精，而万物以形相生。"

② 金岳霖先生说："不道之道，各家所欲言而不能尽的道，国人对之油然而生景仰之心的道，万事万物之所不得不由，不得不依，不得不归的道才是中国思想中最崇高的概念，最基本的原动力。"（参见金岳霖：《论道》，载刘梦溪主编：《中国现代学术经典：金岳霖卷》，河北教育出版社 1996 年版，第 18-19 页及前后）。此外，原理是来自西方的科学概念，道是传统中国的一个哲学概念，所以，道与原理的对应，只能说是"相当于"，而不能说"相等于"，借以表示大体对应的意思。

③ 如《周易·系辞上传》曰："一阴一阳之谓道。……生生之谓易。"又曰："天尊地卑，乾坤定矣。……天下之理得，而成位乎其中矣。"《周易·系辞下传》载："子曰：乾坤，其〈易〉之门邪？乾，阳物也；坤，阴物也。阴阳合德，而刚柔有体。以体天地之撰，以通神明之德。"还有，这里所说的辩证法不同于西方的辩证法。西方的辩证法是肯定→否定→否定之否定，它的运行机制和轨迹呈现出对抗→冲突→征服的特征；而中国的辩证法是对立→统一→发展，它的运行机制和轨迹呈现出对应→吸收→转化的特征；西方的辩证法以否弃对方而实现超越，中国的辩证法以吸纳对方而达到新生。（参见［美］成中英：《论中西哲学精神》，东方出版中心 1991 年版，第 173-188 页）

所述，在中国传统思维中，道归属于阴，德归属于阳；阴阳一体表示道德合一，阳主阴从表示德生道成；生是质，成是式；质是内，式是外。所以，道所表达的是事物的外在结构，德所表达的是事物的内在本质。① 这表明在事物构成的原初意义上，道是德的表现形式，德是道的存在依据，道与德共同构成了事物的统一性，亦即道德是事物的统一原理。有鉴于此，我把这种文化构成理论称为"道德原理"。②

我们知道，原理是事物存在的根本理由。因此，从根本上说，道德人文精神生于道德原理。道德原理是我们的先贤对天、地、人，亦即自然、社会和人类的观察、思考和提炼的结果。它是贯通天、地、人，亦即包括自然、社会和人类在内的统一哲学。③ 其一贯之道即是周敦颐在其《太极图说》中所说的："立天之道，曰阴与阳，立地之道，曰柔与刚，立人之道，曰仁与义。"④推而言之，依着道的理路和构成，并根据《唐律疏议·名例》"德礼为政教之本，刑罚为政教之用，犹昏晓阳秋相须而成者也"的明示，那么，立法（此"法"为政教

① 如《庄子·天地》："通于天地者，德也；行于万物者，道也。"又如《管子·心术上》："德者道之舍，物得以生……"又如《大戴礼记·主言》："道者所以明德也，德者所以尊道也。是故非德不尊，非道不明。"

② 有关"道德原理"的内涵和进一步的讨论，参见本书第六章《传统中国法的道德原理及其价值》。

③ 如《周易·系辞下传》曰："古者包牺氏之王天下也，仰则观象于天，俯则观法于地，观鸟兽之文与地之宜，近取诸身，远取诸物，于是始作八卦，以通神明之德，以类万物之情。"

④ 〔宋〕周敦颐撰：《周子通书》，徐洪兴导读，上海古籍出版社2000年版，第48页。此说原出《周易·说卦》，详解参见杨成寅：《太极哲学》，学林出版社2003年版；杜维明：《试淡中国哲学的三个基调》，载王元化、胡晓明主编：《释中国》（第2卷），上海文艺出版社1998年版，第877-891页。

大法[1])之道就是礼与法或德与刑，礼与法或德与刑在司法实践中又转化为情与理。但无论是礼与法，还是德与刑，抑或是情与理，对照上述理路可知，它们都是植根于道德原理的仁与义的贯彻和体现。即如《通书·顺化》所言：“天以阳生万物，以阴成万物。生，仁也；成，义也”。仁是生，体现了对生命的重视；义是宜，体现了对秩序的追求。对生命的重视是道德人文的根本要求，它表示人类对自身存在的向往，亦就是我所说的重生。对秩序的追求是道德人文的另一个重要标志，它表示人类对文明有序的向往，亦就是我所说的讲礼或讲理。这样，从万物共通的道德原理到中国传统社会的道德伦理，从中国传统社会的道德伦理再到中国传统法的原理，其道德人文的精神或者说本质属性，亦即阴阳→刚柔→仁义→生成→礼法→德刑→情理之道，诚可谓一以贯之，其内在逻辑可见图 5-1：

↗道—阴—柔—义/宜—成/成型/有序—理/礼/刑：讲礼（文明有序）↖

道德（原理）　　　　（人文）道德

↘德—阳—刚—仁/爱—生/生长/变动—情/法/德：重生（生命为贵）↙

图 5-1　中国传统法从道德原理到道德人文示意

这里先要对图 5-1 略作说明。示意图中由德而演生来的法实为天地大法，并不是刑法之法，其所对应的是礼。同样，法后面的德为德政之德，并不是原理之德，其所对应的是刑。显然，示意图只是一种原理性的推导和演示，但它有助于我们直观地把握其内在的逻辑。不过，人们不禁要问：为什么有这样的逻辑关系？这就需要把问题引向深入。

---

① 如《管子·任法》所说：“法者，天下之至道也。……所谓仁义礼乐者，皆出于法。此先圣之所以一民也。”

在文化哲学上，传统中国人把世界看成是一个大化流行的有机体。[①]道德原理正是从有机宇宙观出发的。有机宇宙观的核心在于把世界看成是有生命的系统，用中国哲学的话来说，就是天、地、人共一体的世界是一个大生命体。[②] 之所以说天、地、人共一体的世界是有生命的系统，是因为这个世界的自然状态是明与暗、昼与夜、生与成、生生不息与井然有序的对立统一，前者是它的外在现象，后者是它的内在性状。自然世界的这两个特征给我们的先贤以深刻的印象，他们把这种从自然得来的印象与人生经验和社会实践结合起来，将自然界的井然有序概括为道，借以抽象地表达事物的有序性，亦即事物的存在形式；而将自然界的生生不息概括为德，借以抽象地表达事物的创生性，亦即事物的内在属性。如同阴与阳那样，道与德对立统一，共同构成事物的统一性。因此，从原理上说，自然世界本质上是一个道德的世界。这就是从天之象到天之道，亦即从自然现象到自然法则再到道德哲学的过程。这过程如

---

① 据《现代汉语词典》，有机体是具有生命的个体的统称，包括植物和动物。由此可见，有机体是具有生命的系统。中国经典特别是《周易·系辞上下》和《礼记·月令》，几乎整篇都谈到了这个问题，《礼记·乐记》中亦有此论，所谓“……在天成象，在地成形。如此，则礼者天地之别也。地气上升，天气下降，阴阳相摩，天地相荡，鼓之以雷霆，奋之以风雨，动之以四时，暖之以日月，而百化兴焉。如此，则乐者天地之和也。化不时则不生，男女无辨则乱升，天地之情也。及夫礼乐之极乎天而蟠乎地，行乎阴阳而通乎鬼神，穷高极远而测深厚。乐著大始，而礼居成物。著不息者天也，著不动者地也。一动一静，天地之间也。故圣人曰礼乐云”。除古典记录外，现代研究中特别值得推荐的是，英国学者李约瑟所撰写的《中国科学技术史：第二卷　科学思想史》(科学出版社与上海古籍出版社 1990 年联合出版)。他在为该书所写的“作者的话”中写道：“中国的自然主义具有根深蒂固的有机的和非机械的性质。”该书围绕这一问题作了我所见到的最为系统、客观和不乏深刻的讨论。此外，还可参见［美］杜维明：《试谈中国哲学中的三个基调》，载王元化、胡晓明主编：《释中国》(第 2 卷)，第 878 页及以下；蒙培元：《理学范畴系统》，人民出版社 1989 年版，第 425-451 页。

② 如北宋理学家张载在《横渠易说·说卦》中说：“一物而两体者，其太极之谓欤！阴阳天道，象之成也；刚柔地道，法之效也；仁义人道，性之立也。三才两之，莫不有乾坤之道也。易一物而三才，天地人一。”所以，正如程颐所说：“天地人只一道也。”(《河南程氏遗书》卷十八)

图 5-2 所示。

↗白天/昼/明/阳→生/动(发动/先施/生发/主)→生生不息→阳→德↘

天之象　　　　　　　　　　　　　　　　　　　　　　天之道

↘黑夜/夜/暗/阴→成/静(回应/后受/收成/从)→井然有序→阴→道↗

图 5-2　从天之象到天之道(道德原理文化哲学的形成及其构成)

由于道原本是一种含有路径、方向、方法的秩序,所以,在哲学上,它从井然有序被引申为有序性/成/静→阴/柔/道→义/宜→刑罚/法等,表达统一事物中的形式、外在、功用、辅从;而德原本是一种含有事物的性能和神奇品质的创生,所以,在哲学上它从生生不息被引申为创生性/生/动→阳/刚/德→仁/爱→德礼/礼等,表达统一事物中的性质、内在、本体、主导。因此,这样一来,从原理上说,不仅自然世界是道德世界,人类社会亦是道德世界,亦即道德是万物原理,所以,道德原理贯通天、地、人、法。这种从自然现象到自然法则,从自然法则到哲学原理,从哲学原理到社会原理,从社会原理再到政教(政治—法律)原理的过程及其结构,如图 5-3 所示。

↗井然有序(外/用/从)→有序性/成/静→阴/道→柔/义/宜→理/法/刑罚(用/昏/秋)↘

自然　自然性状　　　　自然法则　　哲学原理　社会原理　政教(政治—法律)　原理

↘生生不息(内/体/主)→创生性/生/动→阳/德→刚/仁/爱→情/礼/德礼(本/晓/阳)↗

图 5-3　从自然现象到自然法则到哲学原理到社会原理到政教原理贯通示意

这是从《易经》发展而来的中华之道,亦即以道德为原理的中国文化哲学。① 据此一贯之道,我们知道天地/自然之道是阴与阳,即

---

①　正如图 5-3 表明的,这个文化哲学回答和弥合了天、地、人、法,亦即自然、社会与人类(包括法)之间的关系与矛盾,在人生境界上达到了天人合一。天人合一的境界,在理论上表述为天、地、人三才的和谐,亦即天时、地利、人和的协调与统一。这个理论的根据是有机宇宙观,所以,从现象和逻辑上看,图 5-3 是从哲学到法学,但如果要刨根问底的话,它应该是从农学到哲学,再从哲学到包括法学在内的其他学说。作为证明,下面引用一段农史学家的精要看法:"三才理论的通俗表述'天时、地利、人和(或人力)',就是

阴阳一体、阳主阴从、阴阳变化、生生不息。① 人类/社会之道是仁与义,即仁义一体、仁本义辅,仁施义取、万世不穷。政教/法律之道是礼与法/德与刑/情与理,即礼法结合、德主刑辅、情理相协、法随时转。讨论至此,如果我们把这一部分的内容,特别是上述诸示意图的内在逻辑,简洁而有条理地整合起来,是否可以得出这样一个认识:中国传统法的道德人文精神生于道德原理,道德原理出自阴阳之道,阴阳之道源于自然法则;所以,遵循自然法则的有序性和创生性,形成了中国传统法中"人为称首"思想指导下的重生与讲礼的对立统一。这说明中国传统法的道德人文精神是内生和固有的,其哲学即是道,亦即我们的先贤对天、地、人、法有机统一的认识,实际是中国人的生命世界观在法的精神上的投射和反映,所以,中国传统法的道德人文精神只有置于道的哲学中才能被真正认识。

地地道道的农业语言、农业思想和农业智慧。甲骨文中的'時'字从之从日,其中'之'是简化的足形('止')在'一'上,象人足在地上有所往之形,义为'日行',用现代科学语言讲,就是太阳的运动。可见,古人已认识到'日行'导致季节变换,即'时'。农业生产必须遵从'时',即气候季节变换形成的节律,所谓'食哉唯时'。甲骨文中的'利'从禾从刀,原意为收割禾谷所获;'利'作'锋利'、'利益'解是其引申义。正如清代学者俞樾说:'盖利之本义谓土地所出者。土地所出莫重于禾;以刀刈禾,利无大于此者。'(《儿笘录》)可见,'地利'是从农业生产中得出的概念。在古籍中'人力'出现早于'人和'。甲骨文的'力'是原始农具之耒形,盖操耒而耕作要用力,故引申为气力的力。而劳动力自始就是农业生产的要素。农业生产固然离不开人的劳动能力,但它不是由孤立的个人进行的,而是社会群体的行为。要使分散的'力'变成强大的'合力',就必须协调各个单个人的关系,使群体和谐一致。(这里请注意,远古中国的自然环境和地理条件,使原始农业生产必须通过劳动者之间的协作才能完成,这即是在我国黄河流域早期的耒耜沟洫耕作。——引者注)因此,又有'人和'概念的产生。可见,三才理论确实是农业实践的升华和结晶。它形成以后,又反过来成为农业生产的指导思想,并作为一种宇宙模式和分析框架应用到其他领域,并渗透到各种学派的学说中。"(李根蟠:《关于中国古代农学思想的几点讨论(节选)》,载南京大学中国思想家研究中心办公室编:《中国思想家研究·动态信息》2012 年第 149 期)

① 如北宋周敦颐的《太极图说》:"无极而太极,太极动而生阳,动极而静,静而生阴。……分阴分阳,两仪立焉。阳变阴合,而生水火木金土。……二气交感,化生万物,万物生生,而变化无穷焉。"

第六章 中国传统法的道德原理及其价值

第六章　中国传统法的道德原理及其价值

在法律与道德的关系上，法理学一般认为，道德是法律的基础。虽然不同的法理学具体说法不一，但原理上都承认这一点。[①] 除实证主义法学外，法律学人对此亦无异议。不过，这只是在通常情况下单讲法的一般原理而已，一旦涉及中国传统的法律与道德问题，情况马上就会发生变化，好像中国是个例外。[②] 其实，在人类法律文化之林中，中国传

---

① 有关著述很多，可选中、美、德三国有代表性的大学法科教材为证。请分别参见张文显主编：《法理学》（第 3 版），高等教育出版社、北京大学出版社 2007 年版，第 381-387 页；［美］E. 博登海默：《法理学——法哲学及其方法》，邓正来、姬敬武译，华夏出版社 1987 年版，第 1-205 页；［德］魏德士：《法理学》，丁晓春、吴越译，法律出版社 2005 年版，第 179-183 页。

② 譬如，讨论像本章主题这样的文章，我在以前是不会写的。因为从我 1980 年开始学习法律起，就领略到了中国传统法因其“礼法结合”所形成的法律道德化和道德法律化而受到的广泛严厉的批评。这些批评已深深地印在我的脑子里，其影响之大对自己任何稍有不同的想法，哪怕是本能的不满都形成某种压制。面对强大的批评声，即使心有疑惑亦不敢随便提出异议，似乎一提出就有为“人治”辩护之嫌。现在回顾起来，这个看似纯粹的个人经历，其实浓缩了一代人和一个时代的特征。这样说的意思是，像我这样生于 20 世纪 60 年代，又在 80 年代入大学的法律学人，有两个先天不足：一是深受政治意识形态和现代化话语的影响；二是接受法律实证主义的教育。前者让我们要么把传统当作封建专制加以批判，要么把传统与现代化完全对立起来；后者使我们将法律与道德分离。不幸的是，这两个不足成了我们那一代法律学人共有的理论和专业基础。如果再加上自己的根底不足，就很难理直气壮地说出自己的想法。现在促成笔者来撰写本章的因素，除了专业上的认识外，还有几个与之相关的问题意识：一个是费孝通先生讲的，在全球化的今天如何做到“文化自觉”。另一个是沟口雄三教授在一次国际会议的演讲中提到的：“中国知识分子的历史课题是摸索中国文化传统下法的原理（法源在于权利还是在于道德），或者在私营经济活动日益活跃的现状下，探索如何对共同性和个人性的关系作出原理的说明。”

统法之所以能够独树一帜,部分是因为它悠久的历史和深远的影响,部分还由于它精深的学理。对于前者,学界多有研究;对于后者,学界虽亦有关注,但成果大多集中在对制度本身和对儒、法、道三家法思想的探讨上。如何对中国传统法在整体上做原理性的把握,揭示贯通诸子百家同时又支配中国传统法发展的一般理论,亦即对中国传统法共通原理的研究,仍然是一个薄弱环节。有鉴于此,我拟从原理概念入手,以《唐律疏议》为中心,逐步探讨相关问题。

第一节 中国传统法的原理是道德原理

"原理"是来自西方的概念,在中国传统文化中可与之相对应的是"道"。当然,这个"道"不单是道家之道,而是包含了道家之道的中华文化之道,亦即中国传统文化的共通原理。① 因此,中国传统法的原理,可以理解为中国传统法之道。如何认识这个道,我们不妨先看一看《唐律疏议》在开篇《名例》篇中是如何说的。它说:"德礼为政教之本,刑罚为政教之用,犹昏晓阳秋相须而成者也。"② 这

(参见[日]沟口雄三:《儒教研究的新期待——以阳明学为中心》,载张立文主编:《东亚文化研究》(第1辑),东方出版社2001年版,第299页)另外,目睹现实中国,一方面为它的发展深受鼓舞,另一方面又为它的问题而忧虑。私见以为当下中国的问题不仅在于制度亦在于人,人的问题不仅在于规范更在于道德。如果我们的制度、法律和人都没有了道德,或者说缺乏了德性,那后果是不堪设想的。因此之故,我将自己学习《唐律疏议》的心得体会和对中国传统法的思考结合起来,借以重新探讨中国传统法的原理及其价值。

① 参见冯友兰:《中国哲学简史》(第2版),涂又光译,北京大学出版社1996年版,第144-149页;严灵峰:《原道》,载王元化、胡晓明主编:《释中国》(第2卷),上海文艺出版社1998年版,第899-906页;[韩]李顺连:《道论》,华中师范大学出版社2003年版。

② 〔唐〕长孙无忌等撰:《唐律疏议》,刘俊文点校,中华书局1983年版,第1页。

句话的意思是说，德礼是政教的根本，刑罚是政教的辅从，两者的关系犹如黄昏与早晨（相续为一天）、春天与秋天（相续为一年），只有相互结合才能构成完美的整体。这是对上述律文的直译，如果仔细分析，就会发现它的内涵远不止这么简单。首先，它融合了儒、法、道三家的思想。从概念的倾向上讲，"德礼"是儒家的，"刑罚"是法家的，"昏晓阳秋"是道家的。儒、法、道三家的思想在国家法典中融为一体，这是西汉以来中国法律发展到唐代"臻于完善"的表现，唐律由此成为中国传统法的象征和代表。其次，它贯彻了中华文化之道，体现出从阴阳合一、阳主阴从到礼法结合、德主刑辅的道德原理结构。为了更直观地阐明这一点，我们先看图 6-1。

↗ 德礼 — 本 — 晓 — 阳（春天）—（主）阳 ↖
政教　　　　　　　　　　　　　　　　　　道
↘ 刑罚 — 用 — 昏 — 秋（秋天）—（从）阴 ↙

图 6-1　《唐律疏议 · 名例》所示道德原理结构

很明显，图 6-1 是把上面《唐律疏议 · 名例》的表述结构化了，其中"阳秋"之后是笔者加上的，但符合道的构成。通过这个图示，我们可以看到作为政教两翼的德礼与刑罚与作为道之两仪的阳与阴的对应关系。我们知道，政教是中国传统政治文化的统称，法律亦被包括在其中。因此，作为政教两翼的德礼与刑罚，实际上就是中国传统法的基本内容，亦即儒、法、道三家法思想合流后的礼法结构。正如上述《唐律疏议 · 名例》所示，在这个结构中，德礼为本、刑罚为用。对此，人们把它概括为礼法结合、德主刑辅。礼法结合、德主刑辅是以唐律为代表的中国传统法的基本结构。由图 6-1 可见，礼法结合、德主刑辅的哲学基础或者说法理依据是阴阳合一、阳主阴从的中华文化之道。

毋庸赘言，"道"是中国传统文化的最高范畴。依据中国经典表述，道的基本构成是阳与阴，亦即太极的两仪或二元。① 阴与阳这两者的关系是对立统一的辩证关系，其中对立中有相涵相摄，相涵相摄中又有支配，阳在其中起主导和支配作用，形成阴阳合一、阳主阴从的结构，产生阳生阴成、相生相成的结果，这即是中国传统的一阴一阳之道。② 按照中国传统思维，阳代表德性，阳主意味着事物的属性依德。③ 因此，虽然在通常情况下，人们习惯于用道或理来指称事物的原理，但在这种情况下，道或理实际上已经含有了德。④ 因为道或理原本所表达的只是事物的秩序结构，而德所表达的才是事物的内在属性。⑤ 这表明在事物构成的原初意义上，道是德的表现形式，德是道的存在依据，道与德共同构成了事物的统一性，亦即道德是事物的统一原理。由此可见，作为秩序结构亦即原初意义上的道，与作为内在属性的德原本是相对应的，两者只有合成才能构成完整的道德原理；而作为原理意义上的道，实际上已经含有了德，所以，这个道亦可以被称为道德原理。鉴于此，我把这个文化构成理论统

---

① 《周易·系辞传上》曰："易有太极，是生两仪。"

② 汉代大儒董仲舒在《春秋繁露·基义》中说的一段话可为经典。他说："凡物必有合。……阴者阳之合，妻者夫之合，子者父之合，臣者君之合。物莫无合，而合各有阴阳。阳兼于阴，阴兼于阳。夫兼于妻，妻兼于夫。父兼于子，子兼于父。君兼于臣，臣兼于君。君臣父子夫妇之义，皆取诸阴阳之道。君为阳，臣为阴。父为阳，子为阴。夫为阳，妻为阴。……阳之出也，常县于前而任事；阴之出也，常县于后而守空也。此见天之亲阳而疏阴，任德而不任刑也。是故……德礼之于刑罚，犹此也。故圣人多其爱而少其刑，厚其德而简其刑，此为配天。"另见《春秋繁露·阳尊阴卑》等。

③ 参见《易传》及《周子通书》。

④ 如江袤说："道、德实同而名异，曰道曰德，亦何所不可也。"（〔明〕焦竑：《老子翼》，黄曙辉点校，华东师范大学出版社 2011 年版，第 229 页）

⑤ 如《庄子·天地》："通于天地者，德也；行于万物者，道也。"又如《管子·心术上》："德者道之舍，物得以生……"又如《大戴礼记·主言》："道者所以明德也，德者所以尊道也。是故非德不尊，非道不明。"

称为“道德原理”。[①]

道德原理的内在结构是，德是阳是生是体是内是质是主，道是阴是成是用是外是式是辅，两者是对立统一的辩证关系。所以，道的有序建立在德的合理基础上，德的合理借由道的有序来体现。道德的合理有两层含义，即绝对的合理与相对的合理。绝对的合理为万物有理，亦即理一；相对的合理为物各其理，亦即分殊；两者对立统一为理一分殊。理一分殊是万物原理。“理一”意味着事物本质抽象上的同一，亦即形而上的“齐”。“分殊”意味着事物本质现象上的不一，亦即形而下的“差”。“齐”要求同等对待（一体、统一、共生共荣），“差”要求区别对待（不等、有序、和而不同），但两者都是合理的。德所固有的这种合理性结构，内在地规定了道并通过道向外呈现，最后形成有序与合理，亦即道（有序）与德（合理）的有机结合，实际是道与德的一体化，结果是合理有序的构成。其结构形式是道，表现为一体两元主从式多样化的构成；其本体性质是德，表现为生生不息的共生共荣，包括创生、仁爱、付出、责任、公明、诚实、本然等德性。这表明中国传统法的构成原理，形式上是道，实质上是德，亦即道德原理。如果对照上述《唐律疏议·名例》的表述和图示，我们即可发现，中国传统法的原理不过是中国文化原理在法律上的延伸和表达，只是这个原理的内涵有了变化，由阴阳合一、阳主阴从的哲学概念转换成了礼法结合、德主刑辅的法律概念。因此，从法哲学上说，中国传统法的原理可被称为道德原理。换言之，道

---

① 这里所说的“道德原理”中的“道德”一词，其含义与现在我们通常所说的“道德”的含义不同。前者是中国传统哲学中的一个重要范畴，用以表达世界万物的原理，亦即正文中所说的，道是事物的存在形式，德是事物的存在依据，道与德共同构成事物的统一性。这个原理贯通天、地、人，亦即自然、社会与人类，所以它本质上是中国人的世界观。由此可见，它与我们现在通常所说的人的品行好坏的“道德”一词，包括与英文中的moral和morality，在内涵上并不一致。它们之间的联系，只能说后者是由前者引申来的。

德是传统中国人视法之为法，亦即法的正当性的理据所在，所以说它是中国传统法的原理。

第二节　中国传统法道德原理的表征

道德就像我们生活中的空气，虽必不可少且时时能被感觉到，但却很难定义。原因是道德是一个广泛的存在，人们可以从不同的角度来认识它。从法和社会学的角度说，道德是社会调控系统中的一种形式，是人们关于善与恶、美与丑、真与假、正义与非正义之类的感觉、观点、规范、原则和信念的总和。由此可见，道德本身是一个系统，它至少包含了价值与理念、原则与规范、感觉与态度这样几个层面。在此，我们不妨借这个结构来解读一下中国传统法的道德原理。

（一）

在价值与理念层面上，亦即人们关于道德的信念方面，中国传统法的道德原理集中在一个“善”字上，表现到国家法律上就是追求“善治”，亦即以博爱的胸怀和精神来制定贯彻法律。《唐律疏议·名例》在谈到立法宗旨时说：“《易》曰：‘天垂象，圣人则之。’观雷电而制威刑，睹秋霜而有肃杀，惩其未犯而防其未然，平其徽纆而存乎博爱，盖圣王不获已而用之。”这是一段含义丰富、意味深长的话。它首先说明圣人（代表国家）立法效法自然，所谓“‘天垂象，圣人则之。’观雷电而制威刑，睹秋霜而有肃杀”；其次表明圣人立法的目的不是刑杀，而是“惩其未犯而防其未然，平其徽纆而存乎博爱”。具体说，圣人立法的直接目的是“防其未然”，其深远意图则是“存乎博爱”。而圣王之所以要为此动用刑罚，实在是不得已而为之。恰如宋儒朱熹所言："教之不从，刑以督之，惩一人而天下人知所劝戒。所谓'辟以止辟'。虽曰杀之，而仁爱之实已行乎其中。"[①]其实，《唐律疏议》主持人长孙无忌等在《进律疏表》中对此就有很好的说明，所谓："伏惟皇帝陛下，体元纂业，则天临人，覆载并于乾坤，照临运于日月，坐青蒲而化光四表，负丹扆而德被九围。日旰忘餐，心存于哀矜；宵分不寐，志在于明威。"[②]大家知道，《名例》是《唐律疏议》的灵魂，《唐律疏议》是唐律的精髓，唐律又是中国法传统的代表，因此，《唐律疏议·名例》所表述的这个立法宗旨，并不仅限于《唐律疏议》，而是中国传统法的共同特质。《清史稿·刑法志》对此有一个很好的总结："中国自书契以来，以礼教治天下。劳之来之而政出焉，匡之直之而刑生焉。政也，刑也，凡皆以维持礼教于勿替。故《尚书》曰：'明于五刑，以弼五教。'又曰：'士制百姓于刑之中，以教祗德。'古先哲王，其制刑之精义如此。……至唐《永徽律》出，始集其成。虽沿宋迄元、明而面目一变，然科条所布，于扶翼世教之意，未尝不兢兢焉。君子上下数千年之间，观其教化之昏明，与夫刑罚之中不中，而盛衰治乱之故，綦可睹矣。"这个总结阐释了传统中国几千年来的立法精髓是"以教祗德"的善。因此，从价值与理念层面上讲，中国传统法的原理既可谓是道德原理又可谓是善的原理。

其实，"善"不仅是中国传统文化的至德[③]，亦是人类的崇高美德，犹如亚里士多德所说："每种技艺与研究，同样地，人的每种实践

---

① 〔宋〕黎靖德编：《朱子语类》（第5册），王星贤点校，中华书局1994年版，第2009页。

② 〔唐〕长孙无忌等撰：《唐律疏议》，刘俊文点校，中华书局1983年版，第578页。

③ 有关中国传统的善的价值系统研究，参见杨国荣：《善的历程·儒家价值体系研究》，上海人民出版社2006年版。

与选择,都以某种善为目的。所以有人就说,所有事物都以善为目的。"[①]但在不同的文化中,善的来源有所不同。西方文化中的善,最早来自柏拉图的理念论,后又出自基督教的上帝。[②] 如果要追溯中国传统文化中的善,至少可溯及作为中华文化元典的《易》。《周易·系辞传上》曰:"一阴一阳谓之道,继之者善也,成之者性也。"其意是说一阴一阳的对立转化称作道,继承它的是善,成就它的是性。具体说"善"就是化生万物,亦即万物的创生原则,这是宇宙间最大的盛德,所以《周易·系辞传上》曰"日新之谓盛德",《周易·系辞传下》曰"天地之大德曰生"。[③] 由此可见,中国传统文化中的善源自道、寓于德,延伸到中国传统法上,即构成笔者所说的道德原理。这一点与西方显然不同。

(二)

在善的信念指导下,中国传统法的道德原理表现到法律原则与规范上,可以简单地用"三纲五常"来概括。三纲是指君为臣纲、父为子纲和夫为妻纲,五常包括仁、义、礼、智、信。三纲是社会的伦理,五常是个人的德性。传统社会"纲常"二字连用,意指一般道德律。[④]三纲五常是长期以来受批判的中国传统法的原则与制度。其实,随着中国传统社会的发展,三纲五常并非没有发挥过积极作用,否则,

---

① [古希腊]亚里士多德:《尼各马可伦理学》,廖申白译注,商务印书馆 2003 年版,第 3-4 页。

② 参见[美]梯利著,伍德增补:《西方哲学史》(增补修订版),葛力译,商务印书馆 2015 年版,第 65-67 页、第 71-73 页、第 166-168 页。

③ 更多的讨论参见周振甫译注:《周易译注》,中华书局 1991 年版,第 234 页;牟宗三:《周易哲学演讲录》,华东师范大学出版社 2004 年版,第 54-60 页。

④ 参见冯友兰:《中国哲学简史》(第 2 版),涂又光译,北京大学出版社 1996 年版,第 170 页。

就无法理解中国传统社会的兴盛与作为政纲的传统法的关系。[①] 只是随着中国传统社会的衰落，三纲五常的消极性才凸显出来。但对此亦要作具体分析，作为封建的、专制的和宗法的三纲，由于不合时宜已遭淘汰，所以在这里亦不予讨论。但作为具有普遍意义的人的道德原则，五常剔除它某些具体过时的礼教内容，仍有研讨的必要。笔者正是秉着这一认识，来重新检讨五常在中国传统法的原则与规范上的表现。

为什么说五常属于道德原理的范畴，这是我们要讨论的前提。前文已经说明，道德原理的原理是道而属性是德，那么，德的具体内容又是什么呢？按照一般的理解，德的具体内容是仁、义、礼、智、信之五德，亦即通常所说的德目。[②] 这五德就是人们所说的五常，"常"有不变的意思，表明人有五种不变的德性，与通常说的五伦[③]略有不同。如此，我们明白五常或德目，即仁、义、礼、智、信，是我们要讨论的对象。千百年来，中国人对仁、义、礼、智、信之五常的解释

---

① 朱熹说过："宇宙之间，一理而已。天得之而为天，地得之而为地，而凡生于天地之间者，又各得之而为性。其张之为三纲，其纪之为五常，盖皆此理之流行，无所适而不在。"（〔宋〕朱熹撰：《朱子全集》，载朱杰人、严佐之、刘永翔主编，上海古籍出版社与安徽教育出版社 2002 年联合出版，第 3376 页）这说明在中国传统的思想体系或者说中国人的世界观中，"三纲五常"是天理。还有，贺麟先生对五伦特别是三纲作了与众不同而富有哲理的解读。他认为，在传统中国，三纲之为纲有着自然、政治和道德上的合理性，对于大一统国家的存在和维护作用亦是明显的。参见贺麟：《五伦观念的新检讨》，载王元化、胡晓明主编：《释中国》（第 2 卷），上海文艺出版社 1998 年版，第 1204-1218 页。

② 参见牟宗三：《周易哲学演讲录》，华东师范大学出版社 2004 年版，第 113 页。

③ 五伦是儒家认为的五种人伦道德，即亲、义、别、序、信，来自孟子的"人之有道也，饱食暖衣，逸居而无教，则近于禽兽。圣人忧之，使契为司徒，教以人伦：父子有亲，君臣有义，夫妇有别，长幼有序，朋友有信"。（《孟子·滕文公上》）

并不一致。[①] 这是理所当然的事，因为变本身是符合道的，所以易亦叫移。但变中有不变，这亦是道，所谓易有常经。[②] 笔者以为，普通中国人对五常的一般理解是：仁表示仁慈博爱，义表示适宜恰当，礼表示有序合理，智表示明智通达，信表示诚实信用。借此，我们对它们可以作法律结构上的分析。

可以看到，仁的含义是仁慈博爱，在五常的结构中居于首位，说明它是五常的第一原则，这在中国传统法中亦有同样的体现。正如我们在前面所引的《唐律疏议·名例》所说的"平其徽纆而存乎博爱"，以及长孙无忌等在《进律疏表》中表述的"而体国经野，御辨登枢，莫不崇宽简以弘风，树仁惠以裁化"。[③] 还有朱熹所说的"虽曰杀之，而仁爱之实已行乎其中"，以及《清史稿·刑法志》引《尚书》所说的"明于五刑，以弼五教"和"士制百姓于刑之中，以教祗德"等，都清楚地表明：仁，亦即仁慈博爱，既然是中国传统立法的宗旨，当然亦是中国传统法的第一原则。这一原则在法律规范上的突出表现就是慎刑和恤刑的宽宥制度，包括死刑复奏、诸司会审、秋审、朝审、秋冬行刑等慎刑制度，和对老、弱、病、残、鳏、寡、孤、独，以及妇女、儿童的恤刑制度。[④] 这些体现仁爱精神的法律规定，在中国传

---

① 在对五常的理解中，孔子和孟子的说明是引用最广的，但实际上后人的理解并不局限于此，只是大意相通而已。孔子说："上好礼，则民莫敢不敬；上好义，则民莫敢不服；上好信，则民莫敢不用情。"（《论语·子路》）孟子说："恻隐之心，仁也；羞恶之心，义也；恭敬之心，礼也；是非之心，智也。仁、义、礼、智，非由外铄我也，我固有之也。"（《孟子·告子上》）

② 《易纬·乾凿度》曰："易一名而含三义，所谓易也，变易也，不易也。"

③ 〔唐〕长孙无忌等撰：《唐律疏议》，刘俊文点校，中华书局 1983 年版，第 577 页。

④ 中国传统法中有关慎刑、恤刑的规定，可谓历史悠久、内容繁多，无法一一列举。有意者可参阅诸法典的《名例》篇和《历代刑法志》的相关部分；或参见［美］D. 布迪、C. 莫里斯：《中华帝国的法律》，朱勇译，江苏人民出版社 1995 年版，第 112–140 页；或浏览中国法制史著作中司法制度部分。

统法中可谓不胜枚举，可以说自西周《吕刑》到《大清律例》，历朝正典都有明确规定，而且从《北齐律》以后，一般都作为原则载于法典的首篇《名例》中，就像《唐律疏议》中的《名例》那样起着指导规范全律的作用。例如，《唐律疏议》对加役流的疏议曰："加役流者，旧是死刑，武德年中改为断趾。国家惟刑是恤，恩弘博爱，以刑者不可复属，死者务欲生之，情轸向隅，恩覃祝纲，以贞观六年奉制改为加役流。"[①]而且由于在中国传统文化中，仁、善、德相通，所以，当我们讲中国传统法的道德原理时，实际上亦等于在说它的善、它的仁和它的德。

在仁之后的五常结构中，分别排列着义、礼、智、信。义、礼、智、信同样是传统中国人的重要德性，亦是仅次于三纲和仁的法律原则与规范。

首先，就"义"来说，它的基本含意是适宜、恰当，说明义有正当、正义的意思。[②] 这是人类法律的共性之一，自然亦是包括唐律在内的整个中国传统法的立法原则或者说法律根据之一，即如《唐律疏议·名例》"序"所说："律者，训铨，训法也。易曰'理财、正辞、禁人为非曰义。'故铨量轻重，依义制律。"[③]同时，由于传统中国是等级社会，所以"义"的正当性往往与身份相关，其实这亦正是人类古代法的一大特征，中国自不例外。再有，传统中国的义经常与仁联系在一起，称作仁义，说明义有强烈的利他道德意味，这是中国传统法的特色。"义"的这三层含义在唐律和中国传统法中都有体现，譬如，"杀人者死，伤人者刑"；"八议"与"官当"；以及怜老恤幼、抑强

---

① 〔唐〕长孙无忌等撰：《唐律疏议》，刘俊文点校，中华书局 1983 年版，第 35 页。

② 孔颖达对《唐律疏议·名例》"序"中所引《周易》的"理财正辞，禁人为非曰义"中"义"的解释是："义，宜也。言以此行之，得其宜也。"（参见〔唐〕长孙无忌等撰：《唐律疏议》，刘俊文点校，中华书局 1983 年版，第 24 页）

③ 〔唐〕长孙无忌等撰：《唐律疏议》，刘俊文点校，中华书局 1983 年版，第 1–2 页。

助弱,这三项中国传统法的基本原则及其规范,可以分别对应上述“义”的三层含义。①

其次,来讨论礼。礼,虽然在五常中居中,但它与德相连,统称为德礼,一直是中国传统法的核心概念和重要原则。礼原本是一种习惯,后发展为系统的规范,追求的是合理的等级秩序,亦即费孝通先生在他的《乡土中国》中所说的“差序格局”。② 在传统中国,这种“差序格局”是合理的文明的标志,因为礼所倡导的这种等差据于理、合于德、归于道,是中国传统道德文化原理的体现。所以,“礼法合一”是天理、情理、法理的合一。礼在中国传统法中有广泛的表现,我们几乎可以在各个领域中观察到它的存在,前引《唐律疏议·名例》所揭示的“德礼为政教之本”已经说明了问题,《唐律疏议》500 条中本身就有不少律文和疏议直接是以礼为据的。③ 正如《四库全书总目·唐律疏议提要》的评论:“论者谓《唐律》一准乎礼,以为出入得古今之平,故宋世多采用之。元时断狱,亦每引为据。明洪武初,命儒臣四人同刑官进讲《唐律》,后命刘惟谦等详定《明律》,其篇目一准于唐。”清代学者王友谅在《书唐律后》中亦说:“《唐律》具存,计篇十二,计卷三十,而国朝定制,参稽旧文,损益以归于大中,其所资者,亦以《唐律》为多。”④其实,在宋明理学取代汉唐儒学成为正统意识形态后,礼和教合一,礼教的观念由此获得了前所未有的深化和扩散,宋尤其是明、清诸律中的礼教化远胜于《唐

① 更详细的讨论,可参见[美]金勇义:《中国与西方的法律观念》,陈国平等译,辽宁人民出版社 1989 年版,第 78-143 页。

② 参见费孝通:《乡土中国》,生活·读书·新知三联书店 1985 年版,第 21-28 页。

③ 参见〔唐〕长孙无忌等撰:《唐律疏议》,刘俊文点校,中华书局 1983 年版,第 4 页、第 80-81 页、第 190 页、第 498 页等。

④ 《清经世文编》卷九。

律》。正可谓“礼之所去，刑之所禁；失礼则入刑，相为表里者也”。[①]

再次，来讨论智。传统中国崇尚德性，但并不排斥智性，而且把智性亦看成是德性的一种，所以五常中有智这一项，排列于礼之后。在中国传统文化中，智是知识又是智慧，但因为不是所有的知识和智慧都有德性，所以只有合乎礼的知识和智慧才是智，这样的智谓之智德，表现为明智通达，因而为法律所尊，否则，要受限制以至处罚。[②] 例如，中国传统法长期将人分为士、农、工、商四类，规定士人和农人是良民，官工和以商为业者是贱民，而良民与贱民之间身份悬殊，在权利与义务上有着广泛的等差。[③] 这是中国传统法中一项重大的身份法原则。此外，即使同样是良民，士人的身份又远在农人之上。[④] 根据笔者的理解，中国传统法中的身份制度受多种因素的影响，但毫无疑问，尊智是其中的一项。当然，法律上这种以智划分身份的规定只适于当时，如今早已过时。除了身份上的尊智外，在中国传统法的实施上，因智的不同而有同罪异罚的现象，如对年幼和愚、残等智力不健全者，一般都减免法律责任。《唐律疏议·名例》“老小及疾有犯”条规定：“诸年七十以上、十五以下及废疾，犯流罪以下，收赎。八十以上、十岁以下及笃疾，犯反、逆、杀人应死者，上请；盗及伤人者，亦收赎。余皆勿论。”[⑤]其实，这正体现了智

---

① 《后汉书·郭陈列传第三十六》。

② 在传统中国，凡是触犯礼教的知识和智慧，往往被视为奇技淫巧，受到法律的禁止和制裁。如对天文星象知识的垄断。《唐律疏议·职制》“私有玄象器物”条规定：“诸玄象器物，天文，图书，谶书，兵书，七曜历，太一，雷公式，私家不得有，违者徒二年。〔私习天文者亦同〕……”

③ 参见瞿同祖：《中国法律与中国社会》，中华书局 1981 年版，第 130-249 页。

④ 士人享有许多农人所不能享有的法定特权，如明清时期的减免赋税，还有士人犯法在革除学籍后官府才能追究等。

⑤ 〔唐〕长孙无忌等撰：《唐律疏议》，刘俊文点校，中华书局 1983 年版，第 81-83 页。

后面德的仁爱。

最后，我们来讨论一下信。在传统中国，信有信仰、信念、信义、信用、信心等多重含义。但显而易见，五常中的"信"，一般是指信义、信用，亦即诚实信用。诚实信用是人类的元伦理，亦是民法的一项基本原则。这一点法学家们都清楚。然而，大家并非都清楚的是，尽管中国传统的民事法欠发达，但诚实信用亦是它的一项重要原则；而且按照现代法的分类，无论是在公法还是私法领域，这一原则都是明确的。在中国早期的典籍《礼记》中就已经有了"物勒工名，以考其诚；功有不当，必行其罪，以穷其情"①的制度，这一制度在中国传统法中得到了很好的贯彻。《唐律疏议》共有 12 篇，其中第 8 篇《诈伪》主要是对公法领域中不诚实的欺诈行为的处罚规定。如《唐律疏议 · 诈伪》"非正嫡诈承袭"条规定："诸非正嫡，不应袭爵，而诈承袭者，徒二年；非子孙而诈承袭者，从诈假官法。若无官荫，诈承官荫而得官者，徒三年。"②在唐代，按照令的规定，爵位只能由嫡子嫡孙承袭，官荫只能由子孙承荫，凡欺诈冒袭、承荫者，分别处徒刑和流刑。类似的规定在《唐律疏议 · 职制》等篇中亦有涉及，在此不赘述。在私法领域，对不讲诚信而有欺诈行为的处罚规定主要集中在《唐律疏议 · 杂律》和《唐律疏议 · 擅兴》等篇中。如承袭《礼记》"物勒工名"的精神，《唐律疏议 · 杂律》"器用绢布行滥短狭而卖"条规定："诸造器用之物及绢布之属，有行、滥、短狭而卖者，各杖六十。"③意思是说，凡制造并销售有行、滥、短狭之瑕疵的商品者，亦即在商业生产和销售中有隐瞒商品瑕疵而不讲诚信者，分别要处杖六十的处罚。笔者亦曾对唐代的经济民事法律做过研

---

① 《礼记 · 月令》。

② 〔唐〕长孙无忌等撰：《唐律疏议》，刘俊文点校，中华书局 1983 年版，第 463 页。

③ 〔唐〕长孙无忌等撰：《唐律疏议》，刘俊文点校，中华书局 1983 年版，第 497 页。

究，结论是诚实信用是唐代工商法和债权法的共通原则。[①]

（三）

在中国传统法的道德原理结构中，还有一个感觉和态度的层面。这一层面主要是作为主体的人对客体的法，包括对法的规定和施行的认识与评价，通常表现为大众心理感觉和社会舆论情态。笔者认为，通过对中国传统法观念的解剖这条途经，我们可以获得对这个问题的大致认识。因为法观念反映了人们对法的认识和评价，而且亦是大众有关法的心理感觉和社会舆论的依据。因此，透过法观念，我们可以了解到在中国传统法的道德原理结构中感觉与态度这一层面的情状。

中国传统的法观念是一个大法观念，包括天理、国法和人情。[②]按照传统中国人的理解，天理、国法和人情是相通的。所以，国法能

---

① 参见张中秋：《唐代经济民事法律述论》，法律出版社 2002 年版，第 51-72 页、第 149-170 页。

② 从语义上说，汉字中的“法”本身就有法则、法度、法式、法律、法规、合情、合理等含义，涵括了天理、国法和人情的意义。从制度上看，传统中国历代法典的开篇，尤其是唐代以后诸法典的“名例”篇，以及历代正史中的刑法志，譬如，第一篇《汉书·刑法志》和最后一篇《清史稿·刑法志》，事实上都是在对天理、国法与人情一体化的来历与正当性的论证和重述。如果再从法的实践方面来考察，传统中国留传下来的司法判决和文献亦能印证这一点，至少在判官、当事人和文书/文献制作者的观念上，他们自己是这样认为的。还有更重要的是，生活在传统中国社会中的普通民众的法意识，这虽然难以界定，但把它看成是一个天理、国法、人情的混合体，大概离真实不会太远。另外，陈顾远先生对天理、国法、人情三位一体，以及国法、人情都归于理的解读，可以说都是正确的认识。（参见陈顾远：《天理·国法·人情》，载范忠信、尤陈俊、翟文喆编校：《中国文化与中国法系——陈顾远法律史论集》，中国政法大学出版社 2006 年版，第 275-282 页）但他通篇没有在哲学上说透，天理为何能支配国法、人情，亦没有在逻辑上说清天理、国法、人情是如何贯通的。其实，在中国哲学中，宇宙是一个有机系统，万物相互感应、互为一体，所以自然、社会、人类是相通的，而通就通在理上。这个理就是天理。它首先表现为万物井然有序与生生不息的自然之理，进而被先贤们抽象表达为道与德，所以称之为道德律。道德律不仅是中国人观念中的自然律，亦是社会集体、人类生活的支配律，所以，道德乃是中国文化的根本原理，天理、国法、人情正是在此基础上达到三位一体，相互贯通的。

够而且必须上符天理下合人情，否则，就不能称为国法。那么，是什么让它们相通呢？仔细分辨一下即可发现：天虽然是客观存在但不能言，所谓天理实际上是人在代言；国法虽亦是客观实在，但实际上它还是人的产物；只有人情才是人的主动表现。因此，在天理、国法与人情的关系中，人情处于主体/主动的位置，而天理与国法只处于客体/被动的位置。这样，在三间之间能够起贯通作用的，或者说担当贯通这一的角色的只能是人情。那么，人情又是通过什么来贯通的呢？笔者以为，只是一个“理”字而已，所谓天理、法理、人理，实则是一理。因这个理出自人情，所以又叫“情理”。

在汉语中，“情理”是指合乎人情的道理或者说有道理的人情。什么是合乎人情的道理或者说有道理的人情呢？对生活在不同的文化和场景中的人来说，它的含义和范围似乎都难以确定。但笔者相信，在传统中国，情理的核心内容是确定的，就是我们在前面所说的三纲五常，其来源正是中国传统文化的道德原理。《唐律疏议·名例》“大不敬”中有注：“指斥乘舆，情理切害。”疏议对“情理切害”的解释说：“旧律云‘言理切害’，今改为‘情理切害’者，盖欲原其本情，广恩慎罚故也。”①大家知道，“原其本情”是考察动机，“广恩慎罚”是示仁爱，两者都是道德性的表现，所以，“言理”改为“情理”这一字之改，则深刻体现了《唐律疏议》的法理义蕴。作为中国传统大众道德表现的情理，由于它是根植于道德原理的，所以在精神和内涵上都与当时社会的主流价值一致。传统中国的主流价值在早期是礼，后来发展为礼教。礼教的核心内容就是三纲五常，亦即通常所说的“纲常名教”。礼教能够成为传统中国社会的“纲常名教”，说明它深入人心已到了何等地步！这同时亦意味着在传统中国，无

① 〔唐〕长孙无忌等撰：《唐律疏议》，刘俊文点校，中华书局1983年版，第11－12页。

论是精英阶层还是普通民众，三纲五常实际是人们评价法的准则。正如朱熹所说："盖三纲五常，天理民彝之大节而治道之本根也，故圣人之治，为之教以明之，为之刑以弼之，虽其所施或先或后，或缓或急，而其丁宁深切之意未尝不在乎此也。"①所以，具体到某部法典、某条律文或某件判决，凡是符合君为臣纲、父为子纲和夫为妻纲之三纲的，或体现仁、义、礼、智、信之五常的，就是合乎情理，反之即不合情理。正是由于这个原因，中国传统法亦被称为"情理法"。②"情理法"一词虽不甚科学，因为不存在类似于刑事法、民事法这样实体的情理法，但它还是在某种程度上表达了人们对中国传统法的认识与评价，同时亦恰当地表达了大众对中国传统法的道德原理的感受与态度。

第三节　中国传统法道德原理的价值

在前面部分，我们对中国传统法道德原理的内涵及其表征进行了解读与分析，在这一部分中，我将以前述为基础，深入探讨它的价值。需要说明的是，既然是价值探讨，自然是指积极的方面，否则，就不能称为价值。但这不等于说中国传统法的道德原理没有消极的东西，其实笔者在前面已经指出了作为道德原理表现的三纲之弊

---

① 杨鸿烈：《中国法律思想史》，中国政法大学出版社2004年版，第141页。

② 此类资料繁多，不复列举，经典者可见宋人《名公书判清明集》和明、清官员以及幕吏的判牍文集。现代研究的成果，可参见[日]滋贺秀三：《清代诉讼制度之民事法源的概括性考察——情、理、法》，载滋贺秀三等：《明清时期的民事审判与民间契约》，王亚新、范愉、陈少峰译，法律出版社1998年版；范忠信、郑定、詹学农：《情理法与中国人——中国传统法律文化探微》，中国人民大学出版社1992年版；林端：《儒家伦理与法律文化：社会学观点的探索》，中国政法大学出版社2002年版。

端,即封建性、专制性和宗法性。这些大家都已清楚,不再赘述。这里我主要立足于原理本身及其表现,并集中到人、法、社会这三个方面加以探讨,因此可以表述为中国传统法的道德原理对人与法和社会的意义。

从对人的意义来说,中国传统法的道德原理的最大价值在于它的人文性。这个人文性立足于道德之上,体现为对人之为人的德性的确认、保护和促进,因此我们不妨称之为道德人文性,这使它不同于立足于理性之上的西方人文主义传统。① 以史为证,在中国的夏商时期,法律还受原始性的宗教神权支配,所以"天罚神判"盛行,人的主体性和理性都受到神性的压制。但从西周开始,人的主体性和理性崛起,体现德性的人文法逐渐代替原始性的宗教神权法。西汉以后,中国的法律与儒家伦理相结合,到唐朝,两者达到了水乳交融的境地,形成了礼法结合、德主刑辅的唐律。这在古代社会是一种高度发达的人文法,其正当性直接源于它的道德性,而其哲学依据就是我们在前面所说的道德原理。如前所述,道德原理的结构是阴阳合一、阳主阴从,这是传统中国人所认识到的万物构成的原理,体现到人就是人的德性控制兽性的身心合一,体现到法就是德主刑辅的礼法结合。这样的法不仅摆脱了神鬼式的原始宗教的束缚,而且肯定、高扬了现实中的人和人的德性,所以说它是一种高度发达的人文法。

在中国传统文化中,人心和德归属于阳性,与理性相通,代表人性与文明;与此相对,人身和刑归属于阴性,与非理性相通,代表兽性(本能)与野蛮。因此,德主刑辅的法就是符合心主身从的人的

---

① 参见[英]阿伦·布洛克:《西方人文主义传统》,董乐山译,读书·生活·新知三联书店1997年版。

法，亦即人的德性控制兽性、理性控制非理性的法。[1] 从传统中国人的立场看，这样的法是合乎道德的，可谓是合情合理的良善之法。从今天的立场看，剔除它过时的道德内容，中国传统法的道德原理亦仍有其不变的价值，即它对人之为人的德性的确认、保护和促进。那么，为什么一定要确认、保护和促进人的德性呢？如果要深究下去，其背后实际是对“人”是什么的回答。孟子说：“人之所以异于禽兽者几希，庶民去之，君子存之。”[2]所以，“无恻隐之心非人也，无羞恶之心非人也，无辞让之心非人也，无是非之心非人也”。[3] 荀子则对比说：“水火有气而无生，草木有生而无知，禽兽有知而无义，人有气有生有知，亦且有义，故最为天下贵也。”[4]按照荀子的理解，人区别于水火的是有生，区别于草木的是有知，区别于禽兽的是有义；水火是无生物，草木是植物，禽兽和人都是动物，所以动物贵于植物，植物贵于无生物；但人这个动物与禽兽不同，不同的是人有义而禽兽没有，所以人贵于禽兽在于义。后人在此基础上进一步发展，如宋儒程颐明确提出：“君子所以异于禽兽者，以有仁义之性也。”[5] 我们知道，义与仁是德的核心，所以人贵于禽兽的实质在于德。这样的逻辑是中国人的一般思维，因此国人普遍认为，人虽是万物之

---

① 心主身从的含义是心灵支配身体，它标志着人类进入了文明时代，因此，我将它称为人的文化原理。依据这一原理，可归入心的范畴的神、人、灵魂、意志、精神、道德、文明等与理性相关的概念，与可归入身的范畴的人、动物、躯体、本能、物质、邪恶、野蛮等与非理性相关的概念就有了对应关系。心主身从要求后者服从前者，准确说是理性控制非理性，精神支配物质，神灵指导人类。我认为，包括法律文化在内的人类文明，共同遵循着这一人的文化原理。进一步的讨论，参见张中秋：《中西法律文化比较研究》（第5版），法律出版社2019年版，第九章。

② 《孟子·离娄下》。

③ 《孟子·公孙丑上》。

④ 《荀子·王制》。

⑤ 〔宋〕程颢、程颐：《二程集》，中华书局1981年版，第323页。

一，但万物以人为贵，贵就贵在有德，且德性的大小决定了人从圣贤到小人的品格区别，无德或缺德就坠入了禽兽的行列，民间谓之畜牲。由此我们明白，为了使人成为人而不是畜牲，法必然要以道德为原理，这样的法亦必然要对人的德性加以确认、保护和促进。这就是中国传统法道德原理人文性的由来和它的价值所在。

从对法的意义来说，中国传统法的道德原理的最大价值在于它的向善性，或者说它对善的追求。我们知道，在传统中国，善的核心是仁义，因此，仁义是中国传统文化中善的特定内涵。仁义的力量至强至大，最终发展成为中国文化的基本精神。作为中国文化基本精神的仁义或者说善，表现在立法原则上就是《唐律疏议·名例》所说的"防其未然"和"存乎博爱"，具体到法律规定上则是一系列相应制度的确立。对此我们不必繁复引证，从后人的评价中即可见一斑。元人柳赟在《唐律疏义序》中说："盖姬周而下，文物仪章，莫备于唐。始太宗因魏徵一言，遂以宽仁制为出治之本，中书奏谳，常三覆五覆而后报可，其不欲以法禁胜德化之意，皦然与哀矜慎恤者同符。"①清人孙星衍更是在《重刻故唐律疏议序》中提出："夫不读唐律，不能知先秦历代律令因革之宜，不足彰圣朝立法之仁、折衷之当。"②正如前面已经指出而在此还要强调的是，《唐律疏议》所体现的中国传统法的这种精神，亦即它的仁义性或者说对善的追求，是基于道德原理而形成的一种内在固有天然的品质，而并非其他外在因素所加诸。因此，可以这样说，只要坚持道德原理，向善就是它的本能，趋恶就是对它的反动，这是道德原理的本性使然。在这方面，虽然理论与实践有差异甚至脱节，但作为原理的意义并不因此减少，因为原理的价值原本就在于有理，而说理和服理亦是人类的天

---

① 〔唐〕长孙无忌等撰：《唐律疏议》，刘俊文点校，中华书局 1983 年版，第 663 页。

② 〔唐〕长孙无忌等撰：《唐律疏议》，刘俊文点校，中华书局 1983 年版，第 668 页。

性，更何况道德原理是符合人的身心结构（心主身从）和主体追求（人心向善）的。基于这几点认识，笔者以为，向善性是道德原理对《唐律疏议》的最大贡献和意义所在，同时亦是中国传统法的伟大之处。

这里用“伟大”这个词并非感情用事，亦非昧于西方而不了解现代法学，实是事出有因。前面曾提到，传统中国的善源自道而寓于德，这是与万物相通同时又是万物生育的原理。它的核心点是万物有道、道中有德、德贵在生。生就是生育，引申为利他和奉献。所以，万物因为有了德（的利他和奉献），才得以生育；如果没有德（的利他和奉献），万物将归于灭寂。这即是说万物的存在及其意义都在于德的利他和奉献，而不是利己或索取这种无德的行为，所以有“上善若水，水善利万物而不争”之说。[①] 这是从《易经》发展来的中国哲学，并长期指导着中国人的生活，使人们从中获得生存的意义。[②]《大学》所说的“大学之道在明明德，在新民，在止于至善”，就是对这种哲学指导下的人生观的最好阐释和最高期待。这个观念反映到法就是道德原理，亦可以说是道德法哲学。道德原理使向善成为中国传统法的本质属性，反映在制度上即道德成为法律上的责任；在权利与责任[③]的关系上，其使责任优先成为法的基本特征，成

① 《老子·八章》。

② 参见《周易》以及牟宗三的《周易哲学演讲录》（华东师范大学出版社 2004 年版）和［韩］李顺连的《道论》（华中师范大学出版社 2003 年版）相关部分。

③ 在这里使用“责任”而不是“义务”一词，是考虑在英语中，“义务：duty/obligation”与“责任：liability/responsibility”虽略有区别（此点感谢张骐教授的提示），但可以通用，然而在汉语里，义务与责任却有不同。一般认为，义务是受动的，是主体对外部要求的一种回应，含有应要求和被迫使的意思；而责任具有主动性，是发自主体内部的一种积极行为。因此，相对于现代的法律关系中的义务，“责任”一词更符合中国传统法的精神和实状。基于这方面的考虑，对中国传统法的结构模式，我倾向于用“责任—权利”来加以表述。进一步的讨论，参见本书第三章相关内容。

为一种责任—权利结构型的法。[①] 现在来看,这样的法既不同于西方又似乎与时代脱节,但我们不要忘了道德原理是创生和无私的原理,道德即使不是万物亦应是人类的第一原则。[②] 因此,中国传统法的向善性不仅有着坚实的法理依据和深厚的哲学根基,亦体现出它不同于西方的道德理性之光,对协调现时代的人际、族际、区际和国际关系仍有指导意义。[③] 尽管坚持这一点需要我们对中国传统法中的道德必须作哲学上的理解,而且必然要遗弃一些旧时是"精华"而今却是"糟粕"的东西。

从对社会的意义来说,中国传统法的道德原理的最大价值在于它的和谐性,亦即它对和谐社会的追求。经验还有理论都告诉我们,社会和谐来自人际关系的协调,人际关系的协调来自社会关系的合理性,社会关系的合理性决定于社会结构。[④] 毫无疑问,

---

① 毫无疑问,这种结构型的法通过对个人私心的压制和对人类责任的张扬,以求达到一种"重义轻利"的和谐,但这不等于说中国传统法中没有权利的存在。因为中国传统社会中的人是处在由各种关系所构成的整体中的,所以,传统中国人的权利存在于群体关系中,且任何权利的有无及大小都要以责任为前提并与责任成比例。大家知道,家长在传统中国法中享有特权,但很多特权都是以家长先尽和能尽一家之责为前提的,甚至家人的违法行为亦由家长来担责。如《唐律疏议·卫禁》"不应度关而给过所"疏议曰:"家人不限良贱,但一家之人,相冒而度者,杖八十。既无'各'字,被冒名者无罪。若冒度、私度、越度,事由家长处分,家长虽不行,亦独坐家长,此是'家人共犯,止坐尊长'之例。"(〔唐〕长孙无忌等撰:《唐律疏议》,刘俊文点校,中华书局1983年版,第174页)这是因为人(尤其是家长)是道德的主体,法是主体价值的载体,所以中国传统法的责任—权利结构,实际上是道德原理在人与法上的贯通和展开。

② 万物是否以道德为据,这在哲学和科学上有不同的回答。但对人类来说,道德是绝对命令,是人类作为人类存在的第一原则。如果没有道德,人类将不是人类而为他类。对于此,中西方都有共同的认识,如中国的孟子和西方的康德,尽管他们的措词和含义或有不同。

③ 参见张翰书:《比较中西政治思想》,张玉生、张近中校订,台北,五南图书出版股份有限公司2005年版,第1-26页。

④ 参见[日]富永健一:《社会学原理》,严立贤等译,社会科学文献出版社1992年版。

从社会结构到社会关系再到人际关系，我们的认识可经由不同的途径，但法显然是制度性认识的最好途径。以此来观察中国传统社会与法，可以发现，无论是社会结构还是社会关系以及人际关系，从纵向上看都是等差的，从横向上看又是对等的。这里所谓的等差，是指按中国传统法的规定，人的身份是一个上下不等的阶梯结构。① 这个结构在《唐律疏议》中被表述为"贵贱、尊卑、长幼、亲疏等"。② 在传统中国，这个等级结构构成费孝通先生所说的差序格局的主要部分。差序格局是传统中国社会相对合理的人际关系的反映，符合中国传统社会结构，被视为和谐社会的象征，通常谓之礼治秩序。③ 然而，尽管中国传统法的这类规定，亦是道德原理的体现，有着与"善"同样坚实的法理依据和深厚的哲学基础，但如同"三纲"一样，它在追求平等的现代社会中被整体抛弃了。其实，它某些合乎人性的部分，如长幼有序、亲疏有别、朋友有信，即使在今天亦是有现实基础和实际意义的。

在中国传统法对和谐社会的追求方面，不需要甚至不应该完全放弃的部分，是它基于道德原理对群体与个体这一类关系的设定。按其设定，在群体与个体的关系中，前者为主，后者为从，构成上面所说的横向上的主从结构。这个结构的法理依据和哲学基础亦是道德原理，所以《唐律疏议·杂》"见火起不救告"疏议曰："见火起，烧公私廨宇、舍宅、财物者，并须告见在及邻近之人共救。若不告不

---

① 从上到下的排序是帝皇、贵族、官僚、平民、贱民、奴婢。除去奴婢在权利主体之外，不同等级之间主体的权利和义务是不相等的，整个结构从下往上权利可扩大至不限，而义务可缩小至无。但法律又同时规定，同一等级内主体的权利和义务是相等的，亦即横向上看是对等的。

② 《唐律疏议·厩库》"畜产觝蹋齧啮人"疏议，参见〔唐〕长孙无忌等撰：《唐律疏议》，刘俊文点校，中华书局1983年版，第286页。

③ 参见费孝通：《乡土中国》，生活·读书·新知三联书店1985年版，第21－28页、第48－53页。

救，‘减失火罪二等’，谓若于官府廨宇内及仓库，从徒二年上减二等，合徒一年；若于宫及庙、社内，从徒三年上减二等，徒二年；若于私家，从笞五十上减二等，笞三十。”[①]在今天看来，非在岗值班人员，见火起不救告乃是道德问题，并不在违法犯罪之属，这是因为现在的法理依据是个人（自由/权利）本位。但《唐律疏议》的法理依据是道德原理，依据这一原理，在群体与个体以及官方与民间的关系中，前者代表公，表示有德性或德性大，属于阳的范畴；后者代表私，表示无德性或德性小，属于阴的范畴。虽然阴阳不能分离，但阳主阴从是万物构成的秩序原理，顺之者为有道，逆之者为无道，有道则和，无道则乱。所以，《唐律疏议》规定“见火起不救告”有罪，乃是因为它的法理依据是众人（道德/责任）本位。因此，中国传统法对群体与个体这一类关系主从式结构的设定，在原理上是立基于道德之上追求整体利益与社会和谐的设定。

从以上讨论中，我们不难发现，中国传统法的道德原理对于人与法和社会的意义最后都集中到了道德上，表现为基于道德所拥有的共通原理和内在价值。具体而言，在对人的方面，道德使中国传统法不仅确认、保护和促进了人文，而且赋予它“德”这样一个特别的人文内涵。鉴于德是道的固有属性，是人之为人、物之为物的根据所在，因此中国传统法的人文观实质是一种道德人文观。此其一。其二，在对法的方面，道德使中国传统法自生向善性，内含仁义的精神，所以称它为道德法哲学。其三，在对社会方面，道德使中国传统法追求整体利益与社会和谐，并使之成为它的终极目标。因

---

① 〔唐〕长孙无忌等撰：《唐律疏议》，刘俊文点校，中华书局 1983 年版，第 511 页。类似的规定还有《唐律疏议·捕亡》：“诸邻里被强盗及杀人，告而不救助者，杖一百；闻而不救助者，减一等；力势不能赴救者，速告随近官司，若不告者，亦以不救助论。其官司不即救助者，徒一年。窃盗者，各减二等。”（〔唐〕长孙无忌等撰：《唐律疏议》，刘俊文点校，中华书局 1983 年版，第 530-531 页）

此，概括来看，中国传统法在对人与法和社会的意义上，其原理和价值都植根于德而统归于道。当然，事物都有它的两面性，就像中国传统哲学中的道分阴阳一样，中国传统法在对人与法和社会的缺失上，其原理和弊病亦都是植根于德而统归于道。① 其实，这种情形并不限于中国传统法，包括法在内的中国传统文化整体都是如此。因为中国传统文化是一个同根共生的大系统，所以它是一体相互贯通的。这在图 6-2 中直观可见。

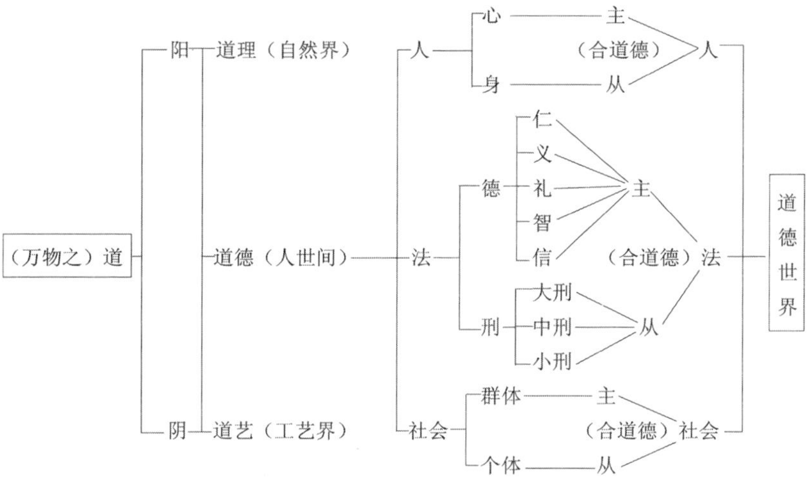

图 6-2　中国传统文化系统整体贯通意义示意

借助图 6-2，我们可以进一步把中国传统法的道德原理及其对人与法和社会的意义贯通示意如图 6-3 所示。

↗阳（主）↗心（主）↗德（主）↗群体（主）↘

道德原理　　人　　法　　社会　　道德世界

↘阴（从）↘身（从）↘刑（从）↘个体（从）↗

图 6-3　道德原理及其对人与法和社会的意义贯通示意

① 对于这一点，笔者是很清楚的，但这不属于本书讨论的范围，我拟另写一篇“中国传统道德法哲学之理解与批判”来阐述这一问题。

通过上述两个图示,我们看到,中国传统文化是贯通自然、社会与人类的文化。在这个文化大系统中,中国传统法立足于道德原理,对人与法和社会都发挥着支配性的贯通作用,其用意是肯定、保护和追求有德的人、向善的法与和谐的社会。按照传统中国人的理解,由这样的人与法和社会构成的世界就是理想的道德世界,亦即大道在人世间的实现,《礼记·礼运》中关于大同世界的描述表达了此意。显而易见,对生活在传统社会里的中国人来说,其意义是重大而又积极的。对于这些意义,笔者已有论述,但在这里还要指出的是,由于与“真”和“美”一样,“善”亦是人类最基本的价值追求。即如人们所说,人类在科学中求真、艺术中求美、道德上求善。由此可知,“善”不仅是人类最高的道德原则,而且亦不在科学求真和艺术求美的范围内。“善就是善”,这是人类的价值共识。因此,即使中国传统的道德自身存在某些缺陷,而且道德原理或许在实证主义者看来亦缺乏所谓的科学性,但这些都不足以否定它所拥有的某些普遍的和持久的价值,原因在于这些价值原本植根于善的道德,而善是不能从根本上否定的。

中国传统法的道德原理首先确认,人是有而且是必须有道德,如果没有道德,则人人自私自利无异于禽兽,因此,道德是人作为顶天立地的主体存在的正当性所在,亦即人之为人的理据。同理可推,人类群体在没有道德,或缺乏道德的人之间根本无法建立起正常的社会,即使通过某种途径一时建立,亦将时时面临解体以至覆亡的危险。所以,中国传统法的道德原理是从人际关系的健康确立,亦即人类社会的自身存续出发的。[①] 相对于中国传统法的道德

① 中国传统法从整体出发,除了它是道德原理的内在要求外,亦是先贤对现实经验的总结,《荀子·王制》中说得很清楚:“(人)力不若牛,走不若马,而牛马为用,何也?曰:人能群,彼不能群也。”

原理，笔者以为自由是西方文化的核心理念，西方法贯彻的是自由原理，表现为以自由为依归的人文主义传统、权利法哲学和契约社会论。[①] 这一原理立足于人首先是独立的个体，其次才是人类群体中的一员，因此个人的自由和权利优先，以确保人作为人类一分子存在的意义。所以，西方法的自由原理是从人作为人类群体中个体存在的意义出发的。

中西虽然是如此的不同，但依然各有其价值。即如寺田浩明教授所说："西欧似乎是选择以个人作为秩序形成出发点的发展道路。把秩序理解为就是保护每个个体所拥有的正当利益而得到的总和。个体所拥有的正当利益被称为'权利'，而权利完全实现的状态则被称为'法'。权力就是实现这个法的机关。其观念形态的发展最终归结为社会契约论。与其相对，中国则是以全部个体的共存为基础。无论其基本的经济单位如何趋向于个体化或分散，但要求所有个体都顾全大局并作为一个和谐的集体中的一员来生活却一直被视为不证自明的道理。首先有全体的生存，才会有个体的生存。代表全体的利益要求每个个体互助互让，同时对于每个个体有时会出现的私欲膨胀予以抑制和处罚，这些都被看作是公共权力应该履行的职责。"[②]我们知道，法是公共权力的核心，中国传统法基于群体对个体的权利优先而发挥的抑制和处罚作用，可能不完全符合但亦没有完全违背现代社会的法治原则。因为法必然是权利和义务的结合，法治的框架亦是由权利和义务"双柱支撑"的，现代社会权利优先，但不同时代的法有着不同的任务，依博登海默所说，前资本主

---

① 参见张中秋：《中华法系与罗马法的原理及其哲学比较——以〈唐律疏议〉与〈法学阶梯〉为对象的探索》，载《政法论坛》2010年第3期。

② 参见［日］寺田浩明：《清代民事审判与西欧近代型的法秩序》，潘健译，载《中外法学》1999年第2期。

义社会法的主要任务是为社会提供安全和秩序，义务优先具有普遍性。[1] 考虑传统中国的幅员广大、人口规模、文化价值和政治体制，基于群体和谐的道德原理法本身就是一种解决现实问题的智慧。即使在全球化的今天，笔者亦相信，无论是道德原理还是自由原理，任何一项都不足以解决人类所面临着的在自律与他律、权利与义务、群体与个体之间的永久冲突，而且任何一项走向极端都会带来灾难。因此，笔者以为，道德原理与自由原理是各有其价值的，就像西方法的自由原理有其永久价值那样，中国传统法的道德原理亦永有其价值，因为这两者都是人类所必需的。

---

① 参见［美］E. 博登海默：《法理学——法哲学及其方法》，邓正来、姬敬武译，第244-245 页。

第七章

中国道德原理法思想的形成与完善

第七章　中国道德原理法思想的形成与完善

第一节　殷周之际中国社会转型与道德原理法思想的开端

第二节　春秋战国至秦汉中国社会转型与道德原理法思想的形成

第三节　唐宋社会变动与道德原理法思想的完善

我们在前面探讨了中国传统法的道德原理及其价值，这里接着来探讨这个道德原理法思想的形成与完善。依笔者的观察和研究，中国道德原理法思想的形成与完善和中国社会的转型密切相关，准确地说，与中国社会转型以及转型中追求法的统一性密切相关。因此，本章以中国社会转型与法的统一性为视角，展开对中国道德原理法思想的形成与完善的探讨。

首先，让我们从理解社会转型与法的统一性开始。社会转型是一个社会学概念，法的统一性是一个法学用语，将两者联系起来为我们认识问题提供了一个新的视角。但在借助这个视角之前，有必要对这两个关键词的含义有所界定。在社会学中，社会转型是对社会变迁的一种事实描述，一般可以理解为，社会系统因发生结构性变动而引起社会模式的转换。[①] 社会转型包括社会理论、社会制度和社

① 这个概念是笔者在查阅了相关的社会学著作后所拟的。所查阅的著作有[日]富永健一：《社会学原理》，严立贤等译，社会科学文献出版社 1992 年版，第三编“社会的宏观理论”和第四编“社会变动理论”；[日]富永健一：《社会结构与社会变迁：现代化理论》，董兴华译，云南人民出版社 1988 年版；[美]杰弗里·亚历山大：《社会学二十讲》，贾春增等译，华夏出版社 2000 年版，第 1-6 讲；[美]史蒂文·瓦格：《社会变迁》(第 5 版)，王晓黎等译，北京大学出版社 2005 年版，第 1 章“绪论：变迁的维度和来源”和第 2 章“变迁理论”。此外，关于“社会转型”的含义，在我国社会学学者的论述中，主要有三方面的理解：一是指体制转型，即从计划经济体制向市场经济体制的转变。二是指社会结构变动，持这一观点的学者认为，社会转型的主体是社会结构，它是指一种整体的和全面的结构状态过渡，而不仅仅是某些单项发展指标的实现。社会转型的具体内容

会结构的系统性转换，以及在此基础上引起的社会性质以及人们的观念和行为方式的变化。社会转型是一个动态的过程，表现出系统性、非重复性和长时段的特征。① 社会转型完成的标志是社会新模式，或者说新的社会形态的形成。随着社会转型，法的一个最大变化就是它自身体系的瓦解与重建。这个体系包括法的理论体系和制度体系。为从学理上把握这一现象，笔者把这概括为法的统一性。因此，在这里，法的统一性是指法的统一理论和统一的制度模式。如同社会转型一样，法的统一性亦有它的特征，其中系统性、权威性和稳定性最显著，其次是体系的协调性、早期的理想性与晚期的保守性等。② 法的统一性是随着社会转型而展开的，而且它本身就是社会转型的一部分，因此，法的统一性的完成亦是社会转型成功的标志之一，尽管两者在进程上有时并非同步。

我们知道，概念是分析问题的工具。因此，如果依上述我对社会转型与法的统一性的界定，那么，在文明史的范畴内，迄今为止，中国社会已经历和正在经历的社会转型与法的统一性有三次。它

是结构转换、机制转轨、利益调整和观念转变。在社会转型时期，人们的行为方式、生活方式、价值体系都会发生明显的变化。三是指社会形态变迁，即指中国社会从传统社会向现代社会、从农业社会向工业社会、从封闭性社会向开放性社会的社会变迁和发展。（参见百度网，http://zhidao.baidu.com/question/6222611.html，访问日期：2008 年 5 月 6 日）

① 所谓系统性是指社会的整体，包括由社会的理论系统、制度系统和结构系统所构成的社会大系统。所谓非重复性是指社会中已建立起来的行为模式不再重复出现。所谓长时段是指社会模式从旧到新的长时间转变形成过程。进一步的说明，可参见前注中所列诸书的相关章节。

② 有关法的统一性的含义和特征，是笔者在参阅了法理学和法律社会学相关著作的基础上，根据自己的理解拟出的。虽不敢说精确完全，但基本可取。参阅过的著作有[英]罗杰·科特威尔：《法律社会学导论》，潘大松等译，华夏出版社 1989 年版，第 2 章“作为社会变迁工具的法律”；[美]弗里德曼著：《法律制度》，李琼英、林欣译，中国政法大学出版社 1994 年版，第 10 章“社会变化与法律变化”；[美]诺内特、塞尔兹尼克：《转变中的法律与社会》，张志铭译，中国政法大学出版社 1994 年版。

们分别发生在殷周之际、春秋战国和晚清以来，其中在唐宋之间还经历了一次准转型的社会变动与学理统一过程。随着中国社会的转型和准转型，中国道德原理法思想先后经历了形成与完善以及在近代以来的变化。由于中国社会转型在历史学中早有讨论，而且至今还有不同的争论，因此，本章对作为背景的中国社会转型的一般问题采用目前的通说，而将重心放在因社会转型而引起的对法的统一性的追求，以及这种追求对道德原理法思想的形成与完善的影响上。

第一节　殷周之际中国社会转型与道德原理法思想的开端

王国维先生在《殷周制度论》开篇揭示道："中国政治与文化之变革，莫剧于殷、周之际。"[①]毫无疑问，在近代中国以前，这是符合历史实际的。从殷周之际的政治与文化变革中，我们可以深入地观察到当时中国社会转型与法的统一性运动。从社会形态来说，殷周之际是部族社会向宗法社会的转变时期。[②] 这是一次巨大的社会转型，它的核心和意义，正如王国维先生所说："殷、周间之大变革，自其表言之，不过一姓一家之兴亡与都邑之转移；自其里言之，则旧制

---

① 王国维：《殷周制度论》，载王元化名誉主编：《释中国》（第3卷），上海文艺出版社1998年版，第1711页。

② 关于西周社会的形态和性质，学界有不同的认识，其中以奴隶制说和封建制说为代表。笔者以为，从社会结构形态来看，西周是宗法制封建社会，但因为西周的封建是建立在宗法之上的，所以称为宗法社会未尝不可。实际上，无论西周是哪一种形态和性质的社会，都不影响发生在殷周之际的社会转型和法的统一性运动这一历史事实。

度废而新制度兴，旧文化废而新文化兴。”[①]这种社会整体性的制度和文化的新旧更替，亦是当时社会中法的统一性运动的内容和趋势。

从理论上讲，殷商时期的主导思想是重鬼神、轻人事，所以表现出严重的信鬼神、轻民命的失德行为，以致它终于失去天下。[②] 有鉴于此，周从文王开始，就转变到了重人事尊德性的方面，把天命（帝位）与民命（用刑）通过道德联系起来，认识到“皇天无亲，惟德是辅”，提出“以德配天”和“敬天保民”，最后落实到“明德慎罚”的德政思想上。[③] 这个重大的思想转变和完成，在理论上的统一性表现就是文王所演的《易》，亦即通常所说的易之“道”的出现。[④] 对此，

---

① 王国维：《殷周制度论》，载王元化名誉主编：《释中国》（第3卷），上海文艺出版社1998年版，第1712页。

② 《易》之《系辞上》、《系辞下》，《尚书》之《牧誓》、《多士》、《康浩》、《酒诰》、《梓材》、《召诰》、《洛诰》、《君奭》，《诗·大雅·文王》《诗·大明》，以及《左传》“定公四年”、《荀子·儒效》、《史记·殷本纪》、《史记·周本纪》、《礼记》等对此多有记载。例如，《礼记·表记》载：“殷人尊神，率民以事神，先鬼而后礼，先罚而后赏，尊而不亲，其民之敝，荡而不静，胜而无耻。”又如后来朱熹集注的《大学》先引《诗》云：“殷之未丧师，克配上帝。仪监于殷，峻命不易。”然后接着说：“道得众，则得国；失众，则失国。是故君子先慎乎德。有德此有人，有人此有土，有土此有财，有财此有用。德者，本也；财者，末也。”所以，史家说：“夫商道尚鬼，乃至窃神祇之牺牲，卿士浊乱于上，而法令隳废于下，举国上下，惟奸宄敌仇之是务；固不待孟津之会、牧野之誓，而其亡已决矣。而周自大王以后，世载其德……故克殷之后，尤兢兢以德治为务。”［王国维：《殷周制度论》，载王元化名誉主编：《释中国》（第3卷），上海文艺出版社1998年版，第1728页］

③ 分别见《尚书·蔡仲之命》、《尚书·召诰》和《尚书·康诰》。其中，《尚书·召诰》中有一段召公托周公转告周成王的辞，很可以说明问题，其曰：“王敬作，所不可不敬德。我不可不监于有夏，亦不可不监于有殷。我不敢知曰：不其延。惟不敬厥德，乃早坠厥命。我不敢知曰：有殷受天命，惟有历年。我不敢知曰：不其延。惟不敬厥德，乃早坠厥命。今王嗣受厥命，我亦惟兹二国命，嗣若功，王乃初服。”老子《道德经·七十九章》中亦有：“天道无亲，常与善人。”

④ 表面上周文王被拘羑里时，对《易》重加演绎，作上、下篇，成六十四卦和卦辞爻辞，实则是文王处于危难而出于忧患，为谋划周之大业而对先民生存智慧与历史经验及教训的总结。所以，《易·系辞下》说：“《易》之兴也，其当殷之末世，周之盛德邪？当文王与纣之事邪？是故其辞危。危者使平，易者使倾。其道甚大，百物不废。惧以终始，其要无咎，此之谓《易》之道也。”

《汉书·艺文志》记载:“至于殷、周之际,纣在上位,逆天暴物,文王以诸侯顺命而行道,天人之占可得而效,于是重《易》六爻,作上下篇。”此外,我们还可以从源于夏商、盛于西周的六艺的关系中清楚地看到这一点,所谓“六艺之文:《乐》以和神,仁之表也;《诗》以正言,义之用也;《礼》以明体,明者著见,故无训也;《书》以广听,知之术也;《春秋》以断事,信之符也。五者,盖五常之道,相须而备,而《易》为之原”。[①] 我们知道,六艺即是后人所说的六经,这六经是先秦尤其是西周礼乐文明的思想基础和理论指导,在这六经中《易》是其他五经之原,可见《易》或者说易之“道”,已是那个时代的哲学或者说统一理论了。[②] 因此,立基于《易》道之上的西周新制度和新文化,新就新在“道德”二字。对此,王国维先生有精辟的论述。他说:“欲观周之所以定天下,必自其制度始矣。周人制度之大异于商者,一曰‘立子立嫡’之制,由是而生宗法及丧服之制,并由是而有封建子弟之制,君天子臣诸侯之制;二曰庙数之制;三曰同姓不婚之制。此数者,皆周之所以纲纪天下。其旨则在纳上下于道德,而合天子、诸侯、卿、大夫、士、庶民以成一道德之团体。”[③]把这段话概括一下,我们可以归纳为宗法分封和道德文化这两点。前者是西周社会的制度模式,后者是贯注于制度和思想文化中的统一理论,正是借由这两者构成了西周社会的新制度和新文化,而道德则是它的核心。因此,史上所谓的周革殷命,其要害之处即在于此,诚如王国维先生

① 《汉书·艺文志》。

② 可以说,根于《易经》的哲学贯穿中国传统思想的始终,正如成中英教授所说:“中国哲学的原始出发点是《易经》哲学。儒家、道家、法家、兵家及大乘佛学等,无一不是直接地或间接地受其影响。”([美]成中英:《论中西哲学精神》,东方出版中心 1991 年版,“引子”第 2 页)

③ 王国维:《殷周制度论》,载王元化名誉主编:《释中国》(第 3 卷),上海文艺出版社 1998 年版,第 1712-1713 页。

所说:“是殷、周之兴亡,乃有德与无德之兴亡;故克殷之后,尤兢兢以德治为务。”[①]

西周的道德文化表现到法的统一性上,在思想理论方面,由崇信鬼神而有蒙昧色彩的巫术法观念(如“天罚神判”),转向重视人命的道德人文法思想(如“慎刑”和“五听审判”),《易经》及《尚书》“周政”中有关法的表述即是这一思想理论在历史文献中的表现。[②]在法的制度方面,其表现为由以刑为主的兵刑模式转到以礼为主的礼乐刑政模式,周公制礼作乐和吕侯制刑标志着这一模式的建立。[③]在西周,礼乐刑政都在制度范畴内,而“制度典礼者,道德之器也。周人为政之精髓实存于此”。[④] 因此,礼乐刑政是道德文化支配下的制度模式,贯彻了西周“明德慎罚”的道德人文法思想。[⑤] 由此可

---

① 王国维:《殷周制度论》,载王元化名誉主编:《释中国》(第3卷),上海文艺出版社1998年版,第1728页。

② 参见《尚书·立政》、《尚书·吕刑》和《周礼·秋官司寇》,其中《尚书·吕刑》较集中地阐述了这一模式的核心明德慎罚的思想制度。

③ 《礼记·乐记》云:“故礼以道其志,乐以和其声,政以一其行,刑以防其奸,礼乐刑政,其极一也,所以同民心而出治道也。”又云:“礼节民心,乐和民声,政以行之,刑以防之。礼乐刑政,四达而不悖,则王道备也。”

④ 王国维:《殷周制度论》,载王元化名誉主编:《释中国》(第3卷),上海文艺出版社1998年版,第1726页。

⑤ 笔者认为,西周道德的最大特色和价值在于它的人文性,这个人文性立足于道德之上,体现为对人之为人的德性的确认、保护和促进,这一点使它不同于立足于理性之上的西方人文主义传统。如在中国的夏商时期,法律还受原始性的宗教神权支配,所以“天罚神判”盛行,人的主体性和理性都受到神性的压制。但从西周开始,人的主体性和理性崛起,体现德性的人文法逐渐代替原始性的宗教神权法,其正当性直接源于道德,而其哲学依据即是《易》所揭示的道。道由阴阳构成,其结构是阴阳合一、阳主阴从。这是传统中国人所认识到的万物构成的原理,体现在人类身上即是身心一体、心主身从,体现到法就是礼法结合、德主刑辅。这样,从自然界的阴阳合一、阳主阴从,到人类的身心一体、心主身从,再到政治社会的礼法结合、德主刑辅,体现了明胜暗、德性克服兽性、理性控制非理性的精神。所以说,这样的法不只是摆脱了神鬼式的原始宗教的束缚,而且是肯定、高扬了现实中的人和人的德性,表达的是一种道德人文法思想。

见,以道德为精髓的周政不仅完成了中国文明史上第一次大规模的社会转型与法的统一性,亦开启了以后中国社会转型与法的统一性的范式和路径,因而可以说是中国道德原理法思想形成的开端。

第二节　春秋战国至秦汉中国社会转型与道德原理法思想的形成

周政施行到春秋战国时期,中国历史上迎来了第二次大规模的社会转型与法的统一性运动。[①] 这次社会转型经春秋战国历秦到汉初基本完成,前后历时五百余年,在社会形态上完成了从宗法封建社会向帝制封建社会的转变,表现到政治上即是统一的中央集权的君主专制体制的确立。[②] 与此相应,西周时期建立起来的法的统一性亦经历了危机、解体和重建的过程。这个过程在思想理论方面大体与社会转型同步,意味着中国道德原理法思想的形成,但在制度模式方面更为滞后,到隋唐才告定型。

依据孔子和司马迁等后人的记述,西周是一个有道的社会,但从春秋战国开始,道为天下裂。[③] 这里所说的道不是道家之道,而是指西周时期的统一秩序和道德文化系统。它包括我们在前面提到的道德人文思想和礼乐刑政模式,亦即王国维先生所说的以道德为

---

① 梁启超先生亦曾有见于此。参见梁启超:《先秦政治思想史》,天津古籍出版社2003年版,第184-187页。

② 参见萧公权:《中国政治思想史·绪论》,载刘梦溪主编:《中国现代学术经典·萧公权卷》,河北教育出版社1999年版,第3-16页。

③ 参见《论语·八佾》和《史记·太史公自序》等。

精髓的周政,或者说文武周公之道。实行于西周的这个道,经过春秋战国和两汉魏晋及唐宋的融铸锤炼,最后发展为臻于完善的中国文化之道。这个道以德为核心,在理论上统摄百家而又贯通为一,成为中国文化的最高范畴和共通原理,因此说它是传统中国的统一理论。① 毫无疑问,相对于它后来的完善形态,这个理论或者说中国文化之道,在西周时期还处于雏形。不过,对于简单的西周体制来说,文武周公之道可以说是当时的统一理论了,因此它不仅能满足主体的需求,而且还能引导社会向前发展。但随着社会变迁,文武周公之道已不能适应时代发展的需要,于是从春秋开始到战国出现了"礼崩乐坏"的道为天下裂的景象。② 对此,刘向在《战国策序》中写道:"仲尼既没之后,田氏取齐,六卿分晋,道德大废,上下失序。至秦孝公捐礼让而贵战争,弃仁义而用诈谲,苟以取强而已矣。夫篡盗之人列为王侯,诈谲之国兴立为强,是以转相仿效,后生师之,遂相吞灭,并大兼小,暴师经岁,流血满野,父子不相亲,兄弟不相安,夫妇离散,莫保其命。泯然道德绝矣。"

其实,道为天下裂的深层原因是社会结构的变动。这个变动表现在人们的思想观念和学说理论上,就是春秋战国时期的百家争鸣。其中,以孔子和孟子为代表的儒家直接继承了文武周公之道,

---

① 参见冯友兰:《中国哲学简史》(第2版),涂又光译,北京大学出版社1996年版,第144-149页;严灵峰:《原道》,载王元化名誉主编:《释中国》(第2卷),上海文艺出版社1998年版,第899-906页;[韩]李顺连:《道论》,华中师范大学出版社2003年版。

② 对于"礼崩乐坏"在春秋战国之间的变化,顾炎武在《日知录》卷十三"周末风俗"条中说:"春秋时犹尊礼重信,而七国则绝不言礼与信矣。春秋时犹宗周王,而七国则绝不言王矣。春秋时犹严祭祀、重聘享,而七国则绝无其事矣。春秋时犹论宗姓氏族,而七国则绝无一言及之矣。春秋时犹宴会赋诗,而七国则不闻矣。春秋时犹有赴告策书,而七国则无有矣。邦无定交,士无定主。此皆变于一百三十三年之间,史之阙文而后人可以意推者也。"

并在西周道德文化的基础上发展出了道→德→仁→义→礼的儒家思想，荀子在这个基础上，即在“礼”之后又加上了“法”的思想，使儒家思想成为诸子百家中文武周公之道的正传。[①] 但这段时期作为道的统一理论已经分裂为诸子百家，各家的思想往往既自成体系又互相责难。[②] 在法的方面，情况亦是如此，这使西周时期以道德为精髓、以礼乐刑政为形式的道德人文法（礼治）思想被割裂，法在理论上的统一性由此丧失，取而代之的是儒、墨、道、法诸家之说。[③] 这个思想理论上的分裂一直到董仲舒在“天人感应”[④]的天道哲学基础上提出“春秋大一统”，并进而提出“独尊儒术、罢黜百家”而被汉武帝采纳后才告结束。[⑤]

董仲舒的“天人感应”说和“春秋大一统”综合杂糅了儒、道、

---

① 《礼记·中庸》记曰：“仲尼祖述尧、舜，宪章文、武；上律天时，下袭水土。辟如天地之无不持载，无不覆帱；辟如四时之错行，如日月之代明。万物并育而不相害，道并行而不相悖。小德川流，大德敦化。此天地之所以为大也。”《史记·孟子荀卿列传》曰：“天下方务于合纵连衡，以攻伐为贤。而孟轲乃述唐、虞、三代之德，是以所如者不合。”《汉书·艺文志》云：“儒家者流，盖出于司徒之官。……游文于六经之中，留意于仁义之际，祖述尧、舜，宪章文、武，宗师仲尼，于道最为高。”

② 参见《庄子·天下》、《荀子·非十二子》和《韩非子·显学》等。

③ 参见杨鸿烈：《中国法律思想史》，中国政法大学出版社 2004 年版，第 31–92 页。

④ 董仲舒在回答武帝的贤良对策中所说的一段话可引为证。他说：“臣闻天者群物之祖也，故遍覆包函而无所殊，建日月风雨以和之，经阴阳寒暑以成之。故圣人法天而立道，亦溥爱而亡私，布德施仁以厚之，设谊立礼以导之。春者天之所以生也，仁者君之所以爱也；夏者天之所以长也，德者君之所以养也；霜者天之所以杀也，刑者君之所以罚也。繇此言之，天人之徵，古今之道也。”（袁长江主编：《董仲舒集》，学苑出版社 2003 年版，第 6–24 页“天人三策”。以下所引此书为同一版本）

⑤ 参见《汉书·董仲舒传》；袁长江主编：《董仲舒集》，学苑出版社 2003 年版；杨向奎：《汉武帝与董仲舒》，载王元化名誉主编：《释中国》（第 3 卷），上海文艺出版社 1998 年版，第 1950–1969 页。

法、阴阳诸家的思想，构成了连接自然、社会和人类的庞大的思想体系。[①] 董仲舒在阐发他的“《春秋》大一统”时说：“《春秋》大一统者，天地之常经，古今之通谊也。今师异道，人异论，百家殊方，指意不同，是以上亡以持一统；法制数变，下不知所守。臣愚以为，诸不在六艺之科、孔子之术者，皆绝其道，勿使并进。邪辟之说灭息，然后统纪可一而法度可明，民知所从矣。”[②]从董仲舒的这段论证可知，作为王朝国家的统一理论，“春秋大一统”必然追求思想理论和国家制度上的统一性，即所谓“邪辟之说息，然后统纪可一而法度可明”。这亦表明董仲舒的“春秋大一统”中包含了法的统一性理论，实际上这个理论亦是在综合杂糅了儒、道、法、阴阳诸家思想的基础上建构起来的。[③] 简单说，董仲舒顺应春秋战国以来的时代和学术趋势，立足于儒家特别是孔子和荀子的礼法思想，着眼于天下一统的王道政治和社会经济发展要求，摄取儒家的德礼、法家的刑名、道家的道和阴阳家的阴阳核心概念，通过以道家之道为形式、阴阳家之阴阳为方法、儒法两家为内容的方式，把它们综合杂糅起来，形成天(万物)有道→道分阴阳→阳主阴从→大德小刑的法的理论体系。用董仲舒的话说：“天道之常，一阴一阳。阳者，天之德也；阴者，天之刑也。”[④]“天道之大者在阴阳，阳为德，阴为刑；刑主杀而德主生。……天使阳出布施于上而主岁功，使阴入伏于下而时出佐阳；

---

① 参见《汉书·董仲舒传》；董仲舒：《春秋繁露》之《深察名号》、《王道通三》、《阳尊阴卑》、《天道无二》、《基义》、《人副天数》、《如天之为》诸篇；袁长江主编：《董仲舒集》，学苑出版社2003年版，第6-33页；冯友兰：《中国哲学简史》(第2版)，涂又光译，北京大学出版社1996年版，第165-174页。

② 《汉书·董仲舒传》；袁长江主编：《董仲舒集》，学苑出版社2003年版，第23页。

③ 参见杨鸿烈：《中国法律思想史》，中国政法大学出版社2004年版，第97页及以下。

④ 《春秋繁露·阴阳义》。

阳不得阴之助，亦不能独成岁。终阳以成岁为名，此天意也。王者承天意以从事，故任德教不任刑。”[①]按照当时人们所信奉的“人法地，地法天，天法道，道法自然”[②]的观念，董仲舒的这个理论已连接了自然、社会和人类，弥合了春秋战国以来儒、道、法、阴阳诸家法思想的分歧，在形式上重建，在实质上继承并部分否弃和发展了西周的道德人文法思想。因此，如果说中国法的统一理论在西周还是雏形，那么，经过春秋战国到汉初五百多年理论与实践的分化竞合，以董仲舒为代表的汉儒们已将它综合改造成为较完备的形态。这样，在法的统一理论方面，道为天下裂的状况重新为道为天下合所取代，法的价值系统，即法律以礼为出入、礼为道德之工具，这种西周时期的道德人文法思想得以重新确立。[③]

作为汉代儒学之一的今文经学的董仲舒的理论，虽然从一开始就受到了来自古文经学的批评和改造，魏晋时期又受到了玄学的冲击和来自道、佛两面的夹击，甚至到中唐时在社会上已形成儒、释、道三教并存而释、道兴盛的局面，但“春秋大一统”的理论在宋代理

---

① 袁长江主编：《董仲舒集》，学苑出版社 2003 年版，第 8 页。另外，董仲舒在《春秋繁露·基义》中说的一段话亦谌为经典。他说：“凡物必有合。……阴者阳之合，妻者夫之合，子者父之合，臣者君之合。物莫无合，而合各有阴阳。阳兼于阴，阴兼于阳。夫兼于妻，妻兼于夫。父兼于子，子兼于父。君兼于臣，臣兼于君。君臣父子夫妇之义，皆取诸阴阳之道。君为阳，臣为阴。父为阳，子为阴。夫为阳，妻为阴。……阳之出也，常县于前而任事；阴之出也，常县于后而守空处。此见天之亲阳而疏阴，任德而不任刑也。是故……德礼之于刑罚，犹此也。故圣人多其爱而少其严，厚其德而简其刑，以此配天。”我们可以把董仲舒理论体系的结构图 7-1 如下：

↗阳—阳主—大德—德礼↘

天道　　　　　　　　　　法理

↘阴—阴从—小刑—刑罚↗

图 7-1　董仲舒理论体系结构图

② 《老子·二十五章》。

③ 参见《后汉书·郭陈列传第三十六》。

学成为官学之前,几乎一直是中国官方的正统思想和制度依据。因此,从王朝国家的意识形态来说,董仲舒的“春秋大一统”可谓是这一时期中国的统一理论。[①] 如果从中国文化的整体性和连续性来看,它又可以说是继承和发展了的文武周公之道,是新时期的中国文化之道。但由于汉承秦制的现实和社会历史的惯性,董仲舒的这套理论在当时只是在思想上为官方所认可,并没有立即成为国家立法和司法的指导思想,因此,与此相应的制度模式,即统一的法律制度并未形成,只是随着儒家化的深入而逐步实现,到隋唐特别是唐律出现时,董仲舒以及其他为官方所吸收的儒家理论,尤其是经学的成果,才彻底完成从思想方案到制度模式的定型。这一点我们通过对《唐律疏议》的分析可以得到印证。

《唐律疏议》首篇《名例》开宗明义道:“德礼为政教之本,刑罚为政教之用,犹昏晓阳秋相须而成者也。”这句话的意思是说,德礼是政教的根本,刑罚是政教的辅从,两者的关系犹如黄昏与早晨(相续为一天)、春天与秋天(相续为一年),因此,两者只有相互结合而又本末有序,才能构成完美的整体。这只是对上述文字的直译,如果仔细分析,就会发现它的内涵远不止这么简单。首先,它融合了儒、法、道、阴阳诸家的思想。从概念的倾向上讲,“德礼”是儒家的,“刑罚”是法家的,“昏晓阳秋”是道家和阴阳家的。儒、法、道、阴阳诸家的思想在国家法典中融为一体,这是自董仲舒提出“春秋大一统”的法理论以来,中国法律制度发展到唐代“臻于完善”的表现,体现了从万物之道的阴阴合一、阳主阴从到国家政教的礼法结合、德主刑辅的道德人文法思想。为了更直观地阐明这一点,我们先看图7-2。

---

① 参见冯友兰:《中国哲学简史》(第2版),涂又光译,北京大学出版社1996年版,第175-185页。

↗ 德礼(大)— 本 — 晓 — 阳(春天—主:阳)↖
政教(之道)　　　　　　　　　　　　　　(万物之道)
↘ 刑罚(小)— 用 — 昏 — 秋(秋天—从:阴)↙

图 7-2 《唐律疏议 · 名例》所示道德原理结构

很明显,图 7-2 把上面《唐律疏议 · 名例》的表述结构化了,其中“括号”内的字是笔者加上的,但符合图示结构的逻辑。通过这个图示,我们可以看到作为政教(之道)两翼的德礼与刑罚与作为万物之道两仪的阳与阴的对应关系。大家知道,政教是中国传统政治文化的统称,法律亦被包含在其中。因此,作为政教两翼的德礼与刑罚,实际上就是中国传统法内容的基本构成,亦即儒、法、道、阴阳诸家思想经董仲舒综合后所形成的大德小刑的结构。在这个结构中,德礼为本、刑罚为用。因此,人们习惯上把它概括为礼法结合、德主刑辅。礼法结合、德主刑辅是中国传统法的统一制度模式在西周礼乐刑政瓦解后,经千年发展而定型的新模式。这个模式与西周的礼乐刑政之间在精神上依然相连,前者以德礼为根本,后者以道德为精髓,表明两者同是以道德为原理的制度模式。这个模式行用至晚清变法修律,成为中国传统法的基本模式。[①]

第三节　唐宋社会变动与道德原理法思想的完善

中唐以后,中国社会发生变动,均田制的瓦解是这场变动最根本的经济原因,因此随着租佃制对均田制的替代和确立,变动中的社会到北宋时开始稳定下来。由于这个过程并没有引起社会系统

---

① 参见张中秋:《中西法律文化比较研究》(第 5 版),法律出版社 2019 年版,第 363 页及以下。

发生结构性变化,所以宋代社会形态与唐代一样,依然是前现代的。鉴于此,笔者把发生在唐宋之间的这个过程称为社会变动。[①] 与社会转型相比,社会变动是既有社会模式内的变化,而社会转型是一种社会模式的转换。因此,虽然社会变动亦会引起法的变化,但这种变化不是对法的统一性的变化,而是在统一性范围内的变化。唐宋社会变动与法的统一性的关系亦是如此。

唐宋之间的这场社会变动,虽然没有形成新的法的统一性,即法的理论和制度模式没有发生根本性变化,但它使中国文化在思想理论上迎接了挑战,克服了危机,实现了儒、释、道的融合,诞生了新的儒学即理学。[②] 在理学之下,传统中国真正完成了哲理、法理与情理,天理、国法与人情的贯通与融合,这表明中国道德原理法思想已达致完善。所以,唐宋社会变动与法的统一性的关系虽不是转型性的,但依然有讨论的价值;而且鉴于这个问题一向为法学界所不深识,所以更有探讨的必要。

中国社会自东汉魏晋开始,就并存着儒、释、道三种思想和信仰。[③] 释、道亦称佛、老,虽然二者对政治时有干预,但总的来说,在国家政治思想和制度层面,被董仲舒等汉儒们改造过的儒家思想,或者说由今文经学和古文经学构成的经学,始终占据着主导地位,

---

① 关于唐宋社会变动的性质,在学界很早就有不同的认识,近来又成为讨论的热点之一。参见[日]内藤湖南:《概括的唐宋时代观》、[日]宫崎市定:《东洋的近世》,载刘俊文主编:《日本学者研究中国史论著选译:第一卷·通论》,黄约瑟译,中华书局 1992 年版;[日]谷川道雄:《中国的中世》,载刘俊文主编:《日本学者研究中国史论著选译:第二卷·专论》,高明士等译,中华书局 1993 年版;胡如雷:《唐宋之际中国封建社会的巨大变革》,载《隋唐五代社会经济史论稿》,中国社会科学出版社 1996 年版;[美]包弼德:《斯文:唐宋思想的转型》,刘宁译,江苏人民出版社 2001 年版;卢向前主编:《唐宋变革论》,黄山书社 2006 年版。

② 参见冯友兰:《中国哲学简史》(第 2 版),涂又光译,北京大学出版社 1996 年版,第 227-272 页。

③ 参见汤用彤:《汉魏两晋南北朝佛教史》,北京大学出版社 1997 年版。

这种格局到唐初依然没有变化,在法律方面尤其如此。[①] 但到中唐时,制度松弛,均田制瓦解,社会动荡加剧,儒、释、道三家的关系因此发生变化。其中被正统儒家斥为异端的释、道二教在社会上的影响急剧扩大,以至到了甚嚣尘上的程度,同时对政治的干扰亦增加了,而“儒”则相对处于一种被动的守势状态。[②] 对儒家来说,出现这种危机,有内外两方面的原因。就外部而言,唐初以来胡化和佛化的趋势,以及道教借助李唐王朝的政治优待,使释、道二教势力大增,而儒、释、道三家原本就是此消彼涨的关系,结果势力大增的释、道二教,不谋而合地形成了对儒的挤压。就内部而言,儒、释、道三家的思想在学理上互不贯通而又各据一域,造成社会上人们思想多元而行为混乱。[③] 简单说,儒家重现世,所以它提出的社会之道是德

---

① 张广达先生对此有很好的解说,他说:“研究唐代历史的一些学者早就注意到,唐代之所以朝气蓬勃、富有生机,一是唐代的社会和文化能条贯、折衷前此数百年的遗产,二是能兼容并包地摄取外来的各种文化营养。……然而,如果对唐代的这个特征稍加分析,就会发觉,唐代中原地区的典章制度既是前此数百年的建置的条贯和折衷(如中央设置的三省六部机构),亦是东晋南北朝以来多种民族相互冲突、互相融合而留下的某些制度的延续和发展(如均田制、府兵制);但是人们唯独从中探索不到外来的礼仪、政刑和典章制度的移植,而且唐代的官制、兵制、刑制、田制、赋役制等等都渊源于先前王朝,并没有因为唐代受到外来文化的影响而相应发生任何重大改变。至于在宗教、艺术(如音乐、舞蹈、杂技、绘画、雕塑)、实用器物(如金银器、服饰)等方面,人们可以看到,通过西域传来的印度、中亚、西亚文明和通过南海传来的南亚文明,对唐代的影响是既深且远的。唐代是中国封建社会生产力高度发展的盛世,一切典章制度已然自成体系,在自身高度发展的基础上,所有文化方面的引进都起着锦上添花的作用。”[张广达:《唐代的中外文化汇聚和晚清的中西文化冲突》,载王元化名誉主编:《释中国》(第1卷),上海文艺出版社1998年版,第77-78页]

② 有很多史料和研究可引证,但以韩愈的《原道》和陈寅恪先生的《论韩愈》为精辟。参见《韩愈集》,严昌校点,岳麓书社2000年版,第145-147页;陈寅恪:《论韩愈》,载王元化名誉主编:《释中国》(第2卷),上海文艺出版社1998年版,第925-939页。

③ 参见陈寅恪:《论韩愈》,载王元化名誉主编:《释中国》(第2卷),上海文艺出版社1998年版,第925-939页;傅乐成:《汉唐史论集》,台北,联经出版事业公司1977年版,第339-382页。

与礼(或曰礼与法);释家重来生,所以它提出的人生之道是心与性(或曰心与身);道家重自然,所以它提出的自然之道是道与器(或曰理与物)。虽然各家的思想不免有交叉牵涉,但重心所在,互不相让,形成儒家管社会、释家讲心性,而道家法自然的状态。[①]

上述状态,再加上东汉魏晋以来,儒学为古文经学所把持,训诂考据把儒学弄成了支离琐碎的章句之学而缺乏义理。尤其是相对于学理深奥的释、道二教,儒家思想显得贫乏,结果是它既不能包含又不能回答道家的道器义理和释家的心性修养问题。用朱熹的话说:“则吾道之所寄不越乎言语文字之间,而异端之说日新月盛,以至于老、佛之徒出,则弥近理而大乱真矣。”[②]思想的贫乏对已成型的制度伤害有限,但却无法满足变动社会中人的思考和追求,结果导致社会上大量人心向释、道转移。朱熹晚年的高足陈淳在解释“佛老”时说:“佛老之学,后世为盛,在今世尤为盛。二氏之说大略相似,佛氏说得又较玄妙。……老氏之说犹未甚惑人,至佛氏之说,虽深山穷谷之中,妇人女子皆为之惑,有沦肌浃髓牢不可解者。”[③]这样的现状造成了自然世界与社会制度和人的思想行为的分离与矛盾,宇宙[④]的统一性因此受到威胁,人的身心和言行亦极易陷入分裂,从而导致社会趋于不稳定。面对这种状况,释、道二教并无救治之心力,因为这种状况一定程度上正是它们推展的结果。但以救世为天职的儒家,既无法面对亦不能容忍这种状况继续下去,于是他

---

① 参见汤一介:《中国传统文化中的儒道释》,中国和平出版社1988年版。

② 〔宋〕朱熹撰:《四书章句集注》,中华书局1983年版,第15页;另参见邓广铭:《略谈宋学》,载王元化名誉主编:《释中国》(第2卷),第1013页及以下。

③ 〔宋〕陈淳:《北溪字义》,中华书局1983年版,第41-42页。

④ 宇宙是古代中国人有关时间和空间的整体观,包括自然界、社会和人类的统一体。进一步的讨论,参见刘文英:《中国古代的时空观念(修订本)》,南开大学出版社2000年版。

们行动起来,努力复兴处于危机中的儒家正统地位和系统学说,这项工作就是从中唐开始到南宋完成的重建道统的过程。①

重建道统的思想成果是理学的出现,所谓程朱理学,其中朱熹的朱子理学是集大成者。② 理学在理论上重建了宇宙的统一性,并借此复兴了儒家思想,使之重获正统和系统的地位,所以,理学又被称为新儒学。理学之所以有如此功效,是因为朱熹在继承、吸收前人的基础上,立足儒学,吸收佛理和道学,融合儒、释、道三家,

---

① 《宋史·道学传》有述:"'道学'之名,古无是也。三代盛时,天子以是道为政教,大臣百官有司以是道为职业,党、庠、术、序师弟子以是道为讲习,四方百姓日用是道而不知。是故盈覆载之间,无一民一物不被是道之泽,以遂其性。于斯时也,道学之名,何自而立哉。文王、周公既没,孔子有德无位,既不能使是道之用渐被斯世,退而与其徒定礼乐,明宪章,删《诗》,修《春秋》,赞《易象》,讨论《坟》《典》,期使五三圣人之道昭明于无穷。故曰:'夫子贤于尧、舜远矣。'孔子没,曾子独得其传,传之子思,以及孟子,孟子没而无传。两汉而下,儒者之论大道,察焉而弗精,语焉而不详,异端邪说(引者按:指佛、道之说)起而乘之,几至大坏。千有余载,至宋中叶,周敦颐出于舂陵,乃得圣贤不传之学,作《太极图说》《通书》,推明阴阳五行之理,命于天而性于人者,了若指掌。张载作《西铭》,又极言理一分殊之旨,然后道之大原出于天者,灼然而无疑焉。仁宗明道初年,程颢及弟颐实生,及长,受业周氏,已乃扩大其所闻,表章《大学》《中庸》二篇,与《语》《孟》并行,于是上自帝王传心之奥,下至初学入德之门,融合贯通,无复余蕴。迄宋南渡,新安朱熹得程氏正传,其学加亲切焉。大抵以格物致知为先,明善诚身为要,凡《诗》《书》,六艺之文,与夫孔、孟之遗言,颠错于秦火,支离于汉儒,幽沉于魏晋六朝者,至是皆焕然而大明,秩然而各得其所。此宋儒之学所以度越诸子,而上接孟氏者欤。其于世代之污隆,气化之荣悴,有所关系亦甚大。道学盛于宋,宋弗究于用,甚至有厉禁焉。后之时君世主,欲复天德王道之治,必来此取法矣。"有关从道学到道统的情形,可参见刘子健:《宋末所谓道统的成立》,载王元化名誉主编:《释中国》(第2卷),上海文艺出版社1998年版,第1029-1064页。

② 由前注《宋史·道学传》可知,在重建道统理论的过程中,有几个关键环节和人物。首先是唐代的韩愈(这是《宋史·道学传》的遗漏),他首次提出了作为华夏精髓的儒家"道统"问题,开启道统重建的先河。随之是北宋的周敦颐,张载和程颢、程颐二兄第,他们在韩愈的启发下,力求融合儒、释、道三家的思想。最后到南宋时,朱熹集大成,朱子思想标志着新儒学的形成。新儒学开始时称为道学,但因政治原因,加之道学以说理为主,所以改称为理学。朱熹去世后,理学被追认为官学,但理学之名已名闻天下,故以后相沿不改。

建立起了贯通自然、社会和人的思想体系，这个思想体系就是朱子理学。[①] 在笔者看来，朱子理学之所以能够融合分立的三家，弥合自然、社会和人的分离，最根本的是朱熹继承了包容天、地、人的中国哲学原点《易经》的精神，并遵循了在《易经》基础上发展起来的儒家形而上学传统（如《易传》等），[②]同时吸收北宋理学的成果，通过摄取儒、释、道三家的核心概念，最终把它们融合成有机的系统。

朱熹摄取了儒家的德与礼（或曰礼与法）、释家的心与性（或曰心与身）、道家的道与器（或曰理与物）这几对核心概念。这些概念原本是儒、释、道三家分别对社会、人生和自然（万物）这三个不同世界的内与外、体与用，或者说本质与形式的哲学把握；但由于这三家的概念之间没有逻辑联系，所以它们所表述的社会、人（生）和自然这三个世界在理论上无法沟通，造成人们观念上宇宙的不统一性，而宇宙的统一性正是人类生存和人生意义之所系。[③] 针对这个问

---

① 参见冯友兰：《中国哲学简史》（第2版），涂又光译，北京大学出版社1996年版，第251-262页。

② 成中英教授指出："事实上，我们可以看到，《易经》的悠久哲学传统，乃是一个朝向充分理解实在的锲而不舍的努力。这个努力充实了《易经》丰富和深奥的内涵。正是在此种精神之下，《易经》乃成为以朱熹为巅峰的宋代儒学运动的灵感泉源，成为发展宋代儒哲学中的理、气、心、性等范畴的支柱，成为酝酿这些概念的园地。另一方面，有趣的是，朱熹和其他宋代儒家，又反过来以理、气和其他概念，来重新解释《易经》。"（[美]成中英：《论中西哲学精神》，东方出版中心1991年版，第202-203页）

③ 知识追求对宇宙世界的系统性解释，没有这种系统性的解释，整个宇宙将在零乱中失去意义，人生价值亦将因宇宙缺乏意义而无所附丽。许倬云先生曾以《秦汉知识分子》为题作了探讨[参见王元化名誉主编：《释中国》（第3卷），上海文艺出版社1998年版，第1888页及以下]，其实包括理学家在内的中外知识分子概莫能外。宋大琦博士通过对程朱礼法学的研究亦认识到了这一点，他说："程朱理学就是将在经验层次上分裂的道术在形上层次上统一，将往圣的种种主张在一套话语框架内整合，以涵括一切矛盾性的天理为出发点，通过理气并建而将现象世界一一展开，在天理循环中找到人的定位和存在的意义，给社会人生的困惑予以解释并指引出路，按张载的话来说，这就是'为往圣继绝学，为万世开太平'，礼法学正是其中付诸社会实践的环节。"（宋大琦：《程朱礼法学研究》，山东人民出版社2009年版，第61页）顺带说一句，《程朱礼法学研究》是这一领域中多年未见的好作品，识者不妨参阅。

题,朱熹在摄取了三家核心概念后,首先将这些互不关联的概念通分为内与外(或曰体与用)两类,继之将内与外两类概念纳入阴与阳的二元范畴,再通过阳主阴从之易理,合内外二元为内主外从之一元化格局,最后统为一体而合于道。[①] 其逻辑结构如图 7-3 所示。

↗ 阳— 主 — 内(体):德/礼;心/心;道/理↖

道　　　　　　　　　　　　(儒)(释)(道)理学

↘ 阴— 从 — 外(用):礼/法;性/身;器/物↙

图 7-3　朱子理学中儒、释、道贯通逻辑结构

在这个结构中要注意的是,统摄阴阳、主从、内外(体用)的“道”,已不全是道家的一家之道,而是借道家之名融合了各家之道的道,表示事物固有的共通原理,所以朱熹等理学家又常将它称为“理”。[②] 在理学中,与这个“道”相通的概念除了“理”以外,还有无极、太极、太初、命、性、心、易、一等。[③] 这样,朱熹在儒、释、道三家的核心概念之间建立起了逻辑联系。借着这种逻辑联系,天地人或者说自然、社会和人生相互关联而成整体,宇宙世界的统一性因此再次得以体现和确证。

---

① 朱熹说:“理不可见,因阴阳而后知。”(《朱子语类》卷九四。参见〔宋〕黎靖德等编:《朱子语类》,王星贤点校,中华书局 1986 年版),而所谓“理也者,形而上之道也”。(《朱文公文集》卷五八。参见〔宋〕朱熹:《朱文公文集》,四部丛刊本)所以,“天地中间,上是天,下是地,中间有许多日月星辰,山川草木,人物禽兽,此皆形而下之器也。然这形而下之器中,便各自有个道理,此便是形而上之道”。(《朱子语类》卷一)。

② 陈淳对理学的范畴有非常精到的解释,他在解释“理”字时说:“道与理大概只是一件物,然析为二字,亦须有分别。道是就人们所通行上立字。与理对说,则道字较宽,理字较实,理有确然不易底意。故万古通行者,道也;万古不易者,理也。”(陈淳:《北溪字义》,中华书局 1983 年版,第 41-42 页)

③ 参见〔宋〕朱熹、吕祖谦撰:《朱子近思录》,上海古籍出版社 2000 年版,第 28 页;严灵峰:《原道》,载王元化名誉主编:《释中国》(第 2 卷),上海文艺出版社 1998 年版,第 899-906 页。

但到此为止，宇宙世界的这种统一性还只是形式上的。因为按照上述的分类合成，儒、释、道三家核心概念之间的联系仅仅只是形式逻辑上的，其实它们相互之间还缺乏内在的或者说精神上的联系。然而，朱子理学之所以被尊为新儒学的集大成，不仅是因为而且主要不是因为它在形式上恢复了宇宙的统一性，而是在实质上恢复了"德"在宇宙统一性中的主体地位。因为"德"是儒家的精髓，理学的核心，所以确立"德"在宇宙中的主体地位，实际上就是确立了儒家在儒、释、道三家中的主导性。这是从韩愈开始所有新儒家的追求，朱子理学实现了这个目标，所以，朱子理学被清代大儒全祖望誉之为"致广大，尽精微，综罗百代"[①]之学。[②]

长期以来，儒、释、道三家之所以分而不合，理论上的最大难题是，如何在三家的核心概念之间建立起实质性的联系，朱子理学给出了令时人信服的答案。如前所述，朱熹在形式上将儒、释、道三家的核心概念，通过分为内外（体用）两类，再通过内主外从的一元化阴阳之理，最后归结为道；同时，他将释、道两家核心概念的内项，即释家的"心"和道家的"道"，都归结到儒家核心概念的内项"德"上，亦即释家的心和道家的道都是事物的同一本质属性"德"的不同表现，用朱熹的话说："天地之间，人物之众，其理本一，而分未尝不殊

---

① 〔清〕黄宗羲原著，全祖望修补：《宋元学案·晦翁学案》，陈金生、梁运华点校，中华书局1986年版。

② 从笔者的体会来看，以朱子为代表的理学，在中国思想理论史上至少有这样几层意义：(1)结束了东汉以来长达千年的儒、释、道三家的对立，即结束了道统的分裂状态；(2)重建了中国统一的思想理论体系，即新道统的确立；(3)回应了释、道二教的挑战，使儒学从章句之学转变成义理之学，即新儒学的形成；(4)确立了儒家思想，实即中国道德原理的正统和主导地位；(5)以新儒学形式表现出来的道德论哲学即理学，是对西周以来中国社会结构的理论表达；(6)理学支配了中国宋以后包括法律在内的思想理论体系，并影响了同时代的日本、韩国和当代中国。

也。”[①]这样，释家的心和道家的道都被包融到了儒家的德中，如此儒家的德则不再仅是儒家的，同时亦成了释、道两家的核心概念中共同的内项。这样一来，内主外从的一元化阴阳之理，使统一世界的统一性，在形式上归于“道”，而实质上则归于“德”，道与德共同构成了世界的统一性，道德成为世界万物的统一原理，即万物之理，这就是我们所说的朱子理学的包容和超越之处。[②] 李约瑟先生对朱熹的这个伟大综合给予了高度的评价，他说：“……在朱熹的身上达到登峰造极的那条理学家所走的道路，即通过哲学的洞察和想象的惊人努力，而把人的最高伦理价值放在以非人类的自然界为背景。或者（不如说）放在自然界整体的宏大结构（或像朱熹本人所称的万物之理）之内的恰当位置上。根据这一观点，宇宙的本性从某种意义上说，乃是道德的，并不是因为在空间与时间之外的某处还存在一个指导一切的道德人格神，而是因为宇宙就具有导致产生道德价值和道德行为的特性，当达到了那种组织层次时，精神价值和精神行为有可能自行显示出来。”[③]这意味着在朱熹这样的理学家们看来，宇宙世界的本质或者说万物的原理是道德，人类既为宇宙世界的一部分，它的本质自然亦是道德的，所以，仁、义、礼、智、信，以

---

① 朱熹撰：《四书或问》，黄坤校点，上海古籍出版社、安徽教育出版社 2001 年版，第 421 页。

② 朱熹在儒、释、道三家的核心概念之间，建立起如上所说的那种形式上和实质上的逻辑联系，这是笔者根据自己对相关资料的阅读理解所得的认识，包括本章对董仲舒统一理论的建构亦是如此。这建构在解释上是合逻辑的，亦符合中国传统法文化发展的内在理路，但是否符合事实，还要接受检验。笔者所阅读和受启发的相关资料较多，无法在此一一列出，但在其他相关的注释中已有部分涉及，阅者可以参考。

③ ［英］李约瑟：《中国科学技术史：第二卷 科学思想史》，何兆武等译，科学出版社、上海古籍出版社 1990 年版，第 485 页。

及附着于它们的法,不过是万物的原理"道德"①在人类的显现而已,亦即理学视野中道德原理支配下一本万殊的表现。② 朱熹的这个说理(朱子理学)之所以令时人信服,完全是因为国人深信"德"是宇宙的本质属性,是物之为物、人之为人的根据所在。而国人之所以有这样的思想观念,乃是因为这是自远古以来中华民族认识和把握这个世界的经验总结与智慧结晶,亦即朱熹所说的"盖自上古圣神继天立极,而道统之传久也"。③ 像《易经》、《尚书》、文武周公之道、周孔之教、孔孟之道、天人合一的春秋大一统,以及韩愈提出的道统和以朱子为代表的理学,都是这个思想在中国文化框架内不同历史时期的实践与表达。显而易见,以朱子为代表的理学已是这个思想最完备的理论形态。④

在中国传统文化框架内,相对于董仲舒的理论,以朱子为代表的理学并没有发生结构性的系统变化。在理论构成上,朱熹和董仲舒走的是同一路径,他们都以道家之道为母体(形式),以儒家之德为主体(实质),以阴阳家之阴阳辩证为方法,综合成新的理论系统,所以,他们的理论结构大体相同。不同的是,董仲舒在内容要素上加入了法家的刑名,并用举例和类比的方式来论证"天人感应"说,以强化其"春秋大一统"。⑤ 而朱熹纳入了佛家的心性说和因明学,

---

① 本书一直在使用"道德"这个词,但在此还是要特别指出,这里的"道德"不是伦理概念,而是中国传统哲学中的一个重要范畴,用以表达世界万物的构成原理,即道是事物的存在形式,德是事物的存在依据,道与德共同构成事物的统一性。这个原理贯通天、地、人,亦即自然、社会与人类,所以,它本质上是中国人的世界观。

② 有关道德原理与法的关系及其表现,参见本书第六章。

③ [宋]朱熹撰:《四书章句集注》,中华书局1983年版,第15页。

④ 所以,冯友兰说:"到了朱熹,程朱学派或理学的哲学系统才达到顶峰。"[冯友兰:《中国哲学简史》(第2版),涂又光译,北京大学出版社1996年版,第251页]

⑤ 参见《汉书·董仲舒传》;董仲舒:《春秋繁露》之《王道通三》、《阳尊阴卑》、《天道无二》、《基义》、《如天之为》诸篇;袁长江主编:《董仲舒集》,学苑出版社2003年版,第6-33页"天人三策"。

但事实上,朱子理学中儒家的德礼不仅包含了佛家的心性,而且亦已涵摄法家的刑名;至于因明学,在朱子理学中,通过“气”的中介已成为阴阳转化的逻辑补充,用朱熹的话说即是“阴阳只是一气”“阳往交易阴,阴来交易阳,两边各各相对”。[①] 这样一来,理学在方法论上就由董仲舒神秘的“尊天”变为合乎常人理性的“说理”。[②] 由此可见,朱子理学相对于董仲舒理论的进步在于合理化。但朱子理学并没有在结构上改变它的统一性,所以与唐宋社会变动相适应,以朱子为代表的理学的形成,是汉代以来中国社会统一理论的发展和完善而不是转型。

虽然不是转型,但比较董仲舒的理论,朱子理学在体系上更宏大、学理上更精深、方法上更辩证,在推理上亦更合乎逻辑,所以,在中国思想史上,它以“致广大,尽精微,综罗百代”而著称。就朱子理学对中国法的统一性来说,在思想理论方面,它使法的学理比以前更统一、更深刻,达到了致广大和尽精微的程度;在制度方面,它虽然没有引起结构性的模式转换,但仍有重大的改进和强化之效。以下我们分而论之。

朱子理学是一个庞大的思想体系,其中并没有独立完整的法理学;但与董仲舒理论一样,他们的思想体系中又逻辑性地形成了相对统一的法律思想。比起董仲舒的理论及其后的汉唐儒学,朱子理学中的法律思想在理论的广度,或者说在原理的形式上,更广博宏大。如前所述,董仲舒的“春秋大一统”已包含了法的统一性理论,这个理论形式上亦沟通了自然、社会与人,但仔细分辨即可发现,董

① 《朱子语类》卷六五。另外,佛教有关逻辑和认识论的因明学对中国本土辩证思想的加强,参见[英]李约瑟:《中国科学技术史:第二卷 科学思想史》,何兆武等译,科学出版社、上海古籍出版社 1990 年版,第 450 页及以下。

② 参见[日]小野泽精一、福永光司、山井涌编:《气的思想——中国自然观与人的观念的发展》,李庆译,上海人民出版社 2007 年版,第 150-167 页、第 408-419 页。

仲舒理论中的人,主要是性别、身份、年纪以及表现出来的德能区别上的人。这些基于自然和社会等外在(形式上)差异的人,在“天人感应”下,按阳主阴从的原则被分别对应为尊卑、贵贱、亲疏,从而与自然和社会建立起联系,实现天、地、人三才的沟通。[①] 很显然,董仲舒对人的这个理解和分类并没有接受孟子的心性说,所以他的理论体现不出孔孟人性论中“仁义道德”的思想,这亦是后来韩愈和宋儒们将他排除在道统之外的重要原因。[②] 董仲舒以后的汉唐儒学吸收老、庄思想,有了很大的发展,玄学的哲理达到了很高的境界,但在天、地、人三才的沟通上并没有大的变化。这反映到统一的制度模式,如臻于定型的唐律中,我们看到有天、地、人三才,有阴阳、德礼、刑罚,涵盖自然、社会与人,但这个人依然是基于自然和社会等外在(形式上)差异的人。[③] 由于人的这种身份差异主要是自然和社会等外在因素造成的,脱离了人之为人的内在要素及其关系,即人的本质属性;所以,天、地、人三才在逻辑上还缺乏内在的紧密联系,法在法理上还缺乏广博宏大的正当性论说。朱子理学克服了这两个缺陷,实现了自然、社会与人的内在贯通,使法的正当性达致广博宏大。这个问题的解决,关键在于朱子理学对人的理解和分类不再是外在的,而是立足于人之为人的内在要素及其关系。

---

①　参见《春秋繁露·基义》《春秋繁露·人副天数》。

②　韩愈在《韩愈集·原道》中说:“凡吾所谓道德云者,合仁与义言之也,天下之公言也。”又说:“斯吾所谓道也,非向所谓老与佛之道也。尧以是传之舜,舜以是传之禹,禹以是传之汤,汤以是传之文武周公,文武周公传之孔子,孔子传之孟轲;轲之死,不得其传焉。荀与扬也,择焉而不精,语焉而不详。由周公而上,上而为君,故其事行;由周公而下,下而为臣,故其说长。”

③　《唐律疏议·名例》“疏议”曰:“夫三才肇位,万象斯分。禀气含灵,人为称首。莫不凭黎元而树司宰,因政教而施刑法。……《易》曰:‘天垂象,圣人则之。’观雷电而制威刑,睹秋霜而有肃杀,惩其未犯而防其未然,平其徽纆而存乎博爱,盖圣王不获已而用之。……德礼为政教之本,刑罚为政教之用,犹昏晓阳秋相须而成者也。”

朱子认为,人是心与身或心与性情的统一体,两者的关系是:“夫心者,人之所以主乎身者也,一而不二者也,为主而不为客也,命物而不命于物者也。”①“性者,心之理也。情者,心之用也。心者,性情之主也。”②这表明在朱子看来,人是“心主乎身”或者说“心统性情”的统一体。③ 这是宇宙万物的统一原理在人类身上的体现,此理在宇宙万物表现为阳主阴从之自然法则,在人类表现为心主乎身或心统性情之道德法则。所以,人之所以与天、地相通,不是因为人的外在因素,而是因为人同此心、心同此理的内在要素及其同构关系。④ 用宋儒谢良佐的话说,就是:“天,理也。人,亦理也。循理则与天为一,与天为一,我非我也,理也;理非理也,天也。”⑤这样,从万物有理、理一分殊出发,自然界有天理、社会上有国法、人类中有情理,天理、国法、人情虽分三层,但一以贯之的却是一个统一的原理。这个原理就是道德,它遍于宇宙万物,包括人所感受到的自然、社会与人类自身,用朱熹的话说,即是“道之流行,发见于天地之间,无所不在……”⑥因此,朱子理学中法律思想的学理广度,或者

---

① 《朱文公文集·观心说》。

② 《朱子语类》卷九八《元亨利贞说》。

③ 参见〔宋〕朱熹、吕祖谦撰:《朱子近思录》,上海古籍出版社2000年版,第35页。朱熹上继孔孟的心性思想,下接北宋儒学的心性观,结合释家的心性说,建立起了独立系统的心性论。参见冯友兰:《中国哲学简史》(第2版),涂又光译,北京大学出版社1996年版,第256-258页;[美]成中英:《论中西哲学精神》,东方出版中心1991年版,第162-170页。

④ 这在后世法律学中有反映,如清代律学家王明德在讨论历律、音律、法律时写道:“历以象天,征乎地;地者,气之钟也。乐以导和,征乎言;言者,心之声也。刑以平情,征乎心;心者,人之主,世之极,天之道也。……心者,天之命,世之统也,故明刑必本乎律天。”(〔清〕王明德撰:《读律佩觿》,何勤华等点校,法律出版社2001年版,第4-5页“本序”。)

⑤ 《宋元学案·上蔡学案》。〔清〕黄宗羲原著、全祖望补修:《宋元学案》,陈金生、梁运华点校,中华书局1986年版。

⑥ 〔宋〕朱熹撰:《四书或问》,黄坤校点,上海古籍出版社、安徽教育出版社2001年版,第67页。

说建构在这个思想之上的统一理论的形式统一性，不仅超越了前代，事实上亦已达到了中国传统思想范围内的广大，因为宋元以后近代以前再无超越它的。[①]

朱子理学不仅使法的统一理论致广大，同时亦使之尽精微。这当然亦是在中国传统思想范围内，同时亦是通过比较而得出的结论。“精微”不仅相对于朱子理学以前，同样适用于以后；但主要相对于以前，因为以后再没有实质性的发展。如同“广大”一样，在法的统一理论上，“精微”首先是相对董仲舒的理论而言的。如前所述，董仲舒的理论，包括法的统一理论，是建立在“天人感应”之上，用阴阳类比的方式，追求“春秋大一统”的实现。这理论表面上看似有逻辑，实际上逻辑性不强，因为不同事物之间缺乏内在联系。譬如，天、人不同物，却为何能够感应？阴、阳二元，为何阳主阴从并且能够相互转化？“春秋大一统”为什么必要？董仲舒所给出的解释是天意如此的神学目的论。[②] 这个解释没有揭示出事物的内在联系，只是根据事物的现象，进行有目的的分类、归纳和比附，因此逻辑上无法为人的理性所接受，相反给人以粗疏和牵强的印象。与董仲舒的理论不同，首先，朱子理学建立在万物有理、理一分殊的“理”之上，这使天人相通有了内在的根据。其次，它借用“气”这一表示物质性的抽象概念作为中介沟通阴阳，并依据气的禀赋和消涨，使

---

① 李约瑟说：“朱熹死后，理学很少有什么发展。……整个说来，14－16 世纪思想家们的主要努力似乎是集中于追求某种一元论，换句话说，就是主张理和气的最后合一，以达到更大程度的统一性，在某些情况下几乎是泛神论的。”（[英]李约瑟：《中国科学技术史：第二卷　科学思想史》，何兆武等译，科学出版社、上海古籍出版社 1990 年版，第 539 页）

② 董仲舒把天视为至高无上具有人格的神，认为天是有意志的，天的意志即天道，就是大一统，而天生万物亦是有目的的，所以，作为与天感应相通的人，就要按天的意志去办，努力实现大一统。很显然，董仲舒的这套“天人感应”说贯彻了神学目的论，在哲学上为的是把一切都神圣化、秩序化和合理化，在政治上是为汉王朝的中央集权提供正当性。

阴阳二元呈现出阳主阴从及其相互转化的辩证逻辑关系，这个阴阳之理或者说万物之理的内在联系，符合在经验基础上试图对世界进行哲学把握的人类理性。最后，由于万物同理（同阴阳之理）同构（同阴阳结构），所以统一性是事物内在的固有属性。这个属性表现为万物是有机联系的统一体，整体存在、连续存有、相互依存、辩证发展是万物的基本规律和特征，[①]其根据即是从有机宇宙观到万物生命论发展而来的道德原理。由此可知，无论是宇宙的统一性，还是法的统一性，都是它们内部的自然本性和趋势，并非任何外在因素所为。因此，基于统一性深深植根于事物的内部，朱子理学使法的统一理论达致精微。

体系的"广大"和内涵的"精微"，使以朱子为代表的理学成为继孔子之后主导中国思想达七八百年之久的正统哲学，其影响和意义都是巨大的。[②] 同样如此，理学使中国传统法的统一理论，在形式和实体的统一性上都达到了顶峰。这个成就既是对西周以来国人法律实践和思考的理论总结，又是对南宋以后特别是明清五百年法律实践和思考的理论指导，因此可以说它是中国传统法的统一理论。换言之，这个统一理论就是中国传统法律文化之道，或者说中国传统法律文化的理论范式。这个理论范式从西汉以来一直处于改进中，唐宋社会的变动和理学思想的出现，使它最终被改进成为广大精微的理论。但即便如此，与唐宋社会是变动而非转型相一致，法的统一性在理论上达到了广大精微，但统一性本身或者说它的理论范式，是被改进而不是被改变了，所以，它的影响虽然是巨大

---

① 参见杜维明：《试谈中国哲学中的三个基调》，载王元化名誉主编：《释中国》（第2卷），上海文艺出版社1998年版，第877-891页。

② 参见刘子健：《宋末所谓道统的成立》，载王元化名誉主编：《释中国》（第2卷），上海文艺出版社1998年版，第1063页；冯友兰：《中国哲学简史》（第2版），涂又光译，北京大学出版社1996年版，第251-252页。

的，但不是革命性的。与此同时，法的制度模式从西汉开始到唐代臻于定型，此后社会的变化因不是转型性的，所以，这些变化已不能改变法的制度模式，这即是宋元明清承袭唐律的社会原因。这亦说明，即使朱子理学使法的统一性理论在思想上达到了顶峰，亦无法像董仲舒的理论那样，在模式上重塑国家法的制度，而只能是对法的制度的改进和强化。

从大的方面来观察，理学影响下的法的统一性理论，对法的制度的改进和强化，主要表现在法的统一性、礼教性和一体化下的多样性上。在法的统一性上，最突出的莫过于法权的集中和统一，其中法律赋予君主、父亲、丈夫和族长的四种权力，在宋以后的法律中一直呈增强趋势，而其中最显著的又莫过于君主在立法和司法上的权力，从北宋开始到明清愈益强化，且这一强化的时序和强度大体与理学权威的上升成正比，这种长时段的历史现象在中唐以前是没有的。[①] 显然，这是受到了理学的影响，至少在正当性上得到了理学的支持。如前所述，从理学的观点来看法律，统一性是法的思想和制度的内在要求与倾向，因为宇宙世界是统一的，这是包括人类和法在内的世界万物的存在之理。因此，法权的集中和统一是法权顺应法理要求的结果，是法作为法的存在之理的表现形式。

如果说统一性是法的存在之理在形式上的要求，那么，礼教性就是法的存在之理在实体上的要求。正如我们在前面所说，事物的形式是道，属阴为从，而内涵是德，属阳为主，道与德相结合构成万物之理。同样，依据理学的观点，在德、礼、刑之间，前者相对于后者是内、属阳、为主、为体，后者相对于前者是外、属阴、为从、为用，所以，遵循阳主阴从的道德原理，必然是德化为礼、礼化为刑，或礼要

---

① 参见张晋藩总主编：《中国法制通史》（10 卷本），法律出版社 1999 年版，第五卷《宋》、第六卷《元》、第七卷《明》、第八卷《清》的相关内容。

德化、刑要礼化，其结果必然是刑的德礼化。[①] 刑是中国传统法律，德礼是中国传统礼教，刑的德礼化就是中国传统法律的礼教化。这一特点虽然在理学出现的宋代之前就有了，但只有理学将它的正当性系统化并上升到道的本原，即天地宇宙、人类万物的原理高度。正因为此，至少因为此，从宋代开始，传统中国的法律，无论是国法还是准国法的乡规民约，都一致表现出强烈的礼教性，其中最为人们所熟悉的是礼教的核心——“三纲五常”法律地位的上升。[②] 这我们可以从朱熹那儿得到说明，朱熹说：“宇宙之间，一理而已。天得之而为天，地得之而为地，而凡生于天地之间者，又各得之而为性。其张之为三纲，其纪之为五常，盖皆此理之流行，无所适而不在。”[③]这道理说得很清楚，既然“三纲五常”是天理，自然亦是通行天下的法理和情理，人间诸法当然要以此为据。这样一来，天理、国法、人情不是相通了吗？所以，乾隆皇帝在为重修后的《大清律例》所作的“序”中说：“简命大臣取律文及递年奏定成例，详悉参定，

---

① 朱熹在为《论语·为政》“道之以政，齐之以刑，民免而无耻；道之以德，齐之以礼，有耻且格”作注时说：“……愚谓政者，为治之具。刑者，辅治之法。德礼则所以出治之本，而德又礼之本也。此其相为终始，虽不可以偏废，然政刑能使民远罪而已，德礼之效，则有以使民日迁善而不自知。故治民者不可徒恃其末，又当深探其本也。”（〔宋〕朱熹撰：《四书章句集注》，中华书局 1983 年版，第 54 页）此可以为证。

② 杨鸿烈先生在他的著作中选录了理学大家，周敦颐、程颢、程颐、朱熹，以及元代的孛术鲁翀，明代的苏伯衡、叶良佩，清代的顾炎武、蒋彤等人，有关这一方面的奏章、说帖和议论等。阅者可以参见杨鸿烈：《中国法律思想史》，中国政法大学出版社 2004 年版，第 140-146 页。宋大琦博士的见解亦可作为一个补证在此提出，他说：“《大明会典》中几篇皇帝序言都是以理学语言写成的，《读律存疑》的论说中亦贯穿着程朱理学的礼法观，今人颇为看重的明代法学著作《大学衍义补》，同时又是一部理学著作。”（宋大琦：《程朱礼法学研究》，山东人民出版社 2009 年版，第 61 页）其实，清代的律学亦是如此，律学之作同样渗透了理学的思维，如王明德在他的《读律佩觿·本序》中提出，律乃“法天乘气所必由”，而律学乃“法天之学”。按照理学的观点，理学就是天学，亦即天理之学，所以，作为“法天之学”的律学，亦可以说是理学指导下的法律实用之学。

③ 《朱文公文集》卷七十《读大纪》。

重加编辑。揆诸天理,准诸人情,一本于至公而归于至当。”①

差序性是指它主从有序的差序结构,亦即一体两元主从式多样化的构成,这同样亦是理的表现。按照理学的观点,法的统一性并不排斥多样性,相反,统一性的广大正是建立在多样性的多样上的;然而,由于万物有理相通,所以,多样性再多,最终还是要在“理”上归于一,亦即理学家所说的“理一分殊”。借此,我们不妨把这种情况在法律秩序上的表现称为一体化下的多样性,意思是说中国社会出现了国法控制下的法律秩序多样化的情形。如乡规民约、宗法族规、家礼家法,以及各种各样的帮规、行规、社约等民间秩序规范。尽管这些秩序规范大多数在宋以前就有但并不突出,只是在进入宋以后才有大的发展,延续到明清时形成由国法和民间秩序规范组成的多种秩序结构。② 这个秩序结构从家法到国法形成一条秩序链,家法是这条秩序链中最下端的血缘法,国法是从家法演变而来又居于这条秩序链顶端的地域法。同时,由于从家法到国法意味着法律效力、秩序位阶的上升和国家色彩的增强,因此,各种民间秩序规范在中国传统社会秩序构成中所扮演的角色,既有民间的自治性,亦逃脱不了为官方和准官方所关注以至被操控的命运,结果形成以国法为主、民间秩序规范为从,亦即官主民从的一元化差序结构。这种结构与理学的观点正相吻合,所以亦可以称为合理有序的等差结构。因为在理学的观念中,官民关系实质上是一种阴阳关系,其中官为阳、民为阴,从阳主阴从到官主民从而归于一,乃是万物同理、理一分殊的体现。然而,如果我们从这个秩序结构的内部和主体的

---

① 马建石、杨育棠主编:《大清律例通考校注》,中国政法大学出版社 1992 年版,第 5-6 页。

② 参见梁治平:《中国法律史上的民间法——兼论中国古代法律的多元格局》,载《中国文化》1997 年 Z1 期。

类别上来观察，就会发现它呈现出一体化下的多样性的形态；进而，如果我们把国法与各种民间秩序规范视为二元主从的关系，那么它就是二元主从的差序结构；合起来就是笔者所说的一体两元主从式多样化的构成。①

总之，理学使中国传统法的统一理论达致广大和精微，同时又通过这个理论改进和强化了法的制度模式，落实到现实中即是规范并影响着人们的思想与行为，以至于中国人（特别是在宋代和明清时期）在哲学理论和一般观念上都认为，天人合一，天理、国法、人情相通。这种为中华民族所固有，而与其他民族相比为特有的理念，正是从西周一路发展而来的中国法律文化之道。这个"道"用理学的话说就是"理"，用今天的话说就是"道德原理"。原理有形式、实体和结构三要素，因此，我们亦不妨说，统一性是中国传统法道德原理的形式特征，礼教性是它的实体特征，差序性是它的结构特征。这三个特征与中国人固有的有机宇宙观的整体性、道德生命性以及阴阳合一、阳主阴从的辩证性相联系。

就本章的主题来说，我们的探讨已经完成，但在历史的进程中，中国道德原理法思想还在继续。一方面，唐宋社会变动后所稳定下来的社会形态，历宋元明清诸朝一直维持到晚清，中国道德原理法思想亦是如此。另一方面，晚清开始了新的社会转型，特别是清末变法修律，使中国传统法的统一性解体，中国道德原理法思想亦因失去附丽而发生变化。这是中国传统法的统一性，包括法的统一理论和统一的制度模式，在历经西周到晚清的社会变迁，从开端到形成再至完善后的历史性变化。此后近百年中，在法的思想理论方面，一边是传统法理论的消解和被抛弃，另一边是域外法学理论的轮番登场和被追捧。

---

① 参见本书第一章《中国传统法的特征》相关部分。

同样,在法的制度方面,一边是传统的制度模式彻底瓦解,另一边是不同的制度(模式)被引入和实践。这两个过程至今还没有结束,正如我们所见,新的法的统一理论和统一的制度模式还在形成中,但与社会转型相呼应,这必然是一个长期、艰难、复杂的过程。在这个过程中,中国道德原理法思想是否还有新的历史机遇呢?

第八章 从礼法到政法

第八章　从礼法到政法

第一节　传统中国法的结构与哲学

第二节　现代中国法的结构与哲学

第三节　传统与现代中国法的结构与哲学比较及改造提升

第一节 传统中国法的结构与哲学

学界探讨传统中国礼法和现代中国政法的论著并不少见,但将传统中国礼法与现代中国政法结合起来做学术探讨的却不多见。[①] 为此,笔者以法文化的视野和法哲学的方法,尝试探讨从礼法到政法的传承与变迁中,传统与现代中国法的结构与哲学及其改造提升问题。毫无疑问,这是一个宏大深邃的问题,目前笔者只能把自己的观察和思考尽量作一个梗概式的表达,希望能起到抛砖引玉的作用。

对于法的结构可以有不同的解读,如果是从法文化类型[②]的视角出发,那么,传统中国法的类型可以说是礼法文化,亦可以说是礼法传统,但如果透视这个文化和传统的结构则可以说是礼法结构。

---

① 截至2018年3月19日,笔者在中国知网(http://kns.cnki.net)上,检索以"礼法"为主题的研究文献,获得1977条结果,检索以"礼法传统"为主题的研究文献,获得80条结果;检索以"政法"为主题的研究文献,获得58,466条结果,检索以"政法传统"为主题的研究文献,获得63条结果;检索以"礼法与政法"为主题的研究文献,获得18条结果,但几乎都不是学术探讨。

② 法文化类型是依据文化类型对法的一种分类。文化类型是由于自然环境和生存方式的差异,以及观念、信仰、兴趣、行为、习惯、智力发展方向和心理性格的不同,而形成的具有相似文化特征或文化素质的地理单元。所以,法文化类型是各种法文化形态体系中最有特色、最能体现一种法文化本质属性的特征,而不是指它的全部特征的总和。

正如《唐律疏议》开篇《名例》中所说："德礼为政教之本，刑罚为政教之用，犹昏晓阳秋相须而成者也。"[1]这句话的意思是说，德礼是政教的根本，刑罚是政教的辅从，两者的关系犹如黄昏与早晨（相续为一天）、春天与秋天（相续为一年），只有相互结合才能构成完美的整体。这是对律文的直译，其实内涵远不止这么简单。首先，它融合了儒、法、道三家的思想。从概念的倾向上讲，"德礼"是儒家的，"刑罚"是法家的，"昏晓阳秋"是道家的。儒、法、道三家的思想在国家法典中融为一体，这是西汉以来中国法律发展到唐代"臻于完善"的表现，体现出从阴阳合一、阳主阴从的哲学原理到礼法结合、德主刑辅的礼法结构。为了更直观地阐明这一点，我们先看图8-1：

↗ 德礼 — 本 — 晓 — 阳（春天）—（主）阳 ↖

政教（大法）　　　　（原理）道

↘ 刑罚 — 用 — 昏 — 秋（秋天）—（从）阴 ↙

图 8-1　《唐律疏议·名例》所示礼法结构示意

图 8-1 把《唐律疏议·名例》的表述结构化了，其中"阳秋"之后是笔者加上的，但符合道的构成。通过这个图示，可以看到作为政教两翼的德礼与刑罚与作为道之两仪的阳与阴的对应关系。我们知道，政教是传统中国政治文化的统称，亦可以称为大法，[2]法律自然亦被包含在其中。因此，作为政教两翼的德礼与刑罚，亦是礼与刑（此处的刑是指广义上的刑法，亦即法律），或者说礼与法（此处的法是指狭义上的法律，亦即广义上的刑），实际上就是传统中国

① 〔唐〕长孙无忌等撰：《唐律疏议》，刘俊文点校，中华书局 1983 年版，第 3 页。

② 中国古代的法有广狭多义，其中广义上的法包括礼、乐、刑、政，此与《唐律疏议》中说的政教相当，所以称之为大法。即如《管子·任法》所说："法者，天下之至道也。……所谓仁义礼乐者，皆出于法。此先圣之所以一民也。"

法的基本内容与结构。正如上述《唐律疏议·名例》所示，在这个结构中，德礼为本、刑罚为用。对此，人们把它概括为礼法结合、德主刑辅，简称为礼法结构。礼法结构是以唐律为代表的传统中国法的基本结构，所以，朱元璋在《御制大明律序》中说："朕倣古为治，明礼以导民，定律以绳顽，刊著为令，行之已久。"[①]对于传统中国法的礼法结构，《清史稿·刑法志》中有一个总结性的概述，阅者可以参见下注。[②]

同时，通过图 8-1，我们还可以发现，礼法结构的法理依据是阴阳合一、阳主阴从的哲学原理。这个原理实际是道德哲学，其背后的世界观是道或者说阴阳统一的世界观，而它最终是要回答和追求的是：人是什么？人如何成为人？法对人成为人有什么价值，亦即法对人的意义是什么？其实，这些都植根于对人是什么的预设和回答。对于这个结构与哲学的内在逻辑或者说理路，我们可以这样来理解：从道或者说阴阳统一的世界观可推展到道德哲学。为何是道德哲学？因为阴阳世界观的本质是道德，即道是世界存在的形式，表现为井然有序，这是表面上、形式上、静态的表象世界；德是世界存在的根据，表现为生生不息，这是表面下、实质上、动态的内在世界；道与德的有机结合，构成了既生机勃勃又井然有序的完美世界，亦即和谐世界或者说生而有序的和谐世界。这个世界即是先贤在

---

① 《大明律》，怀效峰点校，辽沈书社 1990 年版，第 1 页。

② 《清史稿·刑法志》曰："中国自书契以来，以礼教治天下。劳之来之而政出焉，匡之直之而刑生焉。政也，刑也，凡皆以维持礼教于勿替。故《尚书》曰：'明于五刑，以弼五教。'又曰：'士制百姓于刑之中，以教祇德。'古先哲王，其制刑之精义如此。……至唐《永徽律》出，始集其成。虽沿宋迄元明而面目一变，然科条所布，于扶翼世教之意，未尝不兢兢焉。君子上下数千年之间，观其教化之昏明，与夫刑罚之中不中，而盛衰治乱之故，綦可覩矣。"《清史稿》是传统中国正史的最后一部，编者的观点比较保守。然而，编者对中国传统社会礼教/刑罚与治乱/盛衰的关系，以及宋、元、明、清诸律对唐代礼法结构模式继承的认识，应该说是客观的，最起码它向我们描述了一个基本的历史事实。

《中庸》中所说的“致中和,天地位焉,万物育焉”。[①] 其实,这亦是我们今天承袭下来的主要世界观,只是如《周易・系辞上传》所说,“百姓日用而不知”。所以,从哲学或者本质上说,世界是道德的世界。因此,包括人在内的万物都是道德的存在。它在天表现为阴阳,在地为刚柔,在人为仁义,在法为德礼与刑罚,亦即礼与刑。[②] 这就是贯通天、地、人、法的中国传统文化哲学,亦是中国文化生命力的根源所在,即效法自然、合乎自然,所以能够与天地/自然同长久。[③]

为什么在中国传统文化哲学中,天、地、人、法是贯通的呢?从学理上说,首先,这个哲学植根于万物的属性是阴与阳;人性是善与恶;法是德礼与刑罚,亦即礼与刑,或者说礼法结构。其次,这个哲学回答了天地万物是阴与阳对立统一的辩证存在,但本质是道德;人是善与恶/性与欲/情与理对立统一的辩证存在,但本质上还是道德;法是德礼与刑罚或礼与刑对立统一的辩证存在,本质上仍是道德。最后,这个哲学告诉人们如何成人,就是要为善去恶、崇礼守

① 〔宋〕朱熹:《四书章句集注》,中华书局 1983 年版,第 18 页。

② 宋儒周敦颐在《太极图说》中说:“立天之道,曰阴与阳;立地之道,曰柔与刚;立人之道,曰仁与义。”(〔宋〕周敦颐撰:《周子通书》,徐洪兴导读,上海古籍出版社 2000 年版,第 48 页)此说原出《周易・说卦》,推而言之,依着道的理路和构成,并根据《唐律疏议・名例》“德礼为政教之本,刑罚为政教之用,犹昏晓阳秋相须而成者也”的规定,立法之道就可以说是礼与刑或德礼与刑罚。

③ 中华文明绵延不断的文化根源,或者说生生不息的精神动力或在此。因为道德对应并顺从万物的井然有序与生生不息。所以,这样的文化能与天地同在、与日月同辉,即与自然世界共存。原因是它遵循了有机生命世界的自然法则,努力追求生命可持续的中和状态,以达致与天地宇宙的一体化,所以能与天地同存。例如,《左传》昭公二十五年记载郑子太叔(游吉)的言论说:“吉亦闻诸先大夫子产曰:夫礼,天之经也,地之义也,民之行也。天地之经,而民实则之。则天之明,因地之性,生其六气,用其五行……乃能协于天地之性,是以长久。”又如,明代大儒刘宗周在《刘宗周全集・证人社语录》中说:“吾儒之学,宜从天地万物一体处看出大身子,天地万物之始即吾之始,天地万物之终即吾之终,终终始始,无有穷尽……”

法，本质上还是合乎道德。在这个过程中，法或者说德礼与刑罚，亦即礼法的价值，就是要通过对秩序（道/法/刑）与正当（德/理/礼）的建构，达到责任与权力、义务与权利差序格局的制度化、现实化，从而引导和规范人成长为“成人”。① 而所谓“成人”，本质上就是要成为有道德的人，亦即中国传统文化哲学中对人是什么的预设和回答的实现。至此，我们可以说，符合礼法规范的人就是有仁义的人，有仁义的人就是与天的阴阳、地的刚柔相合的人，与天的阴阳、地的刚柔相合的人就是与天地合一的人，与天地合一的人就是天人合一中的人，天人合一中的人就是有道德的人。② 因为道德在天为阴阳，在地为刚柔，在人为仁义，在法为德礼与刑罚，亦即礼法。这就是传统中国法的结构与哲学的内在逻辑或者说理路，而它最终所回答和追求的则是：人是什么，人如何成为人，以及法对人成为人有什么价值。

第二节　现代中国法的结构与哲学

同样，从法文化类型的视角来观察，现代中国法可以说是“政法文化”，亦可以说是“政法传统”，但就这个文化或者说传统的结构

---

① 其实，这就是中国传统法哲学的文化原理和内在理路。据此，法在形式上是德礼与刑罚，实质上是道德；法的价值在形式上是明刑弼教，实质上是使人成为有道德的人；实现法的价值的方法在形式上是礼法结合、德主刑辅，实质上还是基于道德、合乎道德，亦即基于道德一体、合乎德生道成；而这一切都是为了使人之为人，亦即为了人的本质同时亦是世界万物的本质——道德——的展开和实现。

② 如董仲舒在回答汉武帝的对策中说：“故孔子曰‘天地之性人为贵’。明于天性，知自贵于物；知自贵于物，然后知仁谊（按：谊即义）；知仁谊，然后重礼节（按：礼节亦即礼法）；重礼节，然后安处善；安处善，然后乐循理；乐循理，然后谓之君子。”（袁长江主编：《董仲舒集》，学苑出版社2003年版，第25页）乐循理即乐与天地之性理相通，乐与天地之性理相通就是要天人合一，天人合一即是君子，君子即是有道德的人。

来看,则又可以说是“政法结构”。只是由于“政法”和“政法传统”早已是为当今中国社会和学界所普遍接受的专有名词,[①]所以,相对于政法传统,政法结构较少为人提及。其实,在对于文化的认识上,传统往往是一种纵向观察的结果,而结构往往是一种横向透视所见,但两者实际上是一物,只是视角不同而已。所以,政法结构与政法传统往往是名异而实同,这在本书中亦是如此。

对于政法结构或者说政法传统的历史与核心,董必武在1959年的讲话中给予了鲜明的揭示。他说:“我们党从井冈山建立革命政权的时候起,就有了自己的政法工作。人民政法工作和军事工作、经济工作、文教工作一样,在党中央和毛主席的领导下,从民主革命到社会主义革命,逐步积累起丰富的经验,形成了自己的优良传统。这就是服从党的领导、贯彻群众路线、结合生产劳动、为党和国家的中心工作服务。”[②]谢觉哉亦曾说过:“我们的法律是服从于政治的,没有离开政治而独立的法律。政治要求什么,法律就规定什么。当法律还没有制成条文的时候,就依据政策行事。”[③]彭真亦指出:“党的领导、专门工作与群众路线相结合,是政法工作的优良传统。”[④]董必武、谢觉哉、彭真都曾经是我们党和国家特别是政法工作的领导人,所以,他们的讲话既是对政法工作的经验总结又是权威的表达。从他们的讲话中,我们可以清楚地看到,在党、国家、政治与法律的关系中,党和国家是中心,政治是优先,法律服从于政治并服务于党和国家的中心工作。可以说这就是政法传统的核心,亦可以说是政法结构的基本模式,而且在现代中国法中,这个核心

---

① 参见刘全娥:《陕甘宁边区司法改革与“政法传统”的形成》,人民出版社2016年版。

② 董必武:《董必武法学文集》,法律出版社2001年版,第423页。

③ 王定国等编:《谢觉哉论民主与法制》,法律出版社1996年版,第156页。

④ 彭真:《论新中国的政法工作》,中央文献出版社1992年版,第424页。

和模式虽源于历史亦见于当今,它不仅是理论的表达亦是制度的实践。譬如,在理论的表达上,《中共中央关于全面推进依法治国若干重大问题的决定》(以下简称《决定》)提到,依法治国"事关我们党执政兴国,事关人民幸福安康,事关党和国家长治久安"。[①] 所以,"党的领导是全面推进依法治国、加快建设社会主义法治国家最根本的保证。必须加强和改进党对政法工作的领导,把党的领导贯彻到全面推进依法治国全过程。"[②]同样,在制度的实践上,作为国家根本大法的《中华人民共和国宪法》,在第 1 条就规定了中国共产党的领导地位,[③]然后在第 5 条规定:"中华人民共和国实行依法治国,建设社会主义法治国家。"[④]这说明《中华人民共和国宪法》作为根本大法的制度性规定与上述《决定》的理论性表达相一致,即法律服从于政治(党的领导)并服务于党和国家的中心工作,这正是包括当下在内的现代中国法中的政法传统或者说政法结构。对于这个政法传统或者说政法结构,学界虽从不同的方面做了不少的研究,[⑤]

① 《中共中央关于全面推进依法治国若干重大问题的决定》,人民出版社 2014 年版,第 1-2 页。

② 《中共中央关于全面推进依法治国若干重大问题的决定》,人民出版社 2014 年版,第 33 页。

③ 《中华人民共和国宪法》(2018 年版最新修正版,含宣誓誓言),法律出版社 2018 年版,第 60 页。

④ 《中华人民共和国宪法》(2018 年版最新修正版,含宣誓誓言),法律出版社 2018 年版,第 61 页。

⑤ 参见刘全娥:《陕甘宁边区司法改革与"政法传统"的形成》,人民出版社 2016 年版;左为民、何永军:《政法传统与司法理性——以最高法院信访制度为中心的研究》,载《四川大学学报》2005 年第 1 期;徐亚文、邓达奇:《"政法":中国现代法律传统的隐性维度》,载《河北大学学报(哲学社会科学版)》2011 年第 5 期;安秀伟:《人民政法传统的历史生成与法治转型》,载《河南社会科学》2016 年第 2 期;强世功:《中国法治道路:礼法传统的传承与升华》,载《民主与法制时报》2015 年 7 月 9 日,第 7 版。

但遗憾的是少见对其背后的哲学进行深入探讨的,[①]而哲学探讨将使我们对传统与现代中国法获有更多更深的认识。

据笔者的观察和研究,政法传统或者说政法结构背后的世界观是唯物主义的世界观,而它最终是要回答和追求的亦是:人是什么?人如何成为人?法对人成为人有什么价值,亦即法对人的意义?其实,这些亦都植根于对人是什么的预设和回答。对于这个结构与哲学的内在逻辑或者说理路,我们可以这样来理解:从唯物世界观(世界统一于物质)可推展到功利哲学[②]。为何是功利哲学?因为唯物世界观的本质是存在第一、意识第二,或者说物质第一性、精神第二性,存在和物质决定意识和精神,所以,世界万物首先是而且本质上都是物质的存在。[③] 对此,哲学家艾思奇在 20 世纪 30 年代就风靡全国的《大众哲学》中说:"唯物论的世界观的主要特征之一,就是要承认客观世界是独立的物质存在并且有它自己的规律。除此之外,唯物论的另一个主要特征亦要说一下,这就是认为主观、精神并不是独立存在的东西,而只是从客观、物质中产生出来的,是第二位的东西。……认为第一位的东西是客观、物质,而主观、精神只是第二位的,只是'派生'的东西,这是唯物论的世界观。"[④]因此,在唯物

① 根据笔者对前注中所列文献的查阅,只有少数研究触及哲学,而且亦只是停留在对辩证唯物主义的一般说明上(如《陕甘宁边区司法改革与"政法传统"的形成》第 57 页),并未对政法传统或者说政法结构与其背后的哲学的关联作出说明,亦未进一步探讨哲学本身背后的世界观问题。

② 这里使用的功利哲学是指以物质和利益为起点和追求的人生哲学。这不等同于西方的功利主义或功利主义哲学,西方的功利主义或功利主义哲学是由边沁创立和密尔发展的一个哲学和法哲学流派,它以追求最大多数人的最大幸福为功利,而此幸福的功利是可以计算的人的快乐和痛苦,但正是因为要求是可以计算的,所以,此幸福的功利实际上主要还是物质和物质性的。

③ 参见李秀林、王于、李淮春主编:《辩证唯物主义和历史唯物主义原理》(第 5 版),中国人民大学出版社 2004 年版,第 37-62 页。

④ 艾思奇:《大众哲学(修订本)》,人民出版社 2009 年版,第 31 页。

论的世界观看来，人首先是物质的存在，其次是精神的存在，最后才是物质与精神或者说存在与意识对立统一的存在。同样，法首先是物质的存在，亦即人对物质和精神利益追求的规范体现；其次是精神的存在，亦即人对物质和精神利益追求的意志体现；最后才是物质与精神或者说存在与意识对立统一的存在，亦即作为规范与意志的统一体而体现的法。这就是唯物主义准确说是辩证唯物主义的法哲学，它回答了世界万物统一于物质，亦即世界在本质上是物质的；所以，人与法首先亦是物质的，其次才是物质与精神或者说存在与意识对立统一的存在，但本质上还是物质的。由于物质不仅是功利和利益的基础，而且亦是功利和利益最初或最终的表现形式，所以，物质的往往亦是功利的和利益的。同时，唯物主义法哲学还指导人们，如何实现人与法的价值，即实事求是地承认存在或者说物质与利益第一、意识或者说精神与荣誉第二，两者辩证统一。在这个世界观的基础上，自然发展出存在第一的现实主义，又从现实主义发展到功利主义，再从功利主义发展到实用主义或者说功利化的人生观、价值观和法律观。这就是为什么从唯物世界观可推展到功利哲学，因为它们之间具有内在的逻辑联系，即世界统一于物质，其它都是派生的。

“领导中国广大人民坚决进行革命斗争的中国工人阶级和共产党，是以马克思主义的辩证法唯物论作为自己的世界观——思想方法。把马克思列宁主义的普遍真理和中国革命的具体实践互相结合起来的毛泽东思想，就是严格地建立在辩证法唯物论这个世界观——思想方法的基础之上的。”[①]毛泽东主席说：“世界上没有什么超功利主义，在阶级社会里，不是这一阶级的功利主义，就是那一

---

① 艾思奇：《大众哲学（修订本）》，人民出版社 2009 年版，第 32 页。

阶级的功利主义。我们是无产阶级的革命的功利主义者，我们是以占全人口百分之九十以上的最广大群众的目前利益和将来利益的统一为出发点，所以我们是以最广和最远为目标的革命的功利主义者，而不是只看到局部和目前的狭隘的功利主义者。”①在追求实现革命的功利主义过程中，法的价值正是通过对秩序与正义的建构，达到权利与义务（实质是利益分配）的制度化、现实化，从而引导和规范实现人的价值。所谓实现人的价值，亦即人是什么的实现，实际上就是人作为物质与精神或者说存在与意识对立统一存在的实现，但本质上仍是物质的、功利的和利益的实现。至此，我们可以说，遵循法律的人是符合权利义务规定的人，符合权利义务规定的人是合功利原则的人，合功利原则的人本质上是持唯物主义世界观的人，唯物主义世界观就是实事求是，实事求是就是存在或物质第一、意识或精神第二，存在和物质决定意识和精神。这就是现代中国法的结构与哲学的内在逻辑或者说理路，而它最终所回答和追求的同样是：人是什么，人如何成为人，以及法对人成为人有什么价值。

第三节 传统与现代中国法的结构与哲学比较及改造提升

对传统与现代中国法的结构与哲学可以作这样的比较，即礼法结构对政法结构，道德哲学对功利哲学，而它们的背后则是道或者说阴阳统一的世界观对唯物或者说原子论的世界观。当然，这只是一种最简略的比对，如果要深究起来，传统与现代中国法

① 《毛泽东选集》（第3卷），人民出版社1991年版，第864页。

的结构与哲学本身就存在差异，即传统中国礼法结构中的礼与法及其哲学是同构共理、相互贯通的，亦即它们是同一结构、共通原理的统一系统；[①]而现代中国政法结构中的政与法及其哲学则是交织着古今中外冲突，亦即还没有达到同构共理相互贯通的矛盾系统。[②] 但即使如此，我们从类型学的角度出发进行比较亦是可行的。

对于未来中国法结构的改造提升，笔者以为应是弱化政法结构中政与法的意识形态性和功利性，注入基于普遍人性的人权和基于中国人性情的礼，进而改造提升为新型的政法结构。对此，笔者时常听到这样一种说法，认为法治社会不应提政法而应提法治，因为法治社会是法律优先而不是政治优先的社会。殊不知，政法是从礼法演变来的中国法律文化传统，亦是符合中国国情和现实政治的法律文化结构，具有深厚的历史根基和强大的现实正当性。因此，对于政法结构不是要改掉而是要改造。事实上，我们已经在而且亦正在这样做，如《决定》中提出，中国特色社会主义法治国的建设，要"汲取中华法律文化精华，借鉴国外法治有益经验，但决不照搬外国法治理念和模式"。[③] 所以，有论者提出："在这个意义，我们可以说四中全会正在开辟中国法治的新传统，社会主义政法传统实际上是

---

① 关于传统中国的礼与法及其哲学的同构共理相互贯通，参见张中秋：《原理及其意义——探索中国法律文化之道》（第 2 版），中国政法大学出版社 2015 年版，第 136-142 页。

② 以哲学和法哲学为例，传统中国的思想、制度、社会具有融贯性，因而有自己的哲学和法哲学，但近代以来由于外力的介入和内生的矛盾，融贯性被打破，思想、制度、社会相背离，自己独立系统的哲学和法哲学至今还未建立。

③ 《中共中央关于全面推进依法治国若干重大问题的决定》，人民出版社 2014 年版，第 7-8 页。

在古代礼法传统的基础上构建现代的礼法传统。"[①]其实，在改造提升的同时，我们要看到，从意识形态、政治原则和立法依据来说，传统中国的礼的确相当于现代中国的政，亦就是说两者在政治系统中的地位和功能是一致的，但它们在内涵和目标上有异。[②] 礼与政的同体现了中国法律文化的连续性，礼与政的异表现出中国法律文化的断裂。因此，如何把这种连续性和断裂，或者说如何把中国法律传统和现代世界法律文明对接，从而达到改造提升的目的，即是上面提到的对政法结构中政与法的意识形态性和功利性的弱化和再注入的任务，但这还仅仅是停留在一种结构性的改造上，更深层次的改造提升应是在结构背后的哲学层面上。所以，较为根本的变化是注入和加大道德元素。这里的道德元素集中体现在传统中国仁爱的德性和体现文明教养的礼教上，以及体现当今人类共性亦即普遍人性的公德上，包括现代的人权理念。因此，这些道德元素与目前政府的德治，虽有交叉但亦有区别。有交叉的是"弘扬中华传统美德，培育社会公德、职业道德、家庭美德、个人品德，既重视发挥法律的规范作用，又重视发挥道德的教化作用，以法治体现道德理念、强化法律对道德建设的促进作用，以道德滋养法治精神、强化道德对法治文化的支撑作用"。[③] 有区别的是，不同于过于功利性的德

---

① 强世功：《中国法治道路：礼法传统的传承与升华》，载《民主与法制时报》2015年7月9日，第7版。

② 简单来说，礼与政在内涵和目标上的异，主要在于礼的内涵是传统中国的伦理，核心是三纲五常；礼的直接目标是别，长远目标是和，亦即实现不同而和的大同世界。而今天政的内涵是中国共产党的政治，核心是党的领导；政的直接目标是国家治理和中华民族伟大复兴，长远目标是实现共产主义。此外，礼法与政法还有一个很大的不同，即礼法之上是道德，而政法上是政治；道德与政治又有很大不同，政治是纯粹的意识形态，道德尤其是主流道德是一个社会中既包含政治又超越政治的文化与价值系统。

③ 《中共中央关于全面推进依法治国若干重大问题的决定》，人民出版社2014年版，第7页。

治,我们着力于提升精神在人与法这个物质存在的世界中的价值与地位。当然,最后更为根本的变化是唯物世界观,亦即物质的世界观、人生观、价值观和法律观,与道的或者说阴阳统一的世界观,亦即精神的道德的世界观、人生观、价值观和法律观的协调统一。这意味着物质与精神、存在与意识,反映到法律上即是功利与道德这两大原则,在法的观念、制度和实践中的协调统一。

个人以为,在未来中国法的发展中,上述两者有协调统一的可能性,但亦有艰难困苦的课题有待克服。就其可能性而言,中国传统的主流哲学,亦即基本的世界观是道的世界观,道的世界观在宋及以后就是理学世界观,理学世界观实际上是理气统一的世界观。[①]在哲学上,理属于精神范畴,气属于物质范畴,所以,理气统一的世界观实际是精神与物质统一的世界观。这不仅与唯物世界观一致,而且还可以说是中国之所以能够接受唯物世界观的思想背景和哲学基础,甚至还是未来两者(反映到法律上即是功利与道德两大原则)协调统一的可能性所在。但同时理气统一的世界观与唯物世界观亦存在根本的差异,即在理气统一的世界观中,精神性的理是第一位的,谓之形上;而物质性的气是第二位的,谓之形下。[②] 虽然理气在形成上不分先后,所谓有理必有气,有气必有理;理在气中,气中有理;无无理之气,无无气之理;但在价值位阶上,理气却有上下

---

① 参见蒙培元:《理学范畴系统》,人民出版社 1989 年版,第 6-33 页。

② 如朱熹说:"天地之间,有理有气。理也者,形而上之道也,生物之本也;气也者,形而下之器也,生物之具也。是以人物之生,必秉此理然后有性,必秉此气然后有形。"(〔宋〕朱熹:《答黄道夫》,载朱杰人、严佐之、刘永翔主编:《朱子全书》,卷五八,上海古籍出版社与安徽教育出版社 2002 年联合出版,第 2755 页)

高低之分，亦即形上与形下之分。[①] 还有，更为重要的差异是，理气统一的世界观中的理的核心是道德，亦即理本来如此，谓之正当；正当即道德，不道德即不正当；不正当、不道德即不合理。所以，理、正当、道德是贯通的。[②] 这表明在传统中国理气统一的世界观中，精神性的理，或者说它的核心，亦即道德是第一位的，而物质性的气是第二位的，这意味着物质要受到精神（道德）的指导和支配。但在唯物世界观中，物质和存在是第一位的，精神和意识是第二位的，精神和意识要依附于物质而存在，这表明精神和意识要受到物质和存在的支配和制约。这是传统中国理气统一的世界观与唯物世界观的根本的差异，亦可以说是未来两者（反映到法律上即是功利与道德两大原则）协调统一的艰难之处。

如果要深究下去，我们还可以发现，传统中国理气统一的世界观实际上是有机世界观。有机世界观的核心在于把世界看成有生命的系统，亦即天、地、人（包括法）是一个统一的生命体，所以，在有机世界观支配下的传统中国法中的人与法是天人合一中的人与法，

---

① 如《朱子语类》（卷一）云："问先有理抑先有气？曰：理未尝离乎笔，然理形而上者，气形而下者，自形而上下言，岂无先后。"又如，朱熹提出："所谓理与气，此决是二物。但在物上看，则二物混沦，不可分开各在一处，然不害二物之各为一物也；若在理上看，则虽未有物而已有物之理，然亦但有其理而已，未尝实有是物也。"[〔宋〕朱熹：《答刘叔文》，载朱杰人、严佐之、刘永翔主编：《朱子全书》（卷四六），上海古籍出版社、安徽教育出版社 2002 年版，第 2146 页]。另参见蒙培元：《理学范畴系统》，人民出版社 1989 年版，第 137-147 页。

② 参见张中秋：《原理及其意义：探索中国法律文化之道》（第 2 版），中国政法大学出版社 2015 年版，第 142-145 页。

而道德亦就自然成为支配人与法的基本原则。① 这是因为在传统中国哲学中的道德，本身是建立在世界万物互为一体的有机生命共同体之上的关系性法则，所以，它必然是从全体出发，以责任/义务为第一要义，形成责任—权利的法律关系，追求全体的共生共荣，这就是道德。而唯物世界观是物质的或者说原子世界观，原子世界观的本质是把世界看成无生命的原子构成，亦即自然、社会与人类（包括法）不是一个有机联系的生命共同体，②所以，在唯物世界观支配下的现代中国法中的人与法是天人分离的人与法，功利或利益亦就自

---

① 参见《汉书·刑法志》《魏书·刑法志》，以及《唐律疏议·名例》的开头部分；杨鸿烈：《中国法律思想史》，中国政法大学出版社 2004 年版，第 97-110 页；[英]李约瑟：《中国科学技术史：第二卷　科学思想史》，何兆武等译，科学出版社、上海古籍出版社 1990 年版，"作者的话"，详细的讨论参见该书第 551-620 页；结合法律规定和案例的讨论，参见[美]D. 布迪、C. 莫里斯：《中华帝国的法律》，朱勇译，江苏人民出版社 1993 年版，第 31-35 页及以下。

② 相对于传统中国的有机自然观，西方自古希腊、罗马以来，一直是无机的或者说机械的自然观占主导地位，而且这种自然观在古代和中世纪还有神创的色彩。这个哲学认为，自然是由无数独立的个体（如原子）组成的，这些独立的个体之间缺乏生命体那样的有机联系，所以自然是一个无机体。但自然本身是有序的，这种有序是自然法（则）的体现，自然法（则）出于自然理性。自然理性按斯多噶学派的说法是出于自然（物）的本性，按基督教的说法是神意的体现，实际是物的自由运动所形成的作用与反作用的规律，牛顿揭示了这一规律，机械唯物论以此为据，进而推至人类社会，这样一来，自然、社会与人类（包括法）就不是一个有机联系的生命共同体。这是笔者多年阅读思考的结果，但笔者对西方原典和经典的了解有限，在此问题上值得提出的主要参考书有：[英]R. G. 柯林武德：《自然的观念》，吴国盛、柯映江译，华夏出版社 1999 年版；[英]W. C. 丹皮尔：《科学史》，李珩译，商务印书馆 1987 年版；[英]李约瑟：《中国科学技术史：第二卷　科学思想史》，何兆武等译，科学出版社、上海古籍出版社 1990 年版；[美]乔治·霍兰·萨释英：《政治学说史》（上、下），盛葵阳、崔妙因译，商务印书馆 1986 年版；[英]罗素：《西方哲学史》（上、下），何兆武等译，商务印书馆 1982 年版；[英]梅因：《古代法》，沈景一译，商务印书馆 1984 年版；[美]E. 博登海默：《法理学——法哲学及其方法》，邓正来译，华夏出版社 1987 年版；[美]爱因斯坦：《爱因斯坦文录》，浙江文艺出版社 2004 年版；以及柏拉图、亚里士多德、芝诺、西塞罗、阿奎那、牛顿、笛卡尔、康德、黑格尔、怀特海等人的相关论述。

然成为支配人与法的基本原则。这是因为源于西方的中国现代哲学中的功利,本身是建立在无机世界的独自存在且互不关联的原子之上的独立性法则,所以,它必然是从个体出发,以权利/利益为第一要义,形成权利—义务的法律关系,追求个体的独立自由,这就是功利。[①] 因此,最终从深层次的文化哲学上来说,人与法是天人合一中的人与法还是天人分离的人与法,以及对在此基础上展开的人生观、价值观和法律观的差异与冲突的调适,亦是未来两者协调统一的难题所在。

最后,概括起来,可以归纳为以下几点认识:从礼法结构到道德哲学,从道德哲学到理气统一的有机世界观,从有机世界观到天人合一中的人与法,这就是传统中国法的结构与哲学的内在逻辑。同样,从政法结构到功利哲学,从功利哲学到唯物主义的原子世界观,从原子世界观到天人分离的人与法,这就是现代中国法的结构与哲学的内在逻辑。

那么,从我们已知的学理出发,上述两种世界观最后要协调的真正的难题,或者说要解决的根本问题乃是:世界到底是物质的还是精神的?还是物质与精神的统一?在物质与精神的统一中是物质第一性还是精神第一性?我的初步思考和回答是:自然世界是物质的,人类世界是物质与精神的统一;在人类世界物质与精神的统一中,物质与精神的关系是辩证的,亦就是说在不同的领域、层面和时段,物质与精神的第一性不是固定不变而是变动的,有物质第一性的时候,亦有精神第一性的方面,总之是辩证的。所以,如果要从哲学方法论上来认识,传统中国理气统一的有机世界观与唯物论的原子世界观,反映到法律上即是道德原则与功利原则的协调统一,

---

① 参见[英]李约瑟:《中国科学技术史:第二卷　科学思想史》,何兆武等译,科学出版社、上海古籍出版社 1990 年版,“作者的话”,详细的讨论参见该书第 551-620 页。

虽有艰难之处,但并不意味着未来两者没有对接、协调的可能性,因为唯物主义世界观的方法论是辩证法。在唯物辩证法中,虽然物质和存在是第一位的,精神和意识是第二位的,但精神和意识不完全是被动的,它们有相对的独立性和能动性,亦即精神和意识对物质和存在具有反作用。[①] 这样一来,认识和改造世界的方法就不能是教条的,必须是实事求是的方法论。[②] 而传统中国理气统一世界观中的理与气,亦即精神与物质的关系亦是辩证的,其辩证性即是《易》所说的“一阴一阳之谓道”。[③] 这个道即是万物有阴有阳、亦阴亦阳、阳中有阴、阴中有阳、阴阳变化不一而足,这是事物存在、发展、变化的法则,所以,要认识事物、解决问题,落到实处只能是具体问题具体分析,亦即实事求是。[④] 所以,从两种世界观的方法论出发,亦即从辩证法上来讲,未来两者亦是有对接、协调的可能性的,因为两者最后都是实事求是的思维方法。而且这种不同的世界观因方法论的相通相同,而能够共生共存以至对接、协调的情形,在中国历史上不仅有先例,甚至可以说其本身就是中国的传统。譬如,在中国哲学史上,关于世界的本体,有老子和程朱的道(理)论、张载和王夫子的气论,陆王的心论,还有玄学的无(自然)论,以及中国佛教的空论。[⑤] 这些观念在世界是什么这个基本认识上是不同的,但

---

① 正如艾思奇所说:“不错,辩证法唯物论承认事物有它本身的规律,我们的主观心意不能任意和它违背,因此我们亦不能依我们的主观心意随便决定一切,但是,这并不等于说,我们已经是命运的奴隶,不能对世界上的事物做丝毫的改变。”[艾思奇:《大众哲学(修订本)》,人民出版社2009年版,第61页]

② 参见李秀林、王于、李淮春主编:《辩证唯物主义和历史唯物主义原理》(第5版),中国人民大学出版社2004年版,第37-62页。

③ 《周易·系辞上传》。

④ 参见蒙培元:《理学范畴系统》,人民出版社1989年版,第55-76页。

⑤ 参见张岱年:《中国古代本体论的发展规律》,载《社会科学战线》1985年第3期;宋志明:《中国哲学的本体论思路》,载《船山学刊》2004年第1期。

它们在过去的两千多年的中国历史上，一直在相互竞争、互相影响中共生共存，犹如太极中的阴与阳对立统一一样。它们在对立中有统一、在对接中可协调的原因，就是实事求是的辩证法，亦即实事求是这个思维方法把它们联结和沟通起来了，恰如《庖丁解牛》寓言中的由技入乎道，技可以不同，但道相通，这个“道”实际上就是中国人共通的一阴一阳之道，亦就是我们今天说的辩证法。

例如，《决定》提出：“加强重点领域立法。依法保障公民权利，加快完善体现权利公平、机会公平、规则公平的法律制度……”[①]这里请注意，《决定》中使用的措词是“公平”而不是“平等”，提出的是机会和规则公平而不是事实平等。这是现实主义的或者说实事求是的法治观，因为事实上的平等是不可能的。这种公平而非绝对平等的法治观，可以说是唯物世界观与中国传统的理气统一世界观的对接、协调的体现。因为唯物世界观的方法论是实事求是，而中国传统世界观的核心，亦即它的理就是公平合理。在汉语中，公平就是合理，合理就是正当，正当就是道德，道德就是中庸，中庸就是不偏不倚[②]，不偏不倚就是是什么就是什么，是什么就是什么就是实事求是，亦即本来如此，所以，公平合理就是本该如此。由此，我们是否可以把上述《决定》中提出的公平而不是平等，亦即机会和规则公平而不是事实平等的法治观，看成两种世界观在认识论上具有对接、协调的可能性的一种体现呢？

还有，我们在寻求唯物世界观与中国传统的理气统一的世界观，亦即反映到法律上为功利与道德这两大原则的对接、协调时，要

---

① 《中共中央关于全面推进依法治国若干重大问题的决定》，人民出版社 2014 年版，第 11 页。

② 如朱熹对《中庸章句》注曰：“中者，不偏不倚、无过无不及之名。庸者，平常也。”又引子程子曰：“不偏之谓中，不易之谓庸。中者，天下之正道，庸者，天下之定理。”（〔宋〕朱熹：《四书章句集注》，中华书局 1983 年版，第 17 页）

清醒地认识到世界正在发生变化,功利主义的弊端愈加暴露,①所以,从最深层次的人的哲学来说,这两者的不同与协调,已是我们当下法治建设和学科发展中面临的重大问题。我们知道,道德主义是古代世界主流的思想意识形态,但从近代开始,受到自由主义和功利主义的冲击与颠覆,自由主义和功利主义仍是当今世界绝大多数地区起支配作用的准则和价值观(主流的思想意识形态)。从人性上说,自由主义和功利主义奠基于人作为个体对独立、自由、平等、趋利的向往和追求。道德主义奠基于人的道德本能和人作为个体根本无法独自生存从而对过人类群体生活的向往和必需。这两者都植根于人性,但道德主义是更本质的人性,它是作为人的类本质的人的本性。② 所以,道德主义在受到自由主义和功利主义的冲击

① 例如,"虽然从当前纠纷解决理论与实践的开展过程中,看到的似乎是一片混乱的局面,但经过仔细观察就会发现,其间还是体现了某种法哲学理念的要求。具体而言,支配它的是一种功利主义的法哲学理念。在纠纷解决理论和实践中这个依稀可辨的人的形象,其性质与内容即为功利主义。……比如,在纠纷解决领域不断强调要注重效率优先、顾全社会稳定大局等功利目标的实现,在当代中国社会中'改革'这个支配性的话语,都鲜明地体现在包括纠纷解决问题在内的整个法律领域。"(刘文会:《当前纠纷解决理论法哲学基础的反思与超越——在权利与功利之间》,中国政法大学出版社 2013 年版,第 95 页)作者接着指出:"当前这种功利主义的人形象及其内容主要体现在以下几个方面。一、追求利益的人,二、孤立的人,三、注重行为结果的人。"(同上书,第 96-104 页)

② 譬如,我们知道,人类总的价值追求是真善美,真善美分别对应科学、伦理和艺术,即科学求真、伦理求善、艺术求美,它们各有其功能和价值,所以,都为人类所必需,都为人类所追求,但在这个世界上,人的一切的价值追求都是为了实践和实现人的意义,亦即人要像人那样活着或者说成为"人",人是人所认识和关心的这个世界一切的原点、中心和归宿。所以,从终极意义上说,人类没有科学/真能活,失去美/艺术亦能活,但如果没有善/不讲伦理道德,那就很难存在下去;即使存在下去,那亦是生物和动物意义上的存在。因为,虽然人类的本质属性是理性和德性,但现代研究告诉我们(正如在随后的注释中所说的那样),德性或者说道德感,亦就是善,才是人与其它动物最本质的区别,所以,没有了善,或者说不讲伦理道德,人类不过是一群活动着的生物和动物而已,完全不是人的意义上的人类了。

与颠覆后正在复兴，而且随着现代科技的迅猛发展，这种复兴将导致对现行法学的根本挑战。这里所说的现行法学是指源于西方的经典法学，这种法学就是我们今天流行的法学，它奠基于自然人和拟人化的法人这个主体，自然人和拟人化的法人这个主体植根于人的理性，人的理性植根于自然法，自然法植根于物质的或者说原子世界观，所以，独立成为支点，自由成为目标，功利成为法理，权利成为本位，权利—义务成为法律关系的轴心。但今天的世界正在发生变化，科技和全球一体化正在改变人的定义和重塑人们的关系，改变后的“人”不再仅指自然人和拟人化的法人，而又包含了高度智能化的机器人；重塑后的人们关系的支点，将不再是个体化的主体而是主体间。这两个变化一方面将使人们更看重道德，以保持人作为人的类本质属性的存在。因为科学研究已经揭示，迄今为止，道德是人类区别于其它一切智慧动物的本质属性，离开了道德，人（类）将失去自我。① 与此同时，这两个变化所引起的另一个方面是，合作而不是独立将成为人际关系的支点，责任而不是权利将成为人们合作的基础。所以，这两个变化将从根本上挑战现行法学的根基，即原子世界观、功利法理、权利本位、权利—义务法律关系轴心，将受到有机世界观、道德法理、责任本位、责任—权利法律关系轴心的挑战。如何认识和顺应这个挑战，传统中国礼法结构中关于天人合一的生命哲学，或者说万物有机的生命世界观，对机械唯物论

---

① 例如，杰弗里·克鲁格说：“科学家对行为的研究越深入，我们越难以自负地认为自己是地球上独一无二的智慧生物。我们说自己是唯一会使用语言的物种，而大猩猩和黑猩猩却掌握了手语。我们说自己是唯一会使用工具的物种，而水獭会用石头砸开软体动物的壳，猿会用小树枝掏白蚁。使我们区别于其它动物，或者说，应该使我们区别于其它动物的是我们高度发达的道德感。这项品质是人类的精髓。”（参见［美］杰弗里·克鲁格：《是什么让我们遵守道德》，载《参考消息》2007 年 12 月 3 日，第 7 版）

和原子世界观的非生命性都是一个超越，从而在法的哲学上形成道德对功利的引导之势，进而促进人的类本质在法律中的实践和实现。这亦意味着从礼法到政法——传统与现代中国法的结构与哲学及改造提升是一个重大的时代课题，值得我们认真地去探索和实践。

我对中国传统法的认识
（代后记）

本书到此，我想把自己对中国传统法的认识，在理论上作一个总结，续在这里以代为后记。我对中国传统法的认识是从学习它开始的，从20世纪80年代至今已有30余年，以下是我的认识。

一、结构：一体两元主从式多样化的构成

这里，我所说的中国传统的“法”乃取其广义，可以从法社会学的角度来理解，主要是指具有正当性和一定约束力的秩序与规范体系，包括观念、规则和习惯，表现为融天理、国法、人情于一体的礼法。从这个角度出发，我把中国传统法的结构概括为一体、两元、主从式、多样化的构成。一体是指由国家法与民间法所构成的法的统一体；两元是指由国家法与民间法分别构成的法的两个系统；主从式是指法的统一体以国家法为主与以民间法为从；多样化是指国家法与民间法形式的多样性，包括国家法中的律、令、格、式、科、比、敕、例、礼等，以及民间

法中的家礼社礼、家法族规、乡规民约、帮规行规等。这个构成有层次性,形成差序结构,但同时又是一个统一体。因此,综合起来,中国传统法的结构是一体(国家法与民间法合为一体)、两元(国家法与民间法各为一元)、主从式(国家法为主与民间法为从)、多样化(国家法与民间法形式多种多样)的构成。

二、法理:动态的合理正义观

法有法理,那么,这样构成的法的法理是什么呢?《唐律疏议·名例》"疏议"引:"易曰:'理财、正辞、禁人为非曰义。'故铨量轻重,依义制律。"丘濬在《大学衍义补·详听断之法》中解释说,所谓义就是分别各人之所当有(理财)、所当言(正辞)和所不当为(禁民为非)者,而分别各人之所当有、所当言和所不当为者,亦即区分正当与不正当的标准或依据,最终都是以理或者说以是否合理为准。因此,从这个意义上说,中国传统法中的义,或者说它的正义观念是合理,简称为合理的正义观。如果把它与现代法律正义观相比较,可以发现,现代法律正义观是以平等为原则,而中国传统法的合理正义观,既有正当、恰当、应当、适宜、公平之类的合理含义,又有与纲常礼教相通的合理内涵,所以,在它的基本含义中,既含有平等又含有不平等,可以说是等与不等,或者说是等者同等、不等者不等、等与不等辩证变动的有机统一,其等与不等、变与不变的正当性都在于理。为此,我把它概括为三项原则:一是等者同等,二是不等者不等,三是等与不等辩证变动。这三项原则的核心是等与不等,所谓等就是同理者同等;所谓不等就是不同理者不同等,而是依理之大小排序。这样,无论是等还是不等,都是建立在理上,所以称为合理。而且,这种合理本身亦要合理地来理解,即它是动态的,其等与不等不是绝对固定的,而是相对变动的,所以又称为动态的合理正义观。譬如,在中国传统观念中,人生来是一样的,亦即人的自然生命有同等价值,这是天然的理,亦即天理;所以,法律依据这个理,在原则上规定,人命关天,杀人者死、伤人者刑,不分高低,这可以说是一种原则性的或者说理念上的合理正义观。但实际上,人生来是一样的,后来发展不一样,集中体现在人的德和能的不同,亦即人的精神生命和社会生命的价值有高低差别,这是实际的理或者说理的现实,所以,法律又依据人德与能的不同这个现实的理,来具体分配权利义务和定罪量刑,高者高、低者低,等者同等、不等者不等、等与不等辩证变动。这样,在理的支点上又形成了可上下移动的阶梯结构,其结果即是我们所看到的中国传统法中礼法结合所形成的差序格局。因此,这又可以说是一种现实的或者说动态的合理正义观。

三、原理:道德文化原理

那么,这种动态的合理正义观的文化原理又是什么呢?“原理”是来自西方的概念,在中国传统文化中是“道”。《唐律疏议·名例》所说的“德礼为政教之本,刑罚为政教之用,犹昏晓阳秋相须而成者也”可以图示如下:

↗ 德礼— 本 — 晓 — 阳 (春天)—(主)阳 ↖

政教　　　　　　　　　　　　　　　　道

↘ 刑罚— 用 — 昏 — 秋 (秋天) —(从)阴 ↙

图 9–1　《唐律疏议·名例》所示道德文化原理结构

在这个结构中,德礼为本、刑罚为用,通常人们把它概括为礼法结合、德主刑辅。由此可见,礼法结合、德主刑辅的哲学基础或者说法理依据是阴阳合一、阳主阴从的道。道的基本构成是阴与阳,亦即太极的两仪或二元。阴与阳这两者的关系是对立统一的辩证关系,阳在其中起主导和支配作用,形成阴阳一体、阳主阴从的结构。

按照中国传统思维,阳代表德性为质,阴代表道性为式,阳主阴从意味着事物的属性依德而形式从道。这表明在事物构成的意义上,德是道的存在依据,道是德的表现形式,德生道成,道与德对立统一,共同构成了事物的统一性,亦即道德是事物的统一原理,我把这种文化构成理论称为道德文化原理。道德文化原理的内在结构是,德是阳是生是体是内是质是主,道是阴是成是用是外是式是辅,两者形成对立统一的辩证关系。所以,道的有序建立在德的生生之理上,德的生生之理经由道的有序来展现,这样,道与德有机结合形成生生不息/生与井然有序/序相统一的世界,其结果即是人们所看到的万物生而有序的世界,或者说德生道成的世界。这就是道德的自然状态与自然属性和自然法则相统一的表现,亦是它在中国传统思维中的正当性或者说合理性的根源所在。此外,道德的合理有两层含义,即绝对的合理与相对的合理。绝对的合理为万物有理,即理一;相对的合理为物各其理,即分殊;两者对立统一为理一分殊。理一分殊是万物原理,亦即天理、天道。理一意味着事物本质抽象上的同一,亦即形而上的"齐"。分殊意味着事物本质现象上的不一,亦即形而下的"差"。"齐"要求同等对待,即等者同等;"差"要求区别对待,即不等者不等;所以,等者同等与不等者不等这两者都是合理的,但这两者犹如阴与阳,它们既是对立统一又是可以相互转化的,所以,等与不等是辩证变动的。道德所固有的这种合理性结构,表现在自然世界即是万物生而有序,表现在礼法世界即是差序格局。这表明中国传统法的构成原理,形式上是道,实质上是德,合为道德文化原理,简称为道德原理。

四、目的:明刑→弼教→成人

现在,可以追问,这个道德原理法的目的是什么?我以为它的直接目的是明刑与弼教,而最终目的是成人。成人的目的是使人成为人,亦即人的本质或者说人的存在及其意义的实现。如何能实现?中国文化认为,由于人与万物一样,同是气的产物,气可分阴阳,所以,从人与万物构成的原理上说,两者可谓“同构共理”,即同一阴一阳之气、阳主阴从之结构,共阴阳一体、阳生阴成之原理。如前所述,阴阳一体、阳生阴成即是道德一体、德生道成,所以,人与万物一样,在形体上是物质性的气,在本质上是精神性的道德,因此,实现人的本质就是实现道德,亦即实现生而有序的天理法则。实现道德就是与万物同一,与万物同一就是天人合一,天人合一是中国人和中国文化所追求的终极目标和最大的意义所在。其实,天人合一是人想与天地共存,或者说使人在本质和精神上达到像天地自然那样永久的存在,即人的仁义像天的阴阳、地的刚柔那样天长地久,实质是追求人的永生。这背后一方面隐藏着人对自己生的渴望和死的恐惧,在另一方面蕴含大多数中国人所持有的“存在”或者说“有”才有意义的世界观、人生观和价值观。这是儒家所确信和倡导的世界观、人生观和价值观,不同于佛教的空、道家的无和基督教的灵魂不灭(或者说信仰所带来的灵魂不灭)这些世界观、人生观和价值观。说到底,这是所有人最后所面临的共同关口,但认识和预设不同,通关之道就不同,所以,包括中国传统法在内的各种文化,其实都是各种不同的认识和通关之道的不同设计和表达而已。

五、概括:画像→点睛→归根→求意

最后,我把自己对中国传统法的认识作一个概括,即法的结构是一体两元主从式多样化的构成,这是对它形体的画像;法的内核是动态的合理正义观,这是对它法理的点睛;法的原理是道德文化原理,这是对它所立足的归根;法的理想目标是明刑、弼教与成人,这是对它目的的求意。其实,这些都是有机法律观或者说法律拟人化的特征和体现,其背后则是中国人和中国文化所固有的生命世界观,亦即生生不息与井然有序相结合而形成的生而有序的生命世界观,或者说道与德相结合而形成的德生道成的道德世界观的特征与表现。简言之,中国传统法本质上是一种植根于自然的道德法,亦可以说是一种真正效法自然的法。

总结以往,从法制史到法文化,从法文化到法理法哲学,这是我学习研究中国传统法的过程与路径。毫无疑问,法理法哲学所关心的是法的正义和意义问题,但要把法的正义和意义问题说清楚就离不开法的结构与原理。同时,说到意义又离不开人,因为人是意义的主体,而说到人的意义更离不开生死,因为这是人生最初和最后的紧要关头。所以,我把结构、原理和意义一并说了,算是我对中国传统法的认识。

天
Borderless
下

天下，在乎正义和你

法学新经典·书目

《侵权损害赔偿》（第六版）	杨立新
《我国民法典重大疑难问题之研究》（第二版）	王利明
《法律解释学导论：以民法为视角》（第三版）	王利明
《法的价值论》（第三版）	卓泽渊
《法政治学研究》（第三版）	卓泽渊
《法治国家论》（第四版）	卓泽渊
《刑事诉讼的中国模式》（第三版）	陈瑞华
《刑事证据法的理论问题》（第二版）	陈瑞华
《民法典总则之理论与立法研究》（第二版）	尹　田
《中国物权法总论》（第四版）	孙宪忠
《人格权重大疑难问题研究》	王利明
《实证研究：中国法学的范式转型》	左卫民
《中国法律的传统与近代转型》（第四版）	张晋藩
《行政法基本原则研究》（第二版）	周佑勇
《国际刑法学》（第二版）	贾　宇
《刑法客观主义与方法论》（第二版）	周光权
《诈骗犯罪论》	张明楷
《国际私法本体论》（第二版）	蒋新苗
《民法解释学》（第五版）	梁慧星
《当代刑法的理论与课题》	黎　宏
《量刑的个别化原理》	石经海
《中国传统法理法哲学论》	张中秋

法学新青年·书目

《物权法的展开与反思》（第二版） 常鹏翱
《基本权利的规范建构》（增订版） 张　翔
《传媒监督的法治》 陈柏峰
《国家利益维护：国际法的力量》 何志鹏
《不动产登记法研究》（第二版） 程　啸
《证据法的理论面孔》 吴洪淇
《刑法归责原理的规范化展开》 陈　璇
《刑法与现代社会治理》 何荣功
《舆图换稿：明清之际的中国法哲学》 屠　凯
《中国特色行政复议制度的嬗变与演进》 曹　鎏
《行政诉讼类型构造论》 章志远
《侵权责任利益保护的解释论》 方新军
《刑事诉讼法的解释图景》 董　坤

法学原论·书目

《合同法总论》（第四版） 韩世远
《现代公司法》（第三版） 刘俊海
《侵权责任法》（第四版） 杨立新
《国家监察学原理》 李晓明　芮国强
《物权法原论》（第二版） 高富平

博观·书目

《社会契约论》 卢　梭
《法律的概念》（第三版） 哈　特

《普通法的精神》（中文修订版） 庞　德
《诉权与诉的可能性：当代民事诉讼基本问题研究》 赫尔维格
《民主与不信任：司法审查的一个理论》 约翰·哈特·伊利
《法律与革命》（第一卷） 伯尔曼
《法律与革命》（第二卷） 伯尔曼
《法律推理与法律理论》 麦考密克
《古代法》 梅　因
《旧制度与大革命》 托克维尔
《为权利而斗争》 耶　林
《法律制度：对法律理论的一种解说》 麦考密克
《政治哲学史》（第三版 上下册） 列奥·施特劳斯　约瑟夫·克罗波西
《论法的精神》 孟德斯鸠
《民事诉讼法重点讲义》（导读版） 高桥宏志
《纯粹法学说》（第二版） 凯尔森
《普通法》 霍姆斯
《论犯罪与刑罚》 贝卡里亚
《宪法设计与理性选择：公法经济分析基础》 罗伯特·D.库特
《法律的权威》（第二版） 约瑟夫·拉兹
《正确法：法伦理学基础》 卡尔·拉伦茨
《法律篇》 柏拉图
《论法律》 西塞罗

思想与人文·书目

《西窗法雨》（精装修订版） 刘　星
《法槌十七声：西方名案沉思录》（第二版） 萧　瀚
《文明与法治：寻找一条通往未来的路》 刘哲昕
《精英与平民：中国人的民主生活》 刘哲昕
《法治东西》 於兴中

《博登海默法理学》	博登海默
《法窗夜话》	穗积陈重
《正义之源泉：自然法研究》	吴经熊
《现代法政的起源：1900—1919》	董彦斌
《被误解的民主》	包刚升
《风骨：新旧时代的政法学人》	陈夏红
《斑马线上的中国》（第三版）	邓子滨
《生活在民法中》（第四版）	梁慧星
《乌合之众：大众心理研究》	古斯塔夫·勒庞
《我们律师》（修订精装版）	张思之
《我的辩词与梦想》（精装收藏版）	张思之
《法门穿行》	孙笑侠
《现代法治：沈家本的改革梦》	李贵连
《阿Q之死的标本意义》	张建伟
《续法窗夜话》	穗积陈重
《从传统到现代》	金耀基
《耶鲁精神：感受耶鲁大学及其法学院》（第二版）	冯建姝
《法律帝国的铸就：大英帝国法律史（1800-1850）》	劳伦·本顿　利萨·福特
《英国法的塑造者》	威廉·塞尔·霍尔斯沃思
《美国法律史》	劳伦斯·弗里德曼
《尊严：历史和意义》	迈克尔·罗森
《法官因何错判》	秋山贤三
《修行：生命的证悟》	泰戈尔
《看得见的正义》（第三版）	陈瑞华
《大地家族》	盖瑞·施耐德
《法律后面的故事》	梁治平
《生命与超越：一个命运共同体的理想》	刘哲昕

《霸权的黄昏：大国的衰退和收缩》　麦克唐纳　培伦特
《罪与罚：关于公正的19场激辩》　布鲁斯·N.沃勒
《民法的人文精神》（第二版）　徐国栋
《西口闲笔》　徐国栋
《明清法律与社会变迁》　邱澎生　何志辉
《案例、故事与明清时期的司法文化》（修订版）　徐忠明
《明清时期的民事审判与民间契约》　王亚新　梁治平　赵　晶
《儒家的世界》　董彦斌
《面包香里读哲学》　胡文·欧江
《大众装饰》　齐格弗里德·克拉考

理论与方法·书目

《通往法治的道路：社会的多元化与权威体系》　季卫东
《法治、财税与国家治理》　熊　伟
《论法学研究方法》　陈瑞华
《民法总则：条文背后的故事与难题》　杨立新
《法学学位论文写作方法》（第三版）　梁慧星
《裁判的方法》（第四版）　梁慧星
《理论法学的迷雾：以轰动案例为素材》（增订版）　桑本谦
《司法体制改革导论》　陈瑞华
《辩无不胜》　盖瑞·斯宾塞
《侵权责任法：条文背后的故事与难题》（第二版）　杨立新
《司法改革的知与行》　蒋惠岭
《律师的客户管理术》　亚历山大·Y.本尼科夫

《中西法律文化比较研究》（第五版） 张中秋
《真实世界的法律思维：出乎意料的61堂法律微课》 黄文伟
《并购之道：赢家的65个商业逻辑与实战 》 张伟华
《中国民法典新规则要点》（修订版） 杨立新
《刑事审判原理论》（第三版） 陈瑞华
《实质法治：寻求行政判决的合法性》（第二版） 何海波
《行政诉讼法》（第三版） 何海波
《企业合规基本理论》（第二版） 陈瑞华
《如何讲个好故事：律师的必修课》 菲利普·N. 迈耶
《法总工作手册：公司法律合规的三十六计》 沈悦志
《人工智能时代的算法治理：机制与方案》 张　欣